阿部泰隆

# 新型コロナ対策の法政策的処方せん

過剰規制による経済破壊, 過剰バラマキによる
国家財政の危機, 的外れの違憲政策と
法治行政違反の数々, その代替的処方せん

信 山 社

── プロローグ ──

　**1**　神戸市新幹線新神戸駅からロープウエイで上がったところの布引ハーブ園では，ドイツのオクトーバー・フェスト（10月のビール祭り）を真似て，ドイツのソーセージなどを楽しむ。ところが，2021年10月，緊急事態宣言が解除されても，神戸市の方針で酒の提供はしない。ビール祭りでビールを提供しないこの矛盾（第9章Ⅵ7）。21年10月22日からは酒提供を認めるように方針が転換されたが，もはやその時は寒いから，山の上でのビール祭りは楽しくない。

　そもそも，屋外だから，換気100％，空気感染の恐れゼロに近い，咳をする者を避ければ安全。ソーセージを食べるだけなら，新型コロナ感染なしとして，店は開くのに，ビールを飲む途端に大騒ぎして新型コロナが湧き出るのか（第6章5でさらに説明）。

　**2**　2021年10月1日緊急事態宣言・まん延防止措置が解除された。しかし，飲食店では閉店・時短が多い。なぜか。県から協力要請が来ているからという。しかし，それは法律に根拠がないから，従う義務がない。実は，結構高額の協力金が出ている（夜8時半に閉店する予定が8時で閉店して，赤字の店でも，毎日2万5000円）ので，店を閉めた方がはるかに得。新型コロナ特需（第8章3，第10章Ⅳ12）。

　不要な時短要請・酒提供自粛要請をして，大金をばらまく。国家財政は破綻しかねない。矢野康治財務次官も，衆院選や自民党総裁選を巡る経済対策などの論争について「バラマキ合戦のような政策論だ」と批判し，将来的な財政破綻への懸念を示した（文藝春秋21年11月号）。経済を支えるためには金をばらまく必要があるとの反論があるが，いい加減なバラマキは許されないのである。

　政府は21年11月，看護師の給与を3％アップする，とりあえず月4000円の方針という。こんな雀の涙で誰が働く意欲を出すのか。ばらまきをやめれば，介護職も含めて，新型コロナ現場で働く方々への給料大幅アップが可能ではないか。

　**3**　日本人は，感心に，みんなマスク，マスクといって，マスクが新型コロナを防御すると勘違いしている。しかし，マスクをしても，呼吸をしている以上は，ウイルスもある程度出入りする。マスクは咳や痰を防ぐが，ウイルスが漂うことを十分に防げない。換気こそが肝心である。さら

に，日本では，人と接する場合だけではなく，屋外で歩行中もマスクをしている人が多い。しかし，歩行中は換気100％，唾を吐きかけられなければ，新型コロナ感染可能性はゼロ，思考停止している。

神戸市でマスクをせずに歩行中，マスクをしろと注意されたことに腹を立て，暴行して重傷を負わせた事件が発生した（読売21年12月8日朝刊35面）。マスクに関する異常心理のなせるわざである。

（橋本潤子 作）

**4** このいずれも，過剰対応，あまりにも非科学的・阿呆な政策・対応である。まるで幽霊におびえたようなものである。これが政府，新型コロナウイルス感染症対策分科会（分科会），知事・市長以下の対応である。

それでも万一のことがあるなどと反論されるが，それならば，交通事故のリスクの方が高いし，歩道を歩いても暴走老人の車に殺されるから，歩道も歩くな，あるいは，歩道と車道の間に堅固な万里の長城を造れ，東京は首都直下型大震災に見舞われる，太平洋側は東南海トラフ地震に見舞われるから，それ以外の地域に民族大移動すべきだと提案してみても，誰も賛成しない。噴火した阿蘇山周辺からも人々は逃げ出さない。われわれは，そのようなリスクと共存して生活している。新型コロナでも同じである。

阿呆な施策がまん延している，こんな阿呆な政府を持つこと自体が緊急事態である。このことについて，なるほどと思われたら，ぜひ本書を全部お読みください。反論歓迎です。

# はしがき

## I　本書の基本的思考

（1）　政府の新型コロナウイルス（WHO のいわゆる COVID-19）対策は，学校の一斉休校から始まって，感染源になったことがないパチンコ店や百貨店を休業させるなど，思いつき・場当たり的で，法的にも公共政策上も科学的にも何ら正当な根拠が示されていない。実際，その後，この施策が取り上げられていないことからも，その間違いは明らかである。新型コロナは県単位で生息しているわけではないのに，県境を越えるなとか，人と接触しない公園などへの外出は新型コロナに感染することなく健康によいのに，外出自粛・ステイホームだとか，裁判所は広いのにお休みとか，図書館は黙々と本を探して読んでいるだけなのに閉鎖なり厳重制限とか，規制は過剰であって，新型コロナ死の代わりに，インフルエンザ，肺炎が激減して，新型コロナによる超過死亡はない（死因が変わっただけ）のに，新型コロナ感染だけのゼロ・リスクを求める視野狭窄症である。

他方，入国規制の徹底（入国者の行動履歴の確認の義務付け）がなされず，水道の栓を閉め忘れたような対応であり（最近でもインド株の他，ミュー株，イータ株，オミクロン株などの侵入を許している），病床確保や自宅療養者の訪問治療などの肝心の必要な施策が遅れた。

ワクチン接種も遅れた（外国製のワクチンについて日本での承認に無用の 2 か月を要した。アストラゼネカ製は 21 年 7 月末になって使用することになったが，最初から使っていれば，もっと早く接種が進んだ）うえに，感染リスクの低い在宅高齢者を優先し，感染リスクの低い地域も平等に行い，オリンピック関連職員・空港職員，警備職員を後にするなど，順番を間違えている。オリンピックの予約者を優先すれば観客入りで開催できたし，都会の中高年や妊婦優先にすれば，21 年 7 月末の感染再拡大を防げたのに。

その結果，多くの患者と医療従事者が病床危機で，塗炭の苦しみを味わい，飲食店や旅行業界などとその関連業者は破綻に瀕し，かなりの国民が生活苦にあえいでいる。過剰規制のため，給付も過剰になり，国家財政も破綻に瀕している。オリンピックにも巨額の無駄金を投じることになった。

はしがき

　法的根拠どころか合理性もない，単なる思い付きの要望にも従順に従う国民性が施策の実効性を支えてきたわが国でも，銀行や酒の卸売業者に飲食店へ圧力をかけよという，あまりにも違法な愚策（反発を受けて撤回。21年7月，第4章Ⅲ5（11）（ウ））などもあり，違反への制裁は30万円以下の過料に過ぎないので，効果は乏しく，飲食店から反乱（酒提供のヤミ営業）が起きつつある（東京都心の繁華街，午後8時以降も営業の飲食店4割超，毎日21年8月17日電子版，さらに，都内個人飲食店，6割時短応じず　要請長期化で離反　日経21年9月4日電子版）。まるで酒が主犯だという風潮であるが，飲食店も換気を含め，3密対策をしっかりと講じ，酒も，極端な例では，屋上のビヤガーデン（プロローグのイラスト参照），換気の良い個室での数人の集まり，パリ並みの歩道のテーブルでのワインなどまで禁止されては，明白にえん罪である。

　また，ワクチン接種して，かつ，抗体を保有している人，たとえば老人会は，デルタ株が心配とはいえ，距離をおけば，飲酒禁止の対象外とすべきであるが，これまでは一律規制である。

　さらに，ワクチンを2回接種して，抗体が保持されていることの証明，72時間以内のPCR検査陰性証明書，抗原検査陰性証明書を提出した者の行動を制約する理由はない。イベント，飲み屋でも受け入れるべきである。

　このような阿呆な施策の「まん延を」防止すべきである。こんな政府を持つことにこそ，緊急事態宣言を発すべきだと思う。行政指導といわれるが，まっとうな民を指導するなど，天地が逆転している。阿呆な行政を指導したい。

　なお，飲食店チェーン「グローバルダイニング社」は，夜20時から翌日5時まで（酒類の提供を伴う場合には19時から翌日11時まで）の間において営業のために施設を使用することを禁止する（宅配及びテークアウトサービスを除く）との特措法45条3項に基づく都知事の処分を受けて，東京地裁で係争中である。筆者は，原告代理人から意見書の作成を依頼されて提出した。そこでの論点は，本書の中で言及している（この事件の主張書面・証拠・意見書などは，後記の凡例・文献一覧に記載した）。

　沖縄の（株）MTコーポレーションも，沖縄県を被告に，21年9月，酒類提供禁止，カラオケ設備の提供の禁止，及び午後8時以降の営業の禁止（時短命令）を違憲違法とする国家賠償訴訟を提起した

　（2）21年7月末には感染再拡大を受けて，まん延防止重点措置・緊急事態宣言が再び発令され，8月，9月は，若者・中高年の感染・重症化が進んでい

て，病床不足のため，搬送困難となり，自宅療養中に死亡する者が少なくないなど，医療崩壊の危機にあった（第9章Ⅰ1，Ⅵ6）。

しかし，まん延防止，緊急事態といっても，今まで執っている手段は飲食店の時短・休業，施設の人数制限くらいであるが，東京では21年7月12日の緊急事態宣言以来，感染者が1日500人から5000人超（8月5日）と増えている。

クラスターは，飲食店だけではなく，職場・家庭・学校が多いから，気が緩んだ国民の気を強く引き締めるよう，首相自ら身を乗り出して，マスクをすれば済むものではなく，空気感染対策のため閉鎖空間では換気を十分にすること（強力な換気措置の設置の義務付け，窓の開放，空調へのフィルターの取り付け），特に若者へ，飛沫感染対策のため，屋外でも，人混みを避ける，人と近距離で会わないよう，強く呼びかけるべきである（オリンピック最中もそうすべきであった）。

飲食店や居酒屋，カラオケ等については，なんでも禁止ではなく，リスクのある営業形態（換気の悪い状態で，密になること）に絞って，ある程度（固定費程度）の協力金を払う代わりに完全休業を求め（闇営業を，過料ではなく，刑罰をもって禁止），変異株の侵入を阻止するように徹底した入国規制，沖縄では空港での検疫強化，感染者の徹底隔離（ホテル療養）と行動管理が不可欠である。

病院や福祉施設，学校などのクラスター対策が肝心である。学校は休校にはしないが，部活などの密な活動を制限すべきである。

他方，ワクチン2回接種の上抗体検査で抗体を保有している者の活動は自由とすべきである。さらに，病床確保と治療薬の製造，自宅療養におけるかかりつけ医の往診と治療薬の投与などは進んでいるが，更なる努力が必要である。

（3）ところが，8月2日には，菅義偉（すがよしひで，前）首相は，入院は重症者だけ，中等症の患者は自宅待機などと，とんでもない失策を独断で宣言した。これでは，中等症患者は悪化したときには間に合わないので，野党どころか与党からも，尾身分科会会長からも批判が出ている有様である。首相は，重症化リスクがあれば入院させると，多少軌道修正したが，病床は不足するし，医師でも，そのリスクの真っ当な判断はできないから，多数の死者が出るだろう。余裕のある他の都道府県に患者をヘリで緊急移送するとか，抗体カクテルなどの治療薬（第2章11）を外来，宿泊療養者，自宅療養者にも使う体制を迅速に整えるべきであった。首相は，多数の人命に係わる最大の重要施策をドタバタで，いい加減にやっている。こんな首相を持つことこそ，緊急事態

である。

　ここまで書いたところで，8月25日菅前首相は医療体制の整備に総力戦を挙げると宣言した。首相は明かりが見えたというが，しかし，遅すぎで，病院に搬送されずに自宅で亡くなった方の恨みの霊が首相に付きまとうことであろう。

　要するに，なすべきことが分からずに単純に緊急事態宣言をして，酒に犠牲を強要するだけでは感染拡大防止はできないのである。

　（4）　ここにきて，21年8月，全国知事会や立憲民主党，国民民主党，さらに，自民党総裁選に立候補した高市早苗元総務大臣（現自民党政調会長）までもがいわゆる都市封鎖（ロックダウン）を求めているようであるが，それは過大な規制であるし，取締りには実効性がない（第4章Ⅳ3）。何もわかっていないのである。

　命かオリンピックかとのオリンピック反対論があり，7月31日東京の感染拡大（1日過去最高の4000人超），病床使用率の高まりで，中止論まで少なくなかった（8月24日開催のパラリンピックでも同様）が，都内の感染拡大がオリンピックに原因があるという証拠はない（都民の気が緩んだためという程度の意見があるにすぎない）から，非科学的な議論であるし，オリンピックをやめれば（まして，すでに開催している途中で中止すれば），国際的にも評判を落とし，経済的にも大損害であるだけではなく，不況でかえって多数の人が死ぬことを没却している。「前門の虎，後門の狼」のリスクマネジメント（リスクを管理し損失を低減する思考）ができず，前門の虎が怖いというだけで後門の狼に食われる愚策である。

　（5）　ところが，9月中旬には感染者数はなぜか激減している。その説明は種々あるが，緊急事態宣言の効果というよりは，ワクチンの効果のほか，中年者でも自宅療養中に死亡するニュースでみんなが気を付けるようになったため，あるいはウイルスが変異を繰り返して自己破壊に陥った（『週刊現代』21年11月6日号）のかもしれない（ただし，なぜ日本だけかの説明はない）。

　（6）　こうした政府の施策の根拠となるのは特措法，それに基づく基本的対処方針である。しかし，特措法の規制は必要最小限（比例原則）と定められているのに，コロナゼロリスクを求める杜撰な施策が行われており，基本的対処方針は，おおざっぱであるのに，都道府県知事，市町村長は盲従している。およそ法治国家の法システムではない。合理的な法律に基づく合理的な施策を講

ずるように法制度を転換する必要がある。

（7）　多方面（医学・経済学・行政学・政治学・法律学など）から多数の文献がある。筆者は，法律学だけでも無数の文献があり，まして他の専門の文献をきちんと渉猟・理解することはできない（しかも，医学的・科学的なことで反対の意見が少なくない）が，たくさんご教示を得た。本書はそれを参照しつつ，専攻する憲法・行政法学と筆者独自の政策法学（合理的な政策を作り，それを法制度化するもの）の観点から緊急に問題を整理した。このような観点から総合的に考察したものは目下気が付かない。

　研究方法としては，科学的な事実を，不確定な範囲も含めて把握し，それに対して，法的な許容範囲内で，リスクマネジメントを踏まえつつ，感染防止，早期治療，経済破綻防止などの観点から合理的な政策を工夫する。この観点から，これまでの施策を批判するとともに，あるべき法的施策を提案している。現行法も抜本的に改正する必要がある。

　ただ，面倒な法理論あるいは自由か規制か・安全かといった抽象的な議論ではなく，論理的思考ができるならば，高校生でも，少なくとも，大学教養課程修了者であれば，専門が何でも，誰でも理解できるよう文章で書いたつもりなので，首相や感染症専門家ばかりではなく，政治家，公務員，マスコミをはじめ多数の国民にご覧いただきたい。理解の不十分な点はご教示を賜れば幸いである。本来は政府の中でこのような検討・整理をしてほしい。

　要点は序章で述べたので，ここからご覧いただきたい。

## 2　ワクチン接種が進んでも本書は有用

　今（2021年夏から秋）はワクチン接種ですべて解決するとして，それ行けドンドンである。そして，7月の感染再拡大前は，新型コロナ禍はワクチン接種で収束するであろうと期待された。そして，8月から再拡大したものの，9月中旬には全国的に感染者が激減したので，同月30日，緊急事態宣言・まん延防止措置は解除された（ただし，一部では時短要請などを行うが，法的根拠は特措法24条9項で，誤りである上，強制力はない。第9章Ⅵ7。そのうえ時短協力金を過剰にばらまいている。第10章Ⅳ12）。治療薬も普及してきたので，新型コロナ禍は終わると期待され，本書は時期遅れではないかとみられるかもしれない。

　しかし，ワクチン接種完了はほど遠く（7月30日現在，高齢者接種完了74%，64歳以下はわずか4%。読売21年8月1日朝刊2面），緊急事態宣言が解除される

と，国民の気は緩むであろうし，ワクチンの有効率は90〜95％ということであり，変異株にも有効だとは言われているが，インド変異株（デルタ株）は感染力が強く，ワクチン接種者でも感染する（シンガポールでは，新規感染者の半数がワクチン完了者，ただし，重症者・死者は少ない。アエラ21年9月6日号，日経21年9月8日電子版），さらに南米コロンビア由来のミュー株はワクチン接種の効果を激減させると報じられる（読売21年9月8日電子版）。さらに，南ア原産のオミクロン株などの新型コロナが猛威を振るうことも十分にある。

そして，次の緊急事態宣言下では，政府もバラマキをやめるので，飲食店が政府の無策に耐え切れず，反乱を起こして酒を提供し，なかには宴会を催して，感染源になるとか，冬には，気温が下がり乾燥するので，身体の免疫力が低下して，ウイルスはさらに活性化するであろう。インフルエンザと新型コロナのダブル流行があるかもしれない。

ワクチンの効果は半年とか1年ともいわれている。そこで，2回目の接種から8カ月以上開けることを条件に，3回目接種を21年12月から始める。2回目までに受けたワクチンと違うワクチンでも構わない＝交互接種（読売2021年11月16日朝刊1面）。接種後死亡も結構多いし（1000人にもなったが，ただし，接種件数10万件に1件くらいなので，心配すべきではない），SNS上でのデマ情報（2年以内にみんな死ぬとか，不妊になるとか。アメリカのCDCは否定し，妊婦へのワクチン接種を奨励している）に惑わされるなどもあって，どこかでパニックが起きて，接種がストップすることがあるかもしれない。

今のワクチンが効かない強力な別種の変異株が日本型として出現し（ファイザーはインド型対応新ワクチンの臨床実験を21年8月から始める。読売21年7月10日朝刊2面，「各国　ワクチン試行錯誤　3回接種でも効果維持，副反応ない，しかし，安全性に懸念。読売21年7月16日朝刊11面），第6波が来ると危惧する専門家が多いようである。

新型コロナワクチンは，人類史上初めての遺伝子ワクチンであり，治験は何万人単位であって，かつ，日本人向けの治験がなされていないまま緊急に承認されたので，何百万人単位で何十年後に何が起きるか，気になるという意見もある（ただし，これには反論が有力と感ずる）。さらに，別の感染症によるパンデミック（世界的大流行）が発生する可能性は否定できない。

いずれにせよ，危機に瀕して，不確実性の中で，リスクマネジメントを適切に行い，生じうる不測の事態への対応を含め，科学的・法理論的・経済学的に

合理的な法政策を工夫することが不可欠である。

「反省のないところに進歩はない」(むしろ,過ちを繰り返す)から,これまでの極めて不合理で違憲の多数の施策を反省し,それを惹起している現行法は抜本的に改正しなければならないし,政策責任者には頭を切り替えていただきたいと願っている。

筆者は内閣や大阪府,東京都に私見を送っているが,無視されている。私見はもとより十分とは思えないし,意見が異なるところも多いと思われるが,参考にしていただきたい。

本書は,すでにアマゾン kindle で 8 月10日に出版(10月に第 2 版)したものについて,新型コロナ沈静化を踏まえた政府の行動規制緩和など,その後の動きを踏まえて,2021年11月19日朝の時点で改訂した紙ベースの本である。校正時に若干の修正をした。

2021年12月15日

阿 部 泰 隆

[追記] 2022年正月オミクロン株拡大で,本書『新型コロナ対策の法的処方せん』の任務はまだまだ終わらない。これまでの政策を再検討して,真っ当な政策を樹立するために参考にしていただきたい。

なお,初校後の動きについては,末尾(233頁)に,2021年年末から22年年初の動き,オミクロン株激増への対応,として記載した。

# 目　次

目　次

目　　次

# 凡例・文献一覧

　本書では，特措法は，新型インフルエンザ等対策特別措置法の略，感染症法は，感染症の予防及び感染症の患者に対する医療に関する法律の略である。

　本書で頻繁に引用する文献は，著者名などの略称で引用する。新聞やネット記事は本文で引用した。文献も本文の割注で入れ，解説に長文を要するものも，別注を用いず，かこみ記事で説明した。

　なお，引用などの都合から，新型をつけず，単にコロナとしたところもある。

　本書に出てくるデータは，2020年か2021年なので，それぞれ20年，21年と略した。新聞は，読売新聞は単に読売に，日本経済新聞は単に日経とした。

筆者のものは，
「過剰規制に過大バラマキ」税務経理9850号（20年6月23日）。
「コロナ対策の法的工夫」（自治実務セミナー20年7月号34〜44頁。
「コロナ禍対策としての休業要請と国家賠償」判例地方自治464号（20年11月号）
　　104〜106頁。
「不正受給対策」自治実務セミナー21年1月号42〜47頁。
「コロナ対策の愚」税務経理9898号（21年1月22日）。
「オリンピックはコロナに負けない」税務経理9915号（21年4月6日）。
「コロナ対策の要点」税務経理9955号（21年10月1日）。
「グローバルダイニング訴訟に関する意見書」（21年11月）
（https://www.call4.jp/file/pdf/202111/5260d5bacbb622501acf94ebfbb3a6f7.pdf）
（https://www.call4.jp/file/pdf/202111/c8600bd55c9d7b4926bb89dd0733eb49.pdf）

「新型コロナウイルス感染症対策の基本的対処方針」（特措法18条。最新版は，令和3年9月28日）。
https://corona.go.jp/expert-meeting/pdf/kihon_h_210610.pdf）（「基本的対処方針」と略する）。

天笠啓祐（ジャーナリスト）『新型コロナワクチン』（緑風出版，21年6月）。
井上正康（大阪市立大学名誉教授）『本当はこわくない新型コロナウイルス』（方丈社，20年10月）。
碓井光明（租税法・行政法学者，東京大学名誉教授）「新型コロナウイルス感染症に伴う給付金給付事業の法的分析」行政法研究36号125頁（20年10月号）。

内田樹＝岩田健太郎（神戸大学医学研究科教授）『コロナと生きる』（朝日新書，20年9月）。

大林啓吾（憲法学者，千葉大学教授）編著『コロナの憲法学』（弘文堂，21年3月）。同『感染症と憲法』（青林書院，21年3月）。

岡田晴恵（公衆衛生学者）『どうする！？新型コロナ』（岩波ブックレットNO.1026），同『最新知見で新型コロナとたたかう』（岩波ブックレットNO.1026）（ともに20年）。

片山善博（元鳥取県知事，総務大臣，早稲田大学教授）『知事の真贋』（文春新書，20年11月）。

金井利之（行政学，東京大学教授）『コロナ対策禍の国と自治体』（筑摩書房，21年5月）。

木村盛世（医師，作家）『COVID-19　新型コロナ，本当のところどれだけ問題なのか』（飛鳥新書，21年）。

黒木登志夫（医師，複数の大学教授や日本癌学会会長を歴任）『新型コロナの科学』（中公新書，20年12月）。

五條堀孝（遺伝学者）『新型コロナワクチンとウイルス変異株』（春秋社，21年7月）。

近藤誠（医師）『新型コロナワクチン　副作用が出る人，出ない人』（小学館，21年7月）。

竹中治堅（政治学，政策研究大学院大学教授）『コロナ危機の政治』（中公新書，20年11月）。

鳥集徹（ジャーナリスト）『コロナ自粛の大罪』（宝島新書，21年3月）。

西村秀一（医師，国立病院機構仙台医療センターウイルスセンター長）『新型コロナの大誤解』（幻冬舎，21年6月）。

藤井聡＝木村盛世『ゼロコロナという病』（産経出版，21年8月）。

和田秀樹（高齢者専門の精神科医）『これから怖いコロナの副作用』（ビジネス社，21年8月）。

『「コロナショック」台湾からの警告』（Renaissance 20.5, vol.4）。

ニュートン増刊 Vol 5（21年6月）。

『報道特集　新型コロナウイルス　感染症』（読売新聞社，21年6月）（読売報道特集と略する）。

一般財団法人アジア・パシフィック・イニシアティブ（委員長＝小林喜光・三菱ケミカルホールディングス会長，政府規制改革推進会議議長）『新型コロナ対応民間臨時調査会』（20年10月）（民間臨時調査会と略する）。

感染症学会 COVID-19ワクチンに関する提言（21.2.26）（https://www.
　　kansensho.or.jp/uploads/files/guidelines/2102_covid_vaccine_2.pdf）。

論文は，何度か引用するもののみ，ここに掲載する。

板垣勝彦（横浜国立大学准教授，行政法）「新型コロナウイルス雑感 ── 自粛要
　　請，休業と補償，都市封鎖」横浜法学29巻1号（20年9月）。

忽那賢志（くつなさとし）（国立国際医療センター国際感染症対策室医長）「重症化
　　を防ぐ『治療法』がわかってきた」文藝春秋20年11月号236頁以下。

小林慶一郎「『コロナ恐慌』を回避せよ」中央公論20年3月号。

中原茂樹（行政法学者，関西学院大学教授）「新型インフルエンザ等対策特措法及
　　び感染症法の改正と行政法上の論点」法と政治72巻1号321頁以下（21年5月）。

舟田正之（経済法学者，立教大学名誉教授）「新型コロナウイルスと独禁法」日本
　　経済法学会年報42号131頁以下（21年10月，初校で拝見）。

本庶佑（ほんじょたすく）（ノーベル生理学・医学賞受賞者・京都大学高等研究院副
　　院長）「東京五輪までに『ワクチン』はできない」文藝春秋20年8月号95頁以下。

舛添要一（元厚生労働大臣・元都知事・国際政治学者）「安倍官邸『無能な役人』
　　の罪と罰」文藝春秋20年5月号142頁以下。

吉村洋文（大阪府知事）「医療崩壊も想定内だ」文藝春秋20年5月号134頁以下。

宮坂昌之（免疫学者）「コロナ『ワクチン』本当に安全か」文藝春秋21年2月号
　　120頁以下。宮坂昌之『新型コロナワクチン　本当の「真実」』（講談社現代新
　　書，21年）。

■法律関係雑誌の特集では，

「感染症対策の正義と法」法律時報92巻9号（20年）。

「パンデミックと公法の課題」論究ジュリスト35号（20年）。

「新型コロナと法」法学セミナー20年7月号〜21年3月（786号〜794号）。

「感染症対策の法と医療」法律時報93巻3号（21年）。

「新型コロナウイルス感染症と法の役割」法学教室486号（21年5月）。

「コロナウイルスと行政組織」法律時報93巻5号（21年）。

■諸外国の対応については

林倖如（台湾海洋大学海洋法研究所助理教授）「台湾における新型コロナウイルス
　　への法的対応」（法学セミナー20年8月号4頁）。

崔桓容（ちぇ・ふぁんよん）「韓国におけるCOVID-19への対応と法的争点 - 行政法
　　学の観点から」法学セミナー20年10月号46頁以下。

牧野絵美「東南アジア諸国における新型コロナウイルス感染症への法的対応」法
　　学セミナー20年12月号56頁以下。

横田明美「ドイツ感染予防法の多段改正と市民への情報提供——COVID-19への法
　的対応」論究ジュリスト35号70頁以下。


グローバルダイニング訴訟の意見書　筆者のもの（前記）のほか，
エマニュエル・オーバン・フランス・トゥール大学教授（公法学）（https://www.
　call4.jp/file/pdf/202111/95cb3fbd12ed1a513149a51aab690cc4.pdf）
曽我部真裕京都大学教授（憲法学）
（https://www.call4.jp/file/pdf/202111/308c8eadaad90630bd55d44dffdd82d6.pdf）
横大道聡慶應義塾大学教授（憲法学）
（https://www.call4.jp/file/pdf/202109/2fbdd39241b3fe03db7991b51b32cd34.pdf）
この訴訟関係の主張書面・証拠はすべて下記に掲載。
https://www.call4.jp/search.php?type=material&run=true&items_id_
　PAL%5B%5D=match+comp&items_id=I0000071
阿部の著書・論文は，http://www.eonet.ne.jp/~greatdragon/articles.html
　（googleで，阿部泰隆で検索してください）。

# 新型コロナ豆知識

筆者は，新型コロナウイルスに関する科学的なこと，医学的なことには完全に素人であり，イロハの知識がない。そこで，本書を執筆するにあたり，いくつかの点を記載する。

### ① 細菌とウイルスの違い

細菌は，原初的な一つの細胞からできている生物で，独立して生きることができ，一定の条件がそろうと，自分で細胞分裂を行って増殖する。これに対し，ウイルスそのものは，遺伝情報を持った構造物のようなもので，自分では増殖できない。増殖できるのは人間などの宿主の細胞の中でのみで，ゲノム（遺伝情報）をコピーするように増殖する。そして，新型コロナウイルスはウイルス粒子の外に出ているスパイク（棘）が，体のACE２（アンジオテンシン変換酵素２型）と結合する。ACE２は，肺，腎臓，心臓，血管など重要な臓器に分布しているので，新型コロナウイルスの被害は全身に及ぶ（黒木41頁）。その結果，重篤化すると，血栓症，心筋梗塞，脳梗塞，肺塞栓，間質性肺炎（肺の壁＝肺胞壁＝間質に炎症を起こす。CT上で薄いスリガラス状の影となる。黒木67・72頁）など。

細胞の外に出ると，時間の経過とともに不活化する（死ぬ）。この基本は，新型コロナでも当てはまる大前提である（雨笠84頁以下，井上34頁以下，西村184頁以下）。ウイルスは皮膚からは感染しない。そこで，テーブルやイス，ドアノブの消毒は無意味であるとの強い意見もある（西村19頁，24頁）。

### ② 新型コロナウイルスとは？

ウイルスには，遺伝子がDNAのものとRNAのものがある。新型コロナウイルスは，「DNA」ではなく，インフルエンザウイルスやHIVウイルスと同じように，「RNA」を遺伝子に持つウイルスである。DNAは，二重らせんという安定的な構造を持つが，RNAは，一重らせんで，構造が不安定で，遺伝子が変異しやすい。流行している間にウイルスの遺伝子が変異して，ワクチンが効きにくくなったりする。インフルエンザワクチンでそのことは経験している。新型コロナの変異のスピードは非常に速い。ワクチンの接種が進んでいるが，そのうちに，一部のウイルスにしか効かないということは十分にありうる。（天笠87頁，井上34頁，黒木38頁以下）。

### ③ ワクチンは？

ファイザーとモデルナの２社の新型コロナワクチンは，新型コロナウイルスのゲノム（遺伝情報）であるメッセンジャーRNA（mRNA。プラス鎖RNA）を用いた遺伝子ワクチンである。細胞内でメッセンジャーRNAの情報に従ってタンパク質をつくらせ，それが細胞表面に現れて抗原として認識され，抗体ができるという「遺伝子ワクチン」である。これまで遺伝子ワクチンに成功した疾患はないので，これが

最初の遺伝子ワクチンになる（黒木304頁）。

### ④ PCR，抗原検査，抗体検査

PCR（ポリメラーゼ連鎖反応（Polymerasse Chain Reaction）の略）検査は鼻の粘膜，のど，唾液などからわずかな遺伝子を採取して，培養して，ウイルス遺伝子の存在を調べる方法であるが，死んだウイルスにも陽性と反応するし，少量なら陰性となるので，完全ではない。PCR検査で陽性でも必ずしも感染者ではない（井上64頁，西村101頁以下）し，他人を感染させるリスクが高いとは限らない（西村109頁）ので，この検査に頼りすぎてはならない。黒木204頁以下が詳しい。なお，宝ホールディングスは30年以上前からこの事業を手がけている（読売21年7月3日朝刊5面）。

ここで，抗原検査と抗体検査という似た検査方法が出てくるが，PCR検査がRNAを増幅して検出するのに対し，抗原検査は新型コロナウイルスに対する抗体（ウイルスに反応して毒素を中和する物質）を用いて抗原（新型コロナウイルスなどの外敵）を見つける検査ということである。

PCRと違って標的を増幅させることは出来ないため，検出にはより多くのウイルスが必要であり，PCRに比べて感度が劣る（偽陰性が多くなる）。しかし，抗原検査は30分程度で結果が出る，特別な検査機器や試薬を必要としない。PCR検査と抗原検査がウイルスそのものをつかまえる検査である。

東京都医師会尾原会長は，抗原検査には定量検査と定性検査がある。定量検査はPCRに匹敵する精度があるといわれている，定性検査は，15分くらいで結果が出てくる手軽なもので，精度に問題があるといわれるが，他人に移す可能性については十分拾えるとのことで，飲食店に行く前に検査をすることが考えられる（目下3000円）ということである（日本放送21年7月17日電子版）。

しかし，入国規制に使うと，偽陰性者がすり抜ける可能性があるという。

これに対し，抗体検査はウイルスに感染した人の体内で作られた抗体を検出するというものである。つまり，抗体検査はその人が過去に感染した痕跡を探す検査であって，今感染しているかどうかを調べる検査ではないという（西村114頁）。

この方法を用いて，2回目のワクチン接種を受けたのち，免疫（中和抗体）が付いたかどうかを検査することができる。この抗体検査は一般の医療機関でしてもらえる（筆者のかかりつけ医は自費で，3850円。筆者は8月17日に採血して，抗体の値は3611，大丈夫とのことである）。ただし，抗体検査は不正確，信ずるなという意見もある。

この検査方法の比較説明については，厚労省のHP（https://www.mhlw.go.jp/stf/seisakunitsuite/bunya/0000121431_00132.html#h2_free3）参照。

# 新型コロナ対策の
# 法政策的処方せん

# 序章＝本書の要点

## 1　新型コロナ対策のもたもた

　2019年末中国武漢で発生し，20年1月には我が国に侵入した新型コロナは，重症急性呼吸器症候群（SARS）（2002年～2003年），中東呼吸器症候群（MERS）（2012年～）など，これまでのコロナとは違うという意味で，新型と言われているが，これに対するわが国の対策は迷走し，20年初頭，ダイヤモンド・プリンセス号の感染抑え込みに苦労し（読売報道特集73頁以下，民間臨時調査会報告書78頁以下に詳しい），入国規制はもたもたした。中国・韓国からの入国は3月9日に制限した（読売報道特集92頁）のに，欧州からの入国規制は専門家会議（2月16日に初会合）の3月19日付け意見（読売報道特集107頁）を無視して3月末と遅らせたため，その間にウイルスが侵入した（竹中101頁，民間臨時調査会111頁以下）。2月27日の安倍首相の全国一斉休校要請から，3月24日のオリンピック1年延期，第1次緊急事態宣言（20年4月7日から5月25日まで），第2次緊急事態宣言（21年1月8日から，延長して3月7日まで）では解決できず，従来以上の医療危機を生ずる感染拡大で，21年4月25日に第3次緊急事態宣言となった。5月11日まで期限では成果が得られず，月末まで，さらに，6月20日まで延長された（時系列は，読売報道特集10頁）。まん延防止重点措置は7月11日までとされていたが，首都圏3県，大阪府で延長された。東京都には7月8日に第4次緊急事態を宣言し，1都3県内のオリンピック競技場は無観客となった。さらに，北海道，福島も無観客とする。およそ復興五輪とは言えない。宮城は，仙台市長は無観客との意見だが，宮城県知事の意見で東北唯一観客を入れた。7月末には1日の感染者数が1万人を超えて，緊急事態宣言も東京，沖縄，千葉，埼玉，神奈川，大阪に再発令された。さらに，8月には，この指定がさらに拡大された。まん延防止重点措置も多数の道県に適用された。まん延防止措置がまん延している（第9章Ⅴ2，Ⅵ4）。しかし，病床は不足で，これまでの対策は失敗だったのではないか。

## 2 新型コロナ対策の基本──安全・安心な店舗まで規制するな，水道の栓を閉め忘れるな，早期治療など ━━━

菅首相は，感染抑止には，ワクチンを打つしか打つ手がないとの認識らしい。たしかにワクチンを早期に接種した欧米の一部の国では，コロナ危機はいったん去っている（しかし，再炎）し，この段階になればそれしかないかもしれない。

しかし，コロナ対策としては，第1章で述べるように，感染防止，他人への感染拡大防止策，治療が基本である。具体的には，飲食店はみな休業要請ではなく，3密対策認証制度に合格しない店舗だけの営業禁止，PCR検査・抗原検査キットの拡充による感染者の早期発見，感染した者の隔離・行動管理と早期治療，重症者と軽症者の振り分け，重症病棟の確保，自宅療養者への医師の早期派遣と治療薬の投与等の医療体制の整備，入国規制という水際対策の強化，入国者・感染者の行動の徹底規制（行政指導ではなく，位置確認アプリによる位置確認情報の法的義務付け）こそが肝心である。政府は，「新型コロナウイルス感染症対策の基本的対処方針」を策定しているが，この観点からは十分ではない。

ワクチンの接種順位は，感染すれば重篤化する高齢者や基礎疾患のある者が優先されているが，リスクマネジメントからいえば，感染するリスクを考慮すべきであり，そうすれば，施設入所者以外の高齢者や入院以外の基礎疾患を有する者は後回しにして，介護職員，オリンピック関係者・観客などを優先すべきであったし，全国平等ではなく，感染リスクの高い都会を優先すべきであった。政府は，アストラゼネカ製ワクチンを21年8月16日から緊急事態宣言が発令されている6都府県に優先配分することとした。やっと気が付いたか。

肝心の入国規制に穴がある（コロナ対策優等生の台湾でコロナが再炎したのも同様）から，変異株などが日本に乱入したわけで（今のインド株は外国から来たので，日本で発生したとは言われていない），まるで，水道の栓を閉め忘れたために，家中水浸しになって，あわててバケツで水をすくっているようなものである。

医療体制の危機も，多くは，患者がある程度回復したのに，引き取る民間病院が不足して，重症病床を占拠しているためであり，病院間の連携を早期に確保すべきであった。しかも，いずれにせよ間もなく亡くなるはずの方の延命治療もかなりの原因である。

全国民に無駄に支給した1人10万円，計約12兆円もの資金を上記の対策に使えば，コロナ禍をはるかに早期に抑止することができたのである。

## 3　ワクチン接種のリスクマネジメント

### （1）ワクチンの有効性

目下は，ワクチン接種で，コロナ禍・医療危機を脱却できるとして，国を挙げて推進されている。それには大きな効果があるようである（第2章1）。

### （2）ワクチンの副作用と有効性への懸念

しかし，ウイルスが変異して効かなくなることもあるし，副作用もあることが指摘されている（第2章2）。厚労省は，接種開始の21年2月17日から，6月4日まで196件に死亡例があったが，現時点において引き続きワクチンの接種体制に影響を与える重大な懸念は認められないとしている。しかし，接種直後の死亡であるから，接種が原因であると推定されるべきである。原因は「サイトカインストーム」（免疫の暴走状態）との説もある（後記第2章2（5）近藤誠説）。これは極めて重大な事態であり，政府がこれをきちんと説明せず，いわば隠していることは許されない。

しかも，新型コロナワクチンはメッセンジャー（m）RNAを使った，これまで例のない，遺伝子活用手法であり，若い世代の将来的な副作用については疑問も示されている。これに対して，誤情報だという反論がある（読売21年7月14日38面，さらに，第2章2（5）の山本和生の説明）。政府はきちんと説明すべきである。

### （3）リスクとベネフィットの比較

そうすると，ワクチン接種と接種しない場合のリスクとベネフィットの比較が必要である。まさに，前門の虎，後門の狼である。目下のところ，接種数1億回に対し，接種後死亡例は1000人台であるから，仮にすべてが接種と因果関係があるとしても，10万人に1回である。新型コロナに感染して死亡している方がはるかに多い。

そうすると，国家レベルでは，どの年齢や職業，病状でも，接種による新型コロナ患者の減少の方が副作用で死んだり後遺症を負ったりする者よりも多いし，死者や重大な後遺症を負った者にも，因果関係なしと主張し，最終的に因果関係が立証された犠牲者には，税金で予防接種補償をすれば済むから，推進するべきであろう。しかし，だからといって，その他の施策を怠ってはならな

い。むしろ，政府は，接種後，運動を1週間はしないようになどと，厳重な注意を国民に求めるべきであろう。

　個人レベルでも，同様に接種する方が賢明であるが，しかし，仕事や年齢，病状次第では，コロナに感染する可能性がほとんどなく，むしろ，副作用が心配な者もいる。

## （4）ワクチン接種しない自由の保障

　このままで行くと，ワクチンを接種しない者は，危険人物扱いで，差別され，避けて通られるどころか，非難され，ワクチン接種証明書（ワクチン・パスポート）がなければ，海外渡航どころか，学校，会社，国内旅行，飲食店・ホテルでも，断られかねない。これでは，社会生活が妨げられ，実際上接種を断りにくくなる。

　しかし，接種は，天然痘の予防接種禍の苦しい経験を踏まえて，予防接種法上（差別の反省については感染症法前文参照）任意とされている（『予防接種法詳解』（中央法規，平成19年）はしがき参照）。副作用もありうる。しかも，PCR検査，抗原検査もある。接種しない自由は尊重されるべきである。接種するかどうかも，各人のリスクマネジメントなのである（第2章4）。差別が起きないように，ワクチン接種証明書をもたなくても，これらの検査などによる陰性の証明で社会生活に支障のないようにしなければならない。

## 4　およそ根拠なき全国一斉休校要請

　20年2月末安倍首相が突然行った全国一斉休校要請は，法律上の根拠も権限もないどころか，感染者のいない地域，学校にまで全国一律という，およそ必要性を欠くものであった。ところが，ほぼ全国の学校が右へ倣えした。異常な無法国家である。このことを反省していないことが，その後の自粛警察に支えられた，法治国家違反の過剰規制を生み出す土壌になっている（第3章）。こんなことをする暇に，まっとうな法制度を整備し，入国規制をし，徹底的なPCR検査をし，病床を確保すべきであった。

## 5　法制度・改正法の不備

　20年2月には，新型コロナに，新型インフルエンザ等対策特別措置法（特措法）と感染症の予防及び感染症の患者に対する医療に関する法律（感染症法）が適用されることになり，21年2月には改正された。

　しかし，2に述べたような施策は不備である（第4章）。

　第1次緊急事態宣言下では，事業者に対しては，要請，指示，公表という行政指導が用いられたが，21年2月の改正で，各種の規制違反に対して，命令を発し，過料を科すなど，規制は強化された。しかし，その程度では従わない者が続出するし，他方，規制できる要件は杜撰で，3密対策を講じていても，規制されている。えん罪である。オリンピックを控えた21年7月の時点では，酒類提供が悪者とされているが，感染防止策を十分に講じたうえでの少々の飲酒までなぜ規制されるのか。また，ワクチン接種を完了して抗体を保有している者の入店は自由にすべきではないか。しかも，クラスターは，宴会でもしなければ，換気をしっかりしている普通の飲食店ではまず発生しないのである。

　そして，権力で業者と市民を従わせようという権力手法は，無数の業者と市民を相手にする場合には，取締りの行政資源が不足して機能しない。大部分の者を従わせ，一部の従わない悪質な者を捕まえる手法が必要である（第4章）。

## 6　不安をあおるな，超過死亡はないこと ■■■■■

　そして，新型コロナは怖いと，連日感染者数，死亡者数が公表されているが，日本では，21年7月8日現在，感染者数は81万3822人，死者1万4933人，入院・療養中は最近減ったため，1万6234人，うち重症者464人にとどまる（読売21年7月9日朝刊30面）。ただし，7月28日では，感染再拡大で，感染者数は89万2636人，死者1万5174人，入院・療養中は増えて，4万2438人，うち重症者522人になった。21年9月18日現在でも，感染者数は167万人台であるが，死者は1万7千人台，重症者1559人である。

　しかし，これは，欧米，インド等とは1桁2桁違う（広瀬公巳「インド世界最悪感染爆発はこうして起きた」文藝春秋21年6月号154頁以下参照）。しかも，若者の死者は限られている。

　ヨーロッパを地獄に陥れた黒死病（ペスト）やスペイン風邪のようなものとは全く異なる。同じくコロナウイルスによるものでも，前記のSARS，MERSは，運よく阻止できたものの，日本に侵入すると怖い。しかし，新型コロナの場合，諸外国と異なり，日本では，その死者分，インフルエンザや肺炎等の死者が減って，いわゆる「超過死亡」はこれまでは認められない。もともと，高齢者の病気とも考えられていた。多くは，どうせそのうち亡くなる方の死期が少し早まっただけという可能性も大きい。今は若者に死者・重篤化が出ている

とはいえ，それはインフルエンザでもあることで，入国者の行動履歴の把握，3密回避体制を徹底し，医療体制をもう少し整備すれば，社会全体としては，今のところ，そんなにおそれるべきものではない（第5章2）。

ただ，21年7月末からの感染再拡大は，若者の感染者・重症化が増え，予断を許さないが，重症化・死亡率は下がっている。9月中旬にはなぜか感染者は激減したが，第6波が心配されている。

## 7　幽霊におびえた過大規制，新型コロナにだけゼロ・リスクを求める視野狭窄症

ところが，前記4の安倍首相の全国一斉休校要請，第1次緊急事態宣言における外出自粛，学校などの休校，公園などの閉鎖，裁判所までの業務停止，パチンコ店への休業要請，図書館閉鎖などは，幽霊におびえたようなもので，何の根拠もない異常でかつピント外れの違法措置であった（第6章）。

オリンピックの1都3県内（さらに，福島，北海道）無観客決定も，PCR，抗原検査を活用する諸外国の例に習わず，注意すれば感染を発生させないという，スーパーコンピューター富岳の分析を無視する非科学的態度である。

そして，学校の休校，店舗の閉店，失業などによるやりがいの喪失，自殺者の増加，治安の悪化，さらには国家財政の破綻の方が怖い。また，外出自粛で，自宅に引きこもり，健康寿命を短縮し，酒浸りになり，DVが増える，勉強意欲がなくなるなどの副作用の方が大きい（第5章1）。

日本の政策は，この副作用を無視し，新型コロナだけのゼロ・リスクを求める視野狭窄症であり（藤井＝木村，和田は基本的に同意見），欠陥政策である。リスクマネジメントができていないのである。新型コロナ自体は天災であるが，施策の失敗は人災である。

## 8　濫発の過大支給による国家財政の破綻寸前

過剰規制の一方で，困ってもいない多数の人に非課税で1人10万円の特別定額給付金（総額約12兆円）を支給し，時期遅れのアベノマスクを配布した（第5章3）。

時短協力金は赤字の飲食店が30分早く店を閉めても，毎日2万5000円ももらえる無茶苦茶（プロローグ，第10章Ⅳ12）。その他，持続化給付金等多数の給付金を濫発し（第10章Ⅳ），不正受給と受託業者の不当な利得を惹起した（第11

章)。必要のない規制をして給付金を支給するという無駄ばかりである。「過大規制に過大支給」である。規制を必要の限度にとどめれば，給付金も節減できたのである。

　その予算は，20(令和2)年度では，3回の補正予算を含めて一般会計だけで175兆円に上る。およそ健全な財政運営とはほど遠い，将来につけを回す放漫財政である。その支出の根拠となる予算は補正予算を組まず，20年度，10兆円，21年度5兆円の予備費を計上した。これまでは予備費は年間3500～5000億円程度であった。国会での審議を経ないでこれだけの巨額を支出するのは，財政民主主義(憲法87条第2項)という憲法原理に反する。

　ただし，政府が新型コロナ対策で2019年～20年に計上した65・4兆円のうち22・8兆円が執行されずに翌年に繰り越されていた。未執行額で最多だったのは，経済・雇用対策(296事業)で13・5兆円であり，時短要請に応じた飲食店への協力金に使う地方創生臨時交付金(3事業)は予算の33％しか執行できず，5・2兆円が使われなかった。感染防止策(301事業)も，3・3兆円が未執行だった(読売21年11月6日朝刊1面)。いい加減な予算査定である。

## 9　第2次，第3次緊急事態宣言下の愚策＝投網手法 ■■■

　第2次緊急事態宣言では，少しは反省したのか，その後は第1次のなんでも閉鎖を多少は軌道修正している。しかし，第2次緊急事態宣言を解除したら，1ヶ月ちょっとで，感染者が増加した，医療危機だとして，21年4月25日に第3次緊急事態宣言が発せられた。今度は，飲食店，居酒屋への時短・休業要請・酒提供の禁止ばかりではなく，「人流抑制」として，コロナを発生させたことのない百貨店，コンサート，映画館，美術館，博物館まで休業させられた。諸外国の都市封鎖(ロックダウン)のミニ版である(第9章)。法的にはたいした規制力はないが，同調圧力，あるいは国民の法的・科学的思考力の不足もあって，実際上，一部を除き，従わせている。

　しかし，「人流抑制」自体がコロナ発生防止に寄与するとの何らの科学的根拠＝エビデンス(証拠)もない上に，入国規制と医療崩壊対策を怠り，新型コロナにだけゼロ・リスクを求める，およそ非科学的，過剰かつ的外れの違法・違憲な規制である。プロローグで述べたが，まるで，歩道に突っ込む車を避けるために歩道も歩くな，東京に首都直下型地震が来る，富士山は活火山だといって，東京や富士山麓にいるなというようなものである。あるいは，都市封

鎖は感染拡大を防止するといわれるが，投網を投げれば，狙った魚は捕まえられるであろうが，狙わない魚まで一網打尽と同じである。スズメを取るのに，鳥もち，霞網を使って，ウグイスまで捕まえるような行き過ぎである。それでも，多くの国民が従うのは，まるで，「欲しがりません，勝つまでは」と全国民が熱狂して，神風が吹くと信じさせられて，破綻への道を進んだ第2次大戦と変わりはない。西村著も全体として，ゼロ・リスクを求めることを批判している。井上著（19，165頁）も「まん延したのは，過剰反応と思考停止」，「コロナ恐怖症」が「失敗の本質」という。藤井＝木村も，「ゼロコロナという病」を指摘する。

　そのような施策（諸外国の都市封鎖，いわゆるロックダウン）が正当化されるのは，感染拡大が爆発的で，きめ細かな施策を講ずること，その遵守を確保することが至難である場合に限られる。しかし，日本はそのような深刻な・手も足も出ない状況ではない。新型コロナによる死者が諸外国のように桁違いに激増しているわけではないし，病床確保の努力が遅れ，延命治療が病床を圧迫しているにすぎないのではないか。

　それにもかかわらず，このような大雑把な施策が強行されては，日本経済も国家財政も国民生活も崩壊する。それは，あまりにも大きな代償である。

## 10　違憲・違法のオンパレード・国家賠償
### （1）憲法上も行政法上も違憲違法

　これは，法律的に言えば営業の自由（憲法22条）を不必要に（過度に）制限して違憲である。法的には投網をかけることは許されていないのである。かりにこれを行政の裁量だとしても，合理的な思考過程が何ら示されず，事実の根拠がなく，考慮すべきことを考慮していないので裁量濫用である。新型コロナにも適用される新型インフルエンザ等対策特別措置法が，（基本的人権の尊重）として，「第5条　国民の自由と権利が尊重されるべきことに鑑み，新型インフルエンザ等対策を実施する場合において，国民の自由と権利に制限が加えられるときであっても，その制限は当該新型インフルエンザ等対策を実施するため必要最小限のものでなければならない。」と定めている（感染症法22条の2も，「必要な最小限度のもの」であることを求めている）ことも無視されている。緊急事態宣言も，「新型インフルエンザ等が国内で発生し，その全国的かつ急速なまん延により国民生活及び国民経済に甚大な影響を及ぼし，又はそのおそ

れがある」事態に発する（特措法32条）とされているが，年間死者137万人の
１％程度のコロナ死者で，かつ超過死亡がないのに，「国民生活及び国民経済
に甚大な影響を及ぼすおそれがある」といえるのか。医療危機は対処の方法が
ある。かえって，政府のコロナ禍施策が「国民生活及び国民経済に甚大な影響
を及ぼ」しているのである。したがって，今のコロナ対策は最初から法律違反
なのである。違憲違法のオンパレードである。

　政策は，投網をかけるとか定置網を設置するのではなく，狙った魚だけ捕ま
える，それ以外の魚を捕まえないように，釣りで言えば，針の大きさ，形など
を工夫することが必要である。つまり，きめの細かい工夫をすべきなのである
（第６章，第８章，第９章）。

### （２）賠償・補償

　コロナ禍自体は天災であるから，国家の責任ではないので，国家賠償も損失
補償も認められないが，上記のような過大規制は違法・かつ有過失の人災であ
るから，国家賠償責任が発生する（第10章）。

## 11　第３次宣言の延長の混乱

　それにもかかわらず，医療体制が崩壊するとして，第３次緊急事態宣言は，
21年５月11日までの期限を月末まで延長することになった。百貨店などの休業
要請は国レベルでは取りやめになったが，大阪府，東京都では，継続した。さ
らに，６月20日まで延長，その上，７月月末まで延長された。

　しかし，その後は，百貨店やイベントへの休業要請は緩和されている。およ
そ一貫しない猫の目行政である。もともと根拠がないからである。緊急事態宣
言の効果はある程度あるが，それは「人流」抑制のためではなく，夏になれば
ウイルスが不活発になることと，国民への会食・接触抑制というアナウンス効
果によるものであろう。

　21年８月には，まん延防止重点措置もまん延し，緊急事態宣言も広がった
が，やることは飲食店の時短要請と酒類提供だけである。人流抑制として，百
貨店の休業ではなく，人員制限となったので，前の政策の誤りを認めたのか。
肝心のことは，緊急事態というからには，前記２の通りの施策を講ずべきであ
るが，明らかに不備である。

　これらの行政施策を怠り，全国休校要請，パチンコ店から始まり，居酒屋，
飲食店，酒などに，換気を含め，十分な感染防止策を講じているかどうか，ワ

クチン接種して，抗体を保有しているかどうかとか，営業態様を問わず一律に犠牲を強いて，病床確保を怠ったうえで，命令に従わない店に過料を科すので，認知症老人の延命のために俺たちを殺すのかとの怒りが聞こえる。多くはえん罪である。

　すでに，飲食店，居酒屋等が酒の提供を堂々と行う反乱を起こしつつある。訴訟も提起された（はしがき参照）。それに対して過料は実効性を有しない。もっとも，意外と反乱がないのは，協力金が過大であるためであり（第10章Ⅳ12），無茶苦茶である。

　投網手法ではなく，本当に感染を拡大しやすい営業形態に絞って規制し，相応の協力金を支給し，それでも応じない者を処罰するべきなのである。

　これからは，第6波に向けて，これまでの施策を反省した合理的な施策を行うべきである。

## 12　不正受給対策

　そして，制度設計が杜撰なので，不正受給，受託業者の不当な利得が頻発した。性善説などと，言い訳をせず，その対策を同時に組み込むべきであった（第11章）。

## 13　予防接種と補償

　新型コロナワクチンによる副作用で後遺症を負った者や，死亡した者の遺族には年金や一時金が支給される。ただ，遺族年金は10年だけであるし，ワクチン接種と副作用の因果関係が簡単には認められないので，犠牲者は苦労する。因果関係を推定し，遺族年金は終身とすべきである。死亡一時金は4000万円以上，もはや稼ぎのない老人には高過ぎである。

## 14　不確実性の中のリスクマネジメントによる対処

　（1）　以上をまとめると，いわゆる3密回避はイロハであるが，感染力には不明なところがありすぎ，感染経路不明の陽性者が少なくないので，過剰規制にならないように配慮しつつも，安全側に立った予防原則によるべきである。それが不確実性の中で行うリスクマネジメントである。

　（2）　したがって，疑いがあれば，検査を徹底し，感染者は，早期に治療し，その行動を把握して（違反は処罰），他者への感染を防止すべきであった。

その程度の個人の自由の制限は許されるというべきである。

21年5月になったら，重症病床不足で，救急車の中でも自宅でも待機を余儀なくされて，重症化して死亡した例が続出したが，このことを想定して，新型コロナ病床の増設を急ぐべきであった。重症になる前に，自宅で，市中の開業医が治療を開始すべきである。治療薬ができたが，早期でないと役立たないそうであるから。しかし，21年8月にもその対応がなく，同じ事態が発生した。

（3）　新型コロナは簡単には撲滅できず，十分な治療薬が開発されるまで，相当の期間人類はこれと共存せざるを得ないと見られている。新型コロナ感染防止は不可欠とはいえ，経済活動の停滞も長期間継続すると企業の破綻が続出するどころか，国家が破綻して，破綻した企業や人々を救うことも不可能になり，国民の資産は消失し，多数の人が自殺し，病死者続出以上の超大災害ともなる（第5章1）。

巨額の負債（国レベルだけでも1200兆円以上）を抱えているわが国ではそのリスクは非常に高い。治安の悪化も想定される。外国人は仕事がなくなって困っている。学生の生活窮乏や引きこもりの弊害も無視できない。したがって，予防原則といっても，エビデンスなき経済活動の停止要求は許されない。業者への規制の多くは過大であり，違憲であった。

（4）　こうして，いわゆる出口戦略で，新規感染者の増加を医療機関が破綻しない範囲に抑え，感染伝播の少ない活動は解禁すべきである。ワクチン接種が進むと，感染しても，重症者・死者は激減するので，当然にそうなる。

## 15　政策策定のための総合的視点の欠如

（1）　しかし，新型コロナ対策とは何を焦点にすればよいのか，肝心のことがわからずに，総合的に考慮せずに，思い込みの断片的な施策が濫発され，なすべきことが忘られたのである。これでは新型コロナを撲滅することができない。

なぜこんなことが起きるのか。日本の政治家とその側近には危機管理能力もごく初歩的な（高校生程度の）科学的思考も政策的思考も，まして法的な思考，リスクマネジメントもないことがまたまた露呈したのである。

　　● なお，法哲学者井上達夫は「危機管理能力なき無法国家 —— コロナ禍で露呈する日本の病巣」（法律時報92巻9号62頁以下）として表題通りの点

を種々指摘している。

（2）　いくら政治主導とはいえ，政治家は，自分の思い込みでは，適切な施策を講ずることはできないという当たり前のことを自覚すべきである。ギリシャの哲学者ソクラテスは，「自分自身が無知であることを知っている人間は，自分自身が無知であることを知らない人間より賢い」といったようである。

　目的実現のためにはいかなる手法・手段が適切なのかという政策立案の基本を理解して，各省の専門の公務員の意見や民間の科学者（専門家会議・その後の新型コロナウイルス感染症対策分科会などの感染症学者の意見は聞いているが，医療現場の声，ましてや，公共政策学者，経済学者，憲法・行政法学者等はほとんど無視されている）の提言を聞いて，しっかりした科学的かつ法学的・経済学的・社会学的・心理学的な検討を行って，総合的（俯瞰的？）に判断すべきである。しかし，専門家会議・厚労省・医系技監・分科会といっても，PCR検査を制限したとか，開発されたワクチンの承認の遅れ，人流抑制，ワクチン接種における元気な在宅老人の優先，病床確保の遅れなど，失策も少なくないので，現場の医師を含め，反対の意見を持つ者も入れた専門家会議が欲しい。そして，国民には，その理由をきちんと説明すべきである。

（3）　しかし，安倍政権・菅政権（さらに，主導権を握った官邸官僚，森功『官邸官僚』（文芸春秋，2019年）参照）は，意に沿わない公務員を排除する（人事権の濫用）ので，公務員はまっとうな施策を提案できなくなっている。首相は官邸官僚の見当違いの進言に左右されてしまう（安倍首相の全国一斉休校，アベノマスクの配付，定額給付金，菅政権におけるワクチン接種の順番，中等症患者の在宅案などが典型）。民間の声も収集して，まっとうな意見により軌道修正することもしていないと思われる。菅首相お得意であるはずの「俯瞰力」は全く発揮されていない。都知事も大阪府知事も，パチンコ店・百貨店，酒をやり玉に挙げたように，役所内で検討しているとは思えない思い込み施策で，科学的根拠を示すことなく，間違い政策の反省も聞かれない。本書で引用した有用な文献も無視されている。政治家は，国民に理と情を尽くして語りかけるべきであるが，それも怠っている（第1章2（6））。

　これを許しているのは，野党の批判と対案の不十分さにもよる。情けない。野党にも法学の専門家がいるのに方角違いか。

（4）　憲法に緊急事態条項がないから強力な手段がとれないという意見もあるが，適切な法律を作れば十分対応できる。むしろ，今でも，存在する法律は杜撰なのに発動されるし，法律がなくても無茶な（エビデンスなき）要請で全国民を従わせている政府に，非常事態条項に定める自由な権力を与えたら，およそ合理的な理由のない人権制限が濫発される。必要な規制は予想できるので，あらかじめ明確で合理的な法律を制定すれば十分である（第4章Ⅳ）。

# 第1章　新型コロナ対策の基本に注力を

## 1　はじめに：新型コロナ対策における国家の任務

新型コロナ対策は，下記のような多様な視点を総合考慮すべきである。国家は，新型コロナ禍を防止して国民を守るために各種の規制措置を講ずる権限を有するとともに，国家財政や民間経済・国民生活が破綻しないように，あるいは，入国規制を強化して，入国者，帰国者，感染者の行動を把握する・隔離する，PCR検査・抗原検査キットを普及して感染者を発見する，感染拡大防止のためワクチンを早期に入手する（ただし，副作用に配慮する），感染者には十分な医療を提供する，治療薬を開発する，官民の病院間の都道府県を超えた連携で医療資源を適切に配分するなどにより，国民の生活・生命を守るために必要な施策を講ずる責務を負っている。さらに，人権尊重の観点から過剰な権限行使を控えるべき義務を負う。

そして，政策とは，目的実現のために適切な（きめ細かな）手段を講ずることである。効果の乏しい施策を講じて過剰規制し，効果のある手段を放置することは許されない。そのためには，証拠に基づく科学的思考，不確実性の中での判断であるリスクマネジメントが不可欠である。しかし，日本政府はこの基本を怠ったのである。

本章は以下の各章のもとになる基本的な考え方を述べる。各章では重複はあるが，これを補完し，具体化するものである。

## 2　感染防止・感染者からの感染拡大防止策
### （1）感染対策の基本

感染対策の基本は，感染しない（感染する環境に入らない）こと，感染を拡大しないこと，感染した人（無症状病原体保有者を含めて）を発見して，隔離して他人に伝染させないこととその人を治療することである。まず，この前者について述べる。後者は3以下で述べる。

## （2）3密対策の徹底

### （ア）　新型コロナの伝播経路

　新型コロナは，人から人へと，飛沫感染（新型コロナにかかった人の咳・く
しゃみ・鼻水が直接，目，鼻，口の粘膜に飛着），空気感染（空気中に漂う「エアロ
ゾル」を吸い込む），接触感染（感染者が触ったところに接触して，目・鼻・口に触
れる）する。そこで，いわゆる3密回避はすでにイロハとなっている。なお，
3密とは，**密集・密接・密閉**，なお，冗談で，「集（習），接（近），閉（平）」
というらしい。

　ただし，感染経路不明の陽性者が少なくなく，無症状者からの感染が多いよ
うであり，武漢で発生してから瞬く間に世界中に広がり，最近は，インド株・
イギリス株といった変異株（むしろ，インド株＝デルタ株が主体に置き換わって
いる。読売21年6月10日電子版，神戸にも出現。21年6月14日）がいつの間にか世
界中に，もちろん我が国にも潜入して，あるいは我が国で変異して，流行して
いるから，感染力は相当に強力であると推測される（シドニーではすれ違っただ
けの感染も報道されている。朝日21年6月25日電子版。ただし，本当なのか）。そし
て，自然免疫力の弱い（ウイルスを撃退する白血球が足りなくなっている）高齢
者・基礎疾患（高血圧や糖尿病も含まれる）のある者だけではなく，若者にも死
亡者・重篤化した者が増えている（「大阪の第4波死者，目立つ50代以下，第3波
の4倍に」読売21年5月1日電子版）。そうすると，これは不確実性の中の判断
であることから，安全側に立った予防原則によるべきである。2週間陰性なら
安全といわれているが，陰性のはずが陽性になることもあるので，3週間とす
べきかもしれない。PCR検査は陽性を陰性とすることがあるので，何度か検
査するべきであり，また抗原検査も活用すべきである（オリンピックで来日し
たウガンダ選手の1人が陰性証明書を持参していたが，陽性と判明。21年6月20
日）。1mどころか，2m離れている（インド型では，スーパーコンピューター
富岳は2m必要と算定。FNNプライムオンライン）だけでは足りず，3m離れて
いるべきではないか（ソーシャル・ディスタンスといわれるが，社会的距離ではな
いので，WHOのフィジカル・ディスタンス＝Physical distancing（身体的距離）の
確保というべきである）。ワクチン接種をしても，5％か10％は効果がないし，
変異株には効果があるらしいが確実ではないらしい（冒頭の『豆知識』で述べた
ように，抗体検査を受けて抗体保有を確認できれば安心できる）。

🔵　アクリル板に空気清浄機，「万全の防止策取ったが」，スナックで変異型感染21人。客には店の入口で検温と手の消毒を求めていた。店内に空気清浄機を置き，テーブル席にはアクリル板を設置。カウンターにもシートの仕切りを設けていた。従業員は全員，フェースシールドとマスクを着用して接客した。木製のマドラーを使い，1人1本の使い捨てを徹底していた。それでも感染は広がった。カラオケによる飛沫（ひまつ）が原因とみられる（読売21年4月30日電子版）。

🔵　富岳は，国立競技場に観客1万人（うち感染者10人と仮定）を入れた場合の新型コロナの感染リスクを解析した。全員がマスクをつけ，1席ずつ空けて4時間座り続け，終始前を向いて会話した場合，空調が働き，風が観客の後ろから前に向けて流れれば，会場で新たに感染するリスクは0に近い。間隔を空けなくても，新規感染者は0.08人にとどまった（読売21年7月7日朝刊2面）。人の命よりもオリンピックが大切かといった批判が多いが，科学的思考が大切である。オリンピックは観客入りでよかったのである。もちろん，実際には観客は歓声を上げて大騒ぎするので，この前提は満たされないが，オリンピック・チケットを有する者を優先接種し，PCR検査，抗原検査をパスした観客だけ入場させれば，リスクはほとんどなくなったはずだが。パラリンピックも同様。

（イ）　対　　策

感染防止対策は，上記の「3つの密」による感染ルートを遮断することである（このいずれかが欠けたら感染のリスクが増える）。3「密」というので，離れていれば感染しないと誤解されているが，後記の通り閉鎖空間ではウイルスが漂うので，空気感染に注意しなければならない。

①　**飛沫感染防止**：屋内でのマスク着用の徹底。うがいをする。体温を測る。他の人とは一定の距離を置く。対面の席では，間にアクリル板，ビニールカーテン・パーティション等を設置し，なるべく離れ，斜め方向に座る。あるいは，横並びで距離を置いて座り，隣に向けては話ししない。大声での会話は避ける。

エスカレーターは危険（西村144頁）。

なお，マスクはきちんと顔に密着させる。マスクによってコロナ遮断効果は大きく違う。高いのは，N95，医療用サージカルマスク，不織布マスクで，布（ガーゼマスク，アベノマスクで配付されたもの），ポリエステルマスク，ポリウレタンマスクは，効果があまりないらしい（西村124頁）。マスクをしていれば

十分ではないのである。

　うがいも，流せそうなのはのどの粘膜にあるウイルスであって，鼻の奥のウイルスは流せないし，それは即時に粘膜細胞に入り込んで感染が成立するので，うがいは無意味ということである（近藤70頁）。

> 🔘　ただし，マスクの予防効果については，デンマークで5000人規模の人にマスクを着用したグループとしないグループに分けて実験した結果，差がないという結果が出た（木村51頁，近藤68頁）という異論もある。しかし，どの種類のマスクなのかは不明であるから，信用できるのか。不織布マスクは，少なくとも，飛沫感染を防止できるだろう。

　なお，弁護士ドットコム（21年5月19日）によれば，これに反し，米テキサス州知事は，郡や市，学区などの公的機関や職員に対し，新マスク着用義務付けを禁止して，違反に最大1000ドルの罰金を科すという。ドイツでは，20年7月には，マスク着用などの規制強化に反対する「草の根民主主義党（草の根党）」が誕生。党員数は現在約2万5000人で，9月26日の連邦議会選（総選挙）にも候補者を複数擁立する（毎日21年8月30日電子版）。個人の自由尊重の観点らしいが，たかがマスク着用であり，社会への害悪防止の視点が足りないと思う。日本とは真逆である。

　マスクは，屋外で他人と離れている場合には不要である（西村140頁）。大阪府高槻市立小5年男児が20年2月マスクをして持久走中に倒れて死亡（読売21年5月30日朝刊25面）。多くの人が屋外で歩行中でもマスクをつけているのは異常だと思う（プロローグでも言及）。

> 🔘　筆者は，泉佐野市ふるさと納税事件の最高裁の前で他の人とは異なり，あえてマスクを着けなかった。You Tube で「泉佐野市ふるさと納税」と検索すると出てくる。テニス，ゴルフでも，マスクなしである。堀成美「やり過ぎだらけの感染対策」文藝春秋20年11月号245頁も同意見である。
> 　団扇や扇子は役に立たない（西村137頁）。

② **空気感染対策**：換気を十分にする（二酸化炭素濃度を測定するセンサーを設置する）。換気措置が十分に働かなければ，窓，ドアを頻繁に開ける。

　換気していると思ったら，かなりのビルは，他の部屋の空気が建物全体に流れるシステムを採用している。これでは，新型コロナウイルスが流入する。その対策は，エアロゾルを取るフィルターを設置することである（使い捨て，年間10万円と聞いた）。これが普及していないようなので，補助金を出すべきである。徹底して，換気扇を稼働する，窓を開けることが必要である。

　上昌広医療ガバナンス研究所理事長「日本人はコロナ空気感染への危機感がなさすぎ。人流，3密，クラスター対策では解決に向かわない」（東洋経済オンライン21年8月19日電子版，https://toyokeizai.net/articles/-/448957?page=4）によれば，感染の多くがエアロゾルを介した空気感染によることが明らかになってきた。エアロゾルは，最低で3時間程度，感染性を維持しながら空中を浮遊し，長距離を移動する。検疫のための宿泊施設で，お互いに面識がない人の間で感染が拡大したり，バスや航空機の中で遠く席が離れた人が感染したりするのは空気感染が原因だということで，徹底した換気が求められる。「人流抑制」や，飛沫感染を対象とした「3密対策」を続けていては，科学的に合理的でない対応であり，必ず失敗する。

　タクシーは窓を開ければ換気できるので心配ないが，換気しなくても空気清浄機などを作動させるニューノーマルタクシーが出現した（日本交通グループ関西，21年9月）。

③　**接触感染対策**：アルコール消毒で新型コロナウイルスを不活性化できるから，手指（指の股の部分ではなく，鼻や口・目に触る指先）を消毒する。次亜塩素酸水も有効である。ドアのノブや椅子，テーブル，トイレの便器など，人が触るところは定期的に消毒する。定期的に清掃するなど。

④　**食物からの感染**：さらに，他人の飛沫のかかった食べものを食べることで，ウイルスが喉の奥の気道の粘膜や腸の粘膜に到達するから，バイキング料理はやめる。

　このことはある程度は法的に担保されている。緊急事態宣言がなされたときは，一定の施設の使用制限などの措置（特措法45条2項），まん延防止措置の宣言がなされたときは時短要請など（特措法31条の6）のほか，同法施行令第12条，5条の5は次の措置を定めている。

　一　従業員に対する新型インフルエンザ等にかかっているかどうかについての検査を受けることの勧奨

　二　新型インフルエンザ等の感染の防止のための入場者の整理及び誘導

三　発熱その他の新型インフルエンザ等の症状を呈している者の入場の禁止

四　手指の消毒設備の設置

五　施設の消毒

六　マスクの着用その他の新型インフルエンザ等の感染の防止に関する措置の入場者に対する周知

七　正当な理由がなく前号に規定する措置を講じない者の入場の禁止

八　前各号に掲げるもののほか，新型インフルエンザ等緊急事態において，新型インフルエンザ等の感染の防止のために必要な措置として厚生労働大臣が定めて公示するもの。

大阪府が，マスク未着用の入店を許容する店には罰則を適用する（読売21年4月2日朝刊29面）というのも，この3号に基づく。なお，ドイツでは，マスク着用についても，実に細かい規定を置いている（渡邉泰彦「マスク着用義務からみるドイツのコロナ対策」法律時報93巻4号96頁以下）。さすが法治国家である。

さらには，会議はなるべく，zoom などのリモートで行う。

学校の授業も，ある程度オンラインで行う。

可能な範囲でテレワークに切り替える。出勤を要する場合でも，ラッシュアワーを防止するため，出勤時間を，会社の事情により10時とか，退社時間を4時などとして，「人流」を分散させる。

新型コロナウイルス感染症専門家会議の「人との接触を8割減らす。10のポイント」（20年4月22日。https://www.mhlw.go.jp/stf/seisakunitsuite/bunya/0000121431_senmonkakaigi.html）は，①ビデオ通話でオンライン帰省，②スーパーは一人または少人数ですいている時間に，③ジョギングは少人数で，公園はすいた時間・場所を選ぶ，④待てる買い物は通販で，⑤飲み会はオンラインで，⑥診療は遠隔診療，定期検診は間隔を調整，⑦筋トレやヨガは自宅で動画を活用，⑧飲食はお持ち帰り，宅配で，⑨仕事は在宅勤務，⑩会話はマスクをつけて，と呼びかけている。

「新型コロナウイルス感染症対策の基本的対処方針（改正）に基づく外食業の事業継続のためのガイドライン」（一般社団法人　日本フードサービス協会，一般社団法人　全国生活衛生同業組合中央会。改正：令和2年11月30日 https://www.maff.go.jp/j/shokusan/gaisyoku/attach/pdf/index-30.pdf）を履行している店舗は基本的に安全であると見るべきである。

以上は，日本では店舗でも会社内でもほぼ徹底していると思われる。ただ，

家庭内でどれだけ徹底しているかは不明である。

> 　ただし，西村秀一医師（3頁以下）は「怖いのはウイルスよりも，間違った情報の蔓延だった」という。ビニールカーテンやパーティションをしても，閉鎖空間ではエアロゾルが空中に漂うから，換気をよくしなければかえって危険（上記の上説と同じ），ウイルスは生きた細胞の中でしか生きられないから，テーブルや椅子，ドアノブの消毒は無意味，ウイルスは皮膚からは感染しないから過度な手洗い，アルコール消毒の必要はなく，かえって他の細菌から防御できなくなる，目・口・鼻先からの感染は神経質に考えなくてよい。手洗いよりはうがいを勧める。ただし，キスや飲み物の回し飲みは，唇の粘膜にいるウイルスを移す可能性がある，気を付けるべきは「ウイルスの吸い込み」である。コロナは空気感染であるから，換気とマスクが大事である。そして，バイキングや大皿料理を含めて食べ物から感染した可能性はまずないという。食べ物を挟むトングも同じ（西村163頁，176頁）。
>
> 　ベンチなどで，×を付けて，隣との距離を確保するのも不要，お金が感染を引き起こすほど生きている新型コロナに汚染されているとは考えられないので，レジで，店員が手袋をするのも無駄（西村173頁）。
>
> 　これに対し，井上87頁は，新型コロナはドアノブや便座などのモノを介して感染するので，3密回避の効果はきわめて限定的であると述べる。

## （3）3密対策徹底認証制度

### （ア）各地で導入開始

　このやり方をルール化し，店や会社には責任者をおいて，それを順守していることを確認する認証システムをとることも合理的である。最近は，そうした認証システムを導入する自治体が増えている。那須塩原市は旅館・ホテルの認証システムを21年4月1日から運用開始した。

> 　那須塩原市は，多くの専門家の協力を得て，新型コロナ感染症対策取組認証制度のマニュアルを作成した。これは，粟谷しのぶ弁護士のご教示による。

認証基準

（http://www.city.nasushiobara.lg.jp/49/documents/ninshoukijun.pdf），

実施要綱

(http://www.city.nasushiobara.lg.jp/49/documents/jisshiyoukou.pdf)

市のウェブサイトには説明や様式等の記載がある（http://www.city.nasushio-bara.lg.jp/49/9665corona.html）。

認証基準の構造や考え方は国際的な食品安全マネジメント・システム認証（GFSI）を参考にしている。

> ● 認証制度に関する総合的な研究として，碓井光明『行政認定制度』（信山社，20年）がある。

山梨モデルというものも有名になった。滋賀県や和歌山県も導入した（日経21年5月9日電子版）。宮城県も21年5月に創設した（河北新報21年5月9日電子版）。合格すれば認証マークを交付する。

ただし，山梨県では，感染対策の認証施設で複数の感染者が発生した（日経20年12月7日電子版）。そこで，「山梨県，感染対策の認証施設を抜き打ち検査へ」（日経21年3月31日電子版）。「山梨県の認証施設で感染者7人　基準見直しへ」（日経21年4月21日電子版）という。

大阪府では，まん延防止等重点措置に移った21年6月21日以降，上記（2）（イ）の①～③のほか，対策リーダーの任命，従業員へのPCR検査受診の推奨などといった43項目の府独自基準を達成した飲食店を府が認証する制度（「ゴールドステッカー」）を開始した（https://www.pref.osaka.lg.jp/shobobosai/gold-sticker/index.html）。そのリストは詳しいが，しかし，エアコンにエアロゾルを取るフィルターを付けよという施策が入っていないのが問題である。対策がとれているかどうかは職員が現地確認し，認証を受けた店舗には，府が要請している営業時間の短縮除外，支援事業の対象とする（読売21年5月27日朝刊20面，30日朝刊25面）。

5月21日現在，40都道府県が導入・計画という（読売21年5月31日朝刊25面）。香川・愛媛県も6月から導入する（日経21年6月1日電子版）。

内閣官房新型コロナウイルス感染症対策室長は，令和3年（21年）4月30日になってからであるが，「飲食店における感染症対策を徹底するための第三者認証制度の導入について」という事務連絡（https://corona.go.jp/news/pdf/inshoku_taisaku_210430.pdf）を発した。これはこれまで一部の自治体で行っている施策を評価して，認証基準案を示して，広く活用することを求めている。

遅すぎるが，これを徹底すべきである。ただし，西村説（16頁以下）によれば，換気が大事で，パーティションにはあまり気を使う必要はない。筆者は，前記の大阪府のように，従業員には毎週一回 PCR 検査を受けて，その結果を開示することを求めるべきであると思う。

　会社内部の操業の仕方についても同様のシステムが望まれる。

（イ）　認証違反は住民監視で

　これは，公務員が立ち回って，違反を確認することを想定している。大阪府では，無数の飲食店を公務員が「見回り隊」を結成して立ち回っている（民間委託もしている）が，それは資源の無駄使いである。

　※見回り隊の時給は1300円だが，その調査は杜撰と報道されている（毎日21年6月18日電子版）。

　認証マークのない店は避けるようにと呼びかければ，その顧客は減るはずであり，また住民や顧客が，認証に違反したことに気が付けば，市町村に通報することとし，通報が多ければ，市町村が状況を確認するとすればはるかに有効な手段となる。これに対して密告だと反発する向きもあろうが，人権侵害の程度は低く，効果的に取り締まる合理的な手段である。

（ウ）　認証があれば規制対象外にせよ

　さらには，認証があれば，休業要請や時短要請の対象外とし，協力金に差をつければ，なお効果がある。

　ところが，大阪府は，21年8月には緊急事態宣言が発せられたので，せっかく認証を得た3万8千の店でも酒提供停止とした（読売21年8月1日朝刊31面）。しかし，緊急事態であろうと，酒を飲ませるだけで，認証を得た店舗から新型コロナが感染しやすくなるわけではない。やることが無茶苦茶一貫しないし，違憲・違法である。店の大阪府に対する信頼が失墜することは明白であろう。

（4）クラスター発生源対策に注力を

（ア）　病院・高齢者施設

　クラスター（感染集団）の発生場所対策こそ重要である。クラスターは，これまでは医療機関や福祉施設や飲食店，カラオケ店などに集中していた。21年6月28日現在確認されたクラスターは8536件，うち高齢者施設1724件，企業など1701件，飲食店1531件，医療機関1242件，学校・教育施設など1104件，その他1234件である（読売21年7月3日朝刊28面）。病院や高齢者施設ではどうして

も接触してしまい，徹底が至難な点はある。神戸市では20年4月，基幹病院である中央市民病院でクラスターが発生したし（その発生理由については，岩田39頁以下），21年5月には，高齢者施設でクラスターが発生した（長田区の老人保健施設サニーヒル。130人の入居者，約120人の職員のうち，入所者は120人，職員は37人が感染，入所者のうち37名が死亡した）。その一因は現場で混乱しており，感染リスクが高い「レッドゾーン」に職員が防護服を身に着けずに立ち入ったためという（読売21年5月22日朝刊29面）。さらに，神戸市では5月28日，市内の医療機関で，入院患者47人と職員18名の計65人が感染するクラスターが確認された。このうち職員8人はワクチン接種を1回以上受けていたという（読売21年5月29日朝刊23面）。沖縄県県立中部病院で，入所者36人，職員14人，入所者16名の死亡のクラスターが発生した（沖縄タイムズ21年6月30日電子版）。東京都台東区永寿総合病院では20年6月に214人が感染した（読売総合特集218頁以下）。さらに，沖縄県では，うるま市内の病院で，感染者140人（入院患者129人，職員11人，4人死亡）のクラスターが発生した（沖縄タイムズ21年7月31日電子版）。

　高齢者施設では，共用部分が多く，入所者の行動管理が困難であるため，感染が拡大する。従業者はPCR検査を受けているが，無症状で感染している者から感染を拡大することもあるので，防ぐのは至難であるといわれているが，実は中部病院では入院時には発熱があるとか咳があるなど，疑わしい患者だけを対象とし，全員にはPCR検査をしなかったことが原因であった（沖縄タイムズ21年7月7日電子版）。

　横浜刑務所では147人の感染者が出た（21年7月14日NHKニュース）。

　厚労省はホーム頁でクラスターについて詳説し

(https://www.mhlw.go.jp/stf/covid-19/kansenkakudaiboushi-iryouteikyou.html#h2_2)，保健所をおく都道府県や市を通じて施設に定期検査を促す通知を出したという（読売21年5月23日朝刊4面）が，いかにも遅すぎる。

　これを徹底せずに，飲食店などを犠牲にすることは許されない。

　　● なお，これについて，コロナにいったん感染したら，半年か1年は免疫効果があるので，これらの施設で働く人はコロナにいったん感染した人がよいのではないかという意見もある（木村130頁）。しかし，いちど罹っても，変異型には免疫が弱いという（日経21年6月21日電子版）し，若い人

でも後遺症があるので，筆者は，勧められないと思う。むしろ，感染しても抗体が足りないからワクチン接種の優先順位を医療従事者並みにすべきである（第 2 章 6）。

（イ）　学校・職場

　しかし，学校や職場での発生も目立つようになった。「第 3 波」だった21年1月のクラスターは全体で961件。このうち，医療機関，高齢者福祉施設，飲食店で60％を占めた。この 3 施設は昨年から多くのクラスターが発生。一方，学校・教育施設，職場，スポーツ関連は全体の21％だった。しかし，その後，発生する場面が多様化。21年 4 月は計463件のクラスターが発生し，学校・教育施設，職場，スポーツ関連が全体の37％を占めるようになった。逆に医療機関と高齢者福祉施設，飲食店の割合は38％になった。

　兵庫県では工場とライブハウスでクラスターが発生した（ラジオ関西トピックス21年 7 月10日電子版）。阪神梅田百貨店で53人のクラスターが発生した（読売21年 7 月31日朝刊31）。

　大阪府貝塚市では，「マスクせず，宣言下で酒を飲んでバーベキュー…市職員 2 人が感染」（読売21年 6 月 8 日電子版）と報じられている。

　大阪府では，21年 8 月16日現在，クラスター（95件）のうち，学校関連が19％，児童施設関連が13％。学校では部活やその後の食事会が大多数という（読売21年 8 月19日朝刊31面）。

　クラスターの発生場所が多様化した理由ははっきりしないが，行動が活発な20，30代の感染が全国的に広がっているという事情がある（朝日21年 4 月29日電子版）。

　筆者の感想では，職場，学校では，注意しても，更衣室，休憩室，シャワー室などではつい密着するのではないか。21年 8 月の夏休み中神戸市長田区の私立高校でクラスターが発生，66人感染，部活に使った体育館の換気が不十分だった疑いという（朝日21年 9 月日電子版）。徹底した換気とその人数制限などの対策が肝心である。

　もちろん，政府も「基本的対処方針」41頁以下においてクラスター対策に力を入れている。しかし，徹底しない。

　さらに，災害の場合には避難所でクラスターが発生する可能性が高い。

## （5）多少の個人の自由制限は許容すべき

そこで，個人の行動の自由を多少は制限すべきである。三重大は，対面授業を受ける学生に，「十分な感染予防対策を講じます」「三重県内では，人数や時間を問わず会食しません」「カラオケはしません」「旅行は控えます」など8項目の誓約書を求めた。これに対して，「感染防止対策を促すのは必要だが，拘束力の高い誓約書はやりすぎだ。そもそも学校が，学外の行動を規制するのは筋違いだ」との批判がある（弁護士ドットコム21年5月12日電子版）。

しかし，誓約書に違反しても退学になるわけではないだろうし，学外の行動であっても，全国民の義務であり，自分のためであるから，この程度のことは，全ての学校が，全学生に徹底すべきである。ただし，会食や旅行は，感染拡大しない形態があるので，一律に自粛を求めるべきではない。

入国者の行動監視を徹底すべきことについては後述する（第1章5）。

## （6）国民への強力な啓発が不可欠

学校・教育施設，職場，スポーツ，ライブハウス関連でクラスターが発生する，家庭内感染が増えているのは，緊張がゆるみ，換気をさぼり，つい密着するからではないか。

政治家も，厚労省の職員も大阪府の職員も，コロナ禍の中で，大勢で会食したと報じられている。大阪府貝塚市でも，マスクせず，宣言下で酒を飲んでバーベキューして，市職員2人が感染した（読売21年6月8日電子版）。福井県知事は県内感染者のうち85％がマスクなしの会食や会話をしていたと首相に報告したという（時事コム，21年5月15日電子版）。国税庁職員が居酒屋で宴会し，7人が新型コロナに感染した（読売21年7月14日朝刊38面）。大阪市の職員は，3月1日〜4月4日，市内の飲食店などに午後9時までの営業時間短縮を要請し，市民には「4人以下でのマスク会食の徹底」を呼びかけていたのに，「ルール違反」の会食は216件あり，1109人が参加していたので処分されるという（マイクロソフトニュース21年7月20日）。熱が下がったので，友人と朝まで飲んだら，新型コロナに感染させたと報じられたことがある。熱が下がっただけで，何でもないと思い込んでいたが，実は新型コロナにかかっていて，ウイルスをまき散らしていたのである。

宴会にリスクがあることは理解されているが，昼も，ランチと称して，3時間もペチャクチャすれば同じ。これも，しないように強く国民に要望しなければならない。

　職場でも，3密対策をする。コピー機など，共有の物は，常に消毒する。体調不良の者は出勤しない等の注意が必要である（読売21年6月12日朝刊28面）。

　子供たちの発達に支障をきたさないように，職員はマスクをせず表情や口元が見えるようにする方針の熊本市の保育園で，園児や職員など合わせて79人の感染が確認され，大規模なクラスターが発生した（テレビ熊本21年9月6日）。公衆浴場でのマスクなしの会話で感染が疑われる例が報道されている（テレビ大分21年9月7日）。学習塾で発熱した講師が生徒を指導してクラスターを発生させた（福島テレビ21年9月7日）。新型コロナに感染判明の前日出勤した保育士に対し，保育所が濃厚接触者の調査を避けるため出勤を隠すように指示した（読売21年9月23日朝刊26面）。

　むしろ，家族内感染を防止するために，家庭内でも，同様の対応をすべきである。老人が孫の訪問を受けるとききとも，孫を抱きかかえるなどをしてはならない。換気の良い部屋で，少なくとも3mは離れて，短時間，静かに話すだけにすべきである。

　したがって，これらの場所でも，人間みんなに，上記の基本的な対策の徹底が求められる。

　しかも，若者は，新型コロナにかかっても治癒する，インフルエンザか風邪のようなものだと，甘く考えている者が少なくない。当初はそのような見方も少なくなかった。しかし，実は，コロナに罹ると，間質性肺炎など，肺を損傷するとか，血栓のため脳梗塞，心筋梗塞になったりといった，後遺症にかかる者がいる。若者も安心できないのである。また，若者から家族に感染する。

　首相も知事も，パチンコ店，百貨店や映画館にまで休業要請をしていたが，それよりは，このことを国民特に若者にもっと強力に心を込めて，訴える方が有効である。台湾，ニュージーランド，ドイツの首相は，国民にきちんとした説明をして信頼を得ていると報じられている（詫摩雅子「リスク対策の鍵・科学コミュニケーションの体制整備を急げ」中央公論21年3月号104頁以下）。

　この点では，首相も大臣も知事も，リスクコミュニケーションを学ぶべきである（岩田健太郎『「感染症パニック」を防げ－リスクコミュニケーション入門』（光文社新書，2014年）を参照されたい）。

　緊急事態宣言をしても，休業要請には効果がなく，実はこの啓発の効果（アナウンス効果）を持つのではないか。

## 3　PCR 検査などの検査体制の失敗 ━━━━

### （1）はじめに

　PCR 検査体制，医療体制，ワクチン開発・接種体制，入国規制など，どれをとっても政府・自治体の対応は後手を踏んでいる。

　緊急事態を宣言するなら，以下の施策に集中すべきであった。

### （2）検査と隔離を徹底すべき

　国家は，国民を守る責務を負っているのであるから，コロナ禍を防止するために必要な政策を適時に講ずる責務を負っている。そのためには，感染者を早期に発見して，隔離して，他人への感染を防止しつつ，治療する政策が優先されるべきであった。ドイツのメルケル首相は20年 3 月強力な方針をまとめた。PCR 検査を 1 日当たり 5 万件の規模で実施する。そのため全国的に人材・機材を整備する。何らかの症状のある者はすべて検査を受けることができるとした。その結果，20年 5 月現在で，フランス，イタリア，スペインと比較して，ドイツの致死率は格段に低い（柳田邦男「この国の『危機管理』を問う」文藝春秋20年 7 月号176頁以下）。

### （3）PCR 検査を制限した政府の対応が感染を拡大

　しかし，日本政府は，逆に，PCR 検査を制限した。医療機関の受診には，「37.5度の発熱 4 日間」の条件を付け，自宅待機などを求めていた（20年 2 月17日，読売報道特集63頁）。これは，検査する PCR が不足しているとともに，検査する医療機関が混雑してかえって感染を拡大するとか，患者が激増して，医療機関がひっ迫するという厚労省の主張による。ところが，コロナ感染者が自宅などにとどまってそれを報告することも，感染症法44条の 3 では努力義務に過ぎない。そのため，感染者が野放しになり，更なる感染を引き起こしていたし，自宅で重篤化して死亡する例も相次いだ（読売報道特集199頁）。厚労省がこの発熱基準を削除したのは20年 5 月 8 日になってからであった（読売報道特集194頁）。

　多くの者はこれが新型コロナ対策の最大の問題（失敗）であると主張している（竹中38頁以下，65頁以下，80頁以下，106頁以下，黒木174頁以下）。さらに，次の紹介をする。

　和歌山県知事はこの基準では県民を守れないと判断し，徹底した PCR 検査を行って，感染拡大を防止した（片山96頁以下）。

　本庶（99頁）は，PCR 検査を制限したのは，専門家会議が，公衆衛生学の専

門家に偏っていたためという。空港では，何万人単位の入国者・帰国者にスピーディに対応しなければならないが，そのためには全自動のPCR検査措置が欠かせない。また，そのために必要な「試薬」に国産品がない。この2つに政府は予算を投下すべきであると指摘した。

「新型コロナ対応・民間臨時調査会　調査・検証報告書」（180頁以下に丁寧な分析がある）も，この厚労省の対応を批判する（船橋洋一「検証20年のコロナ対策」文芸春秋20年12月号232頁も参照）。作家柳田邦男（「安倍首相の『言語能力』が国を壊した」文藝春秋20年8月号104頁以下，116頁）も同旨であるほか，政府の行動計画でも，PCR検査を限定的に行うことが記載されていたと批判し，PCR不足は厚労省管下の病院しか見ないからで，文科省系の大学病院や研究所には何千とあると，縦割りと批判する。

小黒一正（法政大学経済学部教授）も，「検査拡充が『経済正常化』の鍵だ」と主張する（VOICE20年7月号110頁以下）。

こうして検査拡充が国際的にも遅れたためにかえって無症状者から感染が拡大し，もっと大変なことになったのである（金子勝「コロナ第3波とGo To見直しは『失政』の当然の帰結」ダイヤモンド・オンライン20年11月26日も同方向）。

## （4）反　　論

しかし，西村（98頁，120頁）は，このように医療機関の受診を制限したので，医療崩壊を免れたと評価する。PCR検査だけ増やしても，陽性者を受け入れる体制が整っていなければ，パニックになる，無症状者，偽陽性者まで隔離していると，医療体制はパンクする，本当に必要な人に，必要な回数検査するために，機材と人材を投入すべきである，医療や公衆衛生の現場に素人が口出しして混乱を招くことはやめようという。

## （5）素人の筆者の疑問

上記の論者が素人なのかと，ますますもって素人の筆者には，わからないことばかりである。重症者を受け入れることができる医療機関が限られている現状で，一般の患者とコロナ患者のいずれに医療資源を配分するかという観点からは，この西村意見は正論であると思われる。しかし，筆者の感想では，同時に，重症者を受け入れる医療機関を増加すること，軽い症状でも入院できる病院を整備して，重症化する患者を減らすこと，自宅療養中に重篤化することのないように，医師の往診体制・適切な治療薬の投与体制を整備すること，自宅療養中で他人に感染させないようにすることが足りなかったという問題がある

のではないか。基本的対処方針45頁では，「自宅療養等を行う際には，都道府県等は電話等情報通信機器や情報把握・管理支援システム（HER－SYS）の自動架電等の機能を用いて遠隔で健康状態を把握するとともに，医師が必要とした場合には電話等情報通信機器を用いて診療を行う体制を整備すること」とされているが，徹底していなかったのであろう。

　厚労省は，新型コロナウイルス感染症の「診療の手引き」を改定し，自宅療養者のために地域の診療所を活用するなどの方法を盛り込んだ（読売21年6月6日朝刊32面）が，遅すぎるのではないか。

## （6）現在の対応のあり方

　PCR検査キット，抗原検査キット（20年5月に薬事法＝医療機器法の承認）も少なくとも今では民間で入手できるし，全自動型PCR検査措置も利用されている。ただし，全自動のPCR検査ではウイルス量の把握ができないので，被験者の重症化リスク，他人に感染させるリスクは判定できない（西村106頁以下）。

　そうすると，感染の可能性のある国民にできるだけ検査（PCR検査，少なくとも抗原検査）をして，コロナウイルス保有者については，徹底的に隔離して，治療すること，行動を報告することについて単に努力義務ではなく法的な義務を課すべきであった。なお，感染の可能性のない人までPCR検査をすることは無駄である（岩田49頁以下）。

　神奈川県は，咳や発熱の症状がある人に抗原検査キットを無償で配布する。それで陽性なら通勤通学などを控えてもらう（東京新聞21年7月6日電子版）。

## （7）感染者の行動報告の義務付けの必要

　行動報告の義務付けは，個人の自由を侵害するといった反論があるが，それは重大な人権制限ではないし，自分のためのほか，他人への感染防止のためには必要な義務である。感染が深刻化して，医療崩壊し，コロナ患者ばかりではなく，他の病気でも緊急治療ができずに，死者が出ている現状では，この程度の行動の自由の制限は受忍すべき範囲内と思う。

　しかも，入院命令を受けたのに入院しないとか病院から脱出したら，感染症法の改正法（19，26条2項，80条）により50万円以下の過料に処されることになった。このこととの均衡上も，入国してから2週間の行動制限，感染症にかかった者の自宅隔離を確認するために，スマホのGPSによる行動確認は，やむを得ない義務と思う。アベノマスクを配布する（第5章3（2））よりはこう

した施策の方が有効であった。

　それは，憲法に緊急事態の制度がおかれなくても，現行憲法の解釈で可能なことである。


## 4　医療崩壊対策・命の選別の必要・病床拡充　━━━━
## （1）トリアージの時代，延命治療をやめよ
### （ア）　医 療 崩 壊

　東京都，大阪府，兵庫県などでは，重症者を受け入れる病院がないという，医療崩壊（医療危機）に直面した（大阪府は21年4月中旬から。読売21年6月20日朝刊24面，同29日朝刊35面）。井上理津子＝大内啓『医療現場は地獄の戦場だった』（ビジネス社，20年11月）が参考になる。

　大阪府では，医療現場では命の選別が行われている，高齢者の入院順位を下げるとのメールを発して，撤回した騒ぎがあったほどである（読売21年4月30日朝刊27面）。入院先がないので，自宅療養中に亡くなったとか，救急車の中で長時間待たされる例も頻発した（読売21年4月23日朝刊33面，同4月28日朝刊35面）。

　50代以下の死者が急増している（読売21年5月1日朝刊32面）。基礎疾患なき20代の男性の死亡も報道され，若者も安心できなくなった。

　重篤化すると，人工呼吸器，エクモ＝ECMOが必要になる。重篤化とは，都の基準ではこの2つの機器の使用が必要であることをいう。

　なお，エクモとは，体外式膜型人工肺というもので，患者の体内から血液を抜き出し（脱血），人工肺にて二酸化炭素を拡散により除去するとともに，赤血球に酸素を付加（酸素化）し，再び体内に戻す（送血）ことを行う。これにより，肺が本来行うべき酸素化と二酸化炭素除去を代替し，肺を全く使用しなくてもよい状況（Lung Rest）を作り出す機器である。

　この重篤化患者用の機器が必要になった時，家族は延命措置を講ずるかを聞かれるが，悩んでしまう（20年12月3日（木）　NHKクローズアップ現代　新型コロナウイルス"第三波"迫られる"命の選択"）。

　病院でも限られた重症病床，人工呼吸器，エクモなどを誰に配分するか，難しい選択を迫られる（作家河合香織「医療扁壊『命の選別』が始まる」文藝春秋20年6月号174頁以下）。なお，人工呼吸器の参入に規制の壁，非常時対応に海外格差，原因は医系技官との批判がある（日経20年4月10日電子版）。

　そして，延命措置をお願いすることになると，それを外すと殺人罪だとされるので，ずっと延命措置が続く。その結果，寝たきり老人や認知症患者がコロナ病床を占拠して，若者の治療の機会を奪っている。また，高齢者に人工呼吸器をつけて延命しても，あまり意味がない（木村87頁）。医療崩壊は，命の選別をやめたためという（鳥集146頁）。しかも，エクモは，高齢者の救命率が著しく低いので，高齢者は適応外という（柳田179頁）。

　（イ）　戦争・大災害の現場と同じ

　ここまでくると，戦争や大災害現場と同じく，助かる可能性が高く，助かれば今後元気で生きる可能性が高い者を優先し，助かる可能性が低いとか，それで助かっても元気な状態に戻らない者は，後回しにする，いわゆるトリアージ（triage）がやむを得ず必要になる。

　ここで，川口浩一＝吉中信人「イタリアにおける集中治療トリアージについて」法律時報92巻7号56頁以下（20年）による「資源が限られた例外的な状況下での集中治療の配分に関する臨床倫理上の勧告」をめぐる議論が参照されるべきである。議論が複雑であり長文であるので，簡単には紹介できないが，最大多数の最大幸福という観点から，救われる余命の長さを考慮（若年者優先）すべきかが争点になっている。また，年齢を考慮せず，救命の可能性の高い患者を優先すべきだという意見も有力である。

　（ウ）　ささやかな考え方

　これは超難しい哲学的な問題でもあり，筆者は目下十分な答えを持ち合わせていないが，問題を提起したい。

　80歳とか高齢者とかという年齢で切るべきではないが，限られている医療資源の配分としては，少なくとも，寝たきり老人や重い認知症患者であれば，功利主義だなどという批判を覚悟していうと，後回しになるのもやむなしと思う。さらに，広く言えば，こうした患者の延命のために，自宅療養中の若者が重篤化して死亡するとか，がん手術が遅れて間に合わないとか，エンターティンメントや飲食店等を破綻に追い込んで，若者の自殺者を増やしているのは，誤った政策である。少なくとも，コロナ病床における延命治療は，病床ひっ迫の時は，控えるべきである。あるいは，保険適用外とすべきである。

　しかし，この程度では，病床不足の危機に陥った時は対応できない。さらには，重症病棟は，若者優先とすべきかもしれない。これに対しては，命は平等だと反論されるが，これは，単に命が平等なのではなく，限られた医療資源の

配分としては，残りの命が長い方を優先するのが合理的判断であると思う。さらに言えば，いったん，延命治療を始めても，意識がない者とか認知症が進んで，だれかれの見分けのきかない者については，延命治療を中止して，治療すれば元気に生きられる者に医療資源を配分し直しても，延命治療の中止による死亡は殺人罪ではなく，いわば緊急避難であり，違法ではないと解すべきである。そうしなければ，元気で生きられるはずの者をいわば不作為で殺すことになるので，作為か不作為かはともかく殺すことに変わりはないからである。

　最高裁平成21年12月7日決定（刑集63巻11号1899頁）は，医師が，気管支喘息の重積発作で低酸素脳損傷となり昏睡状態が続いていた被害者に対し，気道確保のために挿入されていた気管内チューブを抜管し，筋弛緩剤を静脈注射させて窒息死させた事実につき，懲役1年6月，執行猶予3年が言い渡されたため，上告した事案で，被害者の回復可能性や余命について的確な判断を下せる状況になく，また，本件気管内チューブの抜管は，被害者の回復を諦めた家族からの要請に基づき行われたものであるが，被害者の病状等について適切な情報が伝えられた上でされたものではなく，上記抜管行為は，法律上許容される治療中止には当たらないとし，上告を棄却した。しかし，これでは，医師にも家族にもハイリスクである。早急に安楽死のルールを作るべきである。

　なお，医療資源には余裕がある正常時でも，いったん延命治療を始めたが，効果がなく，患者は意識なしの場合には，一定の合理的な判断ルールの下に延命治療をやめても，最初から延命治療をしなかった場合と同じく，違法ではない（安楽死の一場合）として制度化すべきではなかろうか。なお，これは，限られた医療資源の配分の問題であり，障害者を虐殺したナチや相模原障害者施設殺傷事件（2016年）を正当化するのでは全くない。

## （2）コロナ病床確保の難しさ

　特措法6条2項2号ホは政府の行動計画として，「医療の提供体制の確保のための総合調整」を定めることになっている。都道府県は，同法7条2項2号二の定めにより，「医療従事者の確保その他の医療の提供体制の確保に関する措置」を定める。また，都道府県は，感染症予防計画を策定し，医療提供体制を定める（感染症法10条1項2項）。しかし，思うようにいかない。

　日本では世界一民間病院が多いにもかかわらず新型コロナ病床が不足する（日本の病床数は160万弱，コロナ病床は3万弱，木村96頁）原因は，医師や看護師の不足，機器の不足などにより病床転換が遅れているためといわれている。一

般病床を感染の増減に応じて柔軟に ICU（集中治療室），HCU（高度治療室）に
転換する縦の機動性，他科の医師や看護師をコロナ病床へ派遣する横の機動性
が欠けている。医師会と厚労省の無為無策のためとの指摘もある（鳥集32頁，
262頁以下，木村93頁，102頁，120頁）。日本医師会は，国民の命より開業医が大
事とコロナ病棟増設に協力しない，日本医師会が医療崩壊の元凶だとの主張が
ある（元木昌彦，President online　21年 7 月 1 日）。

　東京財団は，新型コロナ感染急拡大に対応した医療提供体制拡充を求めた
（「新型コロナ感染急拡大に対応した医療提供体制拡充について」https://www.tkfd.
or.jp/research/detail.php?id=3608，20年11月26日）。森田洋之「日本にだけなぜ
医療崩壊が起きる」文藝春秋21年 2 月号112頁以下，辻外記子「コロナ病床，
逼迫なぜ　重症者向けが手薄，転院調整に滞り」（朝日21年 6 月 7 日電子版）も
同様の指摘をする。大阪の医療崩壊，重症者も入院できない深刻な状況につい
て，NHK21年 6 月18日19時30分が報道している。

　また，新型コロナ病棟勤務から医療従事者が逃げ出す現象もあるようであ
る。

### （3）病床確保の努力状況

### （ア）　病院へ患者受入れ勧告制度の導入

　21年 1 月，感染症法16条の 2 を改正し，行政が病院などの患者の受け入れ
を，これまでの要請ではなく，勧告できる制度を導入し，応じない医療機関を
公表できるとした。大阪府知事は 8 月13日，感染急拡大に伴い，軽症・中等症
病床が逼迫しつつある状況を踏まえ，改正感染症法に基づき府内の医療機関に
さらなる病床確保を要請した。軽症・中等症病床の使用率は64%（日経21年 8
月13日電子版）。

　しかし，これでは，病院に強制することはできない。緊急事態だ，法改正し
て強制できるようにせよとの意見もあるらしい。しかし，病院に受入れ態勢が
なければ実際上受け入れを義務付けることはできないので，病院の体制確保，
そのための支援が先決である。

　さらに，21年 8 月24日，厚生労働省と東京都は都内の全医療機関に連名で新
型コロナ対応への協力を要請した。コロナ医療に直接関わっていない病院や診
療所からも，宿泊療養施設などで対応にあたる人材を確保し，コロナ患者に酸
素を投与する「酸素ステーション」への人材派遣などを要請した。

　都内には約 8 万の一般病床がある。都はコロナ対応で確保する病床数を今よ

り1割積み増し7000床をめざす方針である。

　都内には病院が約650あり，うちコロナ患者を受け入れている病院が約400ある。コロナ対応に直接関わっていない病院は約250と，全体の3分の1を占める。

　要請では400病院にはさらなる患者受け入れや病床の確保を求めた。残る250病院には宿泊療養施設や臨時の医療施設の運営に関わるよう要請。

　ただ，院内感染の防止のため動線を確保しやすい200床以上の病院は都内に170カ所ほどに限られる。中小病院が多く，病床が分散している。上積みは簡単でない。13日に上記の通り大阪府も病床確保を要請したが，上積みのメドがついたのは70床にとどまった。医療機関は看護師不足などを理由にした（日経21年8月25日電子版）

　しかし，コロナ病床への転換をしていない病院も不可欠であり，この施策を進めると，コロナ以外の病床が不足する恐れもある。しかし，まぐまニュース（21年9月14日）では，コロナ病床30〜50％に空き，分科会会長尾身茂氏が理事長の公的病院に132億円の補助金，「ぼったくり」と報じられている。

（イ）　明石市長の病床確保努力

　兵庫県明石市泉房穂市長は，日本では，人口あたりの病床数は世界一，感染者数は欧米の1割，それなのに，都道府県知事は，医師会に遠慮しているが，権限を有するので，民間病院にコロナ病床を作ることを依頼できたのに，怠っている，明石市長は権限がないのに医師会との信頼関係で連休中にコロナ病床を23床から136床に増設したと述べている（ヤフーニュース21年5月24日）。

　緊急事態というなら，これこそが大事な施策であった。

（ウ）　大阪府・政府などの努力

　もっとも，政府も都も大阪府もその方向で急遽努力している（読売21年5月3日朝刊3面）。大阪府は，20年春の段階でも，感染者の症状等に応じて入院先を振り分ける司令塔を立ち上げて医療資源を有効に使うプランAで対応してきたが，重症者がオーバーした場合の対策「プランB」を作成中という（文芸春秋20年5月号140頁）。

　コロナ患者の「受け入れ病院の8割は大赤字」である（相澤孝夫・文芸春秋20年11月号262頁以下）。そこで，大阪市では，コロナ患者を受け入れる病床を新たに整備した民間病院に1床あたり1000万円の協力金を支給する。軽症・中等床用で，20年内に100床の確保を目標とするという（読売20年12月12日朝刊33

面）。このように，「患者より経営」の民間病院に転換を促すのは政府の任務である（日経21年5月2日電子版）。都道府県境を超えた広域での病床融通を図ることも大事である。21年6月になって，政府の「経済財政運営と改革の基本方針」（骨太の方針）の原案では，患者急増時にも対応できる医療体制や都道府県を超える病床融通を工夫することになった（読売21年6月4日朝刊1面，10日朝刊1面）。なんとまあ，遅いことか。やはり，こんな政府を持つことが緊急事態である。

（エ）　大阪府のさらなる努力

　21年6月，大阪府が新型コロナウイルス感染の再拡大に備え，重症患者用病床の確保目標を現行の倍以上の500床とする方向で調整していることがわかった。3月からの「第4波」では，最大で449人の重症患者が発生しており，医療提供体制を強化する必要があると判断した。

　現行計画では，病床の状況を5段階に分け，最も切迫した段階では，府内に500～600床とされる集中治療室（ICU）のうち224床をコロナの重症患者用に確保すると規定している。新たな計画案では，想定を超える事態の「災害医療レベル」として，500床を確保できるように取り組むとする方向だ。

　ただ，224床を超えて病床を運用する場合，新型コロナ以外の患者の入院や救急の受入れを制限することになる。府は影響を最小限にするため，人工呼吸器を備えるなど重症患者への対応が可能な軽症・中等症病床を持つ病院を事前に指定し，重症患者を受け入れてもらうことを検討している。

　第4波の際も，重症患者のうち最大91人を府内の軽症・中等症病床を持つ病院が受け入れており，府は国を通じて看護師を派遣するなどの支援を行っていた。

　現在，最大1800床の軽症・中等症病床についても計画を見直し，災害レベルでは，2倍近い3000床の確保を目指すという（読売21年6月8日朝刊29面）。

　この続報（読売21年6月13日朝刊32面）は，大阪「重症病床500床」多難，中等症を診る病床で重症化した場合引き続き治療を継続する一体型には協力金を支給しても病院側が難色を示している，また，人工呼吸器を扱える人材が不足していると報道している。

　「回復期の患者転院を調整，府がセンター新設へ…これまでは病院任せ」という報道がある。

　大阪府は，回復期にある新型コロナウイルスの入院患者の転院を調整する

「フォローアップセンター」（仮称）を新設する方針を固めた。現状では病院同士にやりとりを任せているが，調整が難航し，回復した患者が専用病床にとどまる事態が起きていた。こうしたことが病床逼迫（ひっぱく）の一因になっており，情報を集約しやすい行政が仲介することで転院を円滑にし，病床を有効活用する狙いがある。

　府内では21年4月中旬～5月下旬，重症患者数が確保した重症病床数を上回る事態に陥った。軽症・中等症病床も逼迫し，回復期の患者を一般病床の「後方支援病床」に転院させる必要があった。

　しかし，調整を病院同士に任せていたため，受け入れ先を探すのに時間がかかったり，空きがあるのに受け入れを断られたりするケースがあった。その結果，専用病床での入院が1ヶ月以上に及ぶケースも出ていたという。

　新設するセンターでは，後方支援病床を持つ病院に空き状況を登録してもらい，一元的に管理する。回復期の患者の転院を希望する病院と，受け入れが可能な病院とのマッチングを担う。府は今後，各病院と協議を進める（読売21年6月9日朝刊30面）。

　なあんだ，病床圧迫，緊急事態だというが，大阪府知事は，パチンコ店や百貨店をやり玉に挙げる暇に，上記のセンターをとっくの昔に設置して，病院間の調整をすれば，医療危機は生じなかったのではないか。この点では，小林慶一郎「病院の貢献『見える化』。検査徹底，知事権限の強化を」中央公論21年7月号104頁以下が適切である。

（オ）　コロナ病床の確保の現状

　新型コロナ患者を受け入れる病院数は，20年11月末は病院総数7403のうち21％，1570，21年5月末では，病院総数7658のうち37％，2804，1.8倍に増えた。中小規模（400床未満）の病院が特に協力した（読売21年7月7日朝刊31面）。

　ところが，21年7月末，「第5波」で入院が必要な軽症・中等症の患者が大阪府の確保病床（2510）をはるかに超える5000に達するとも予測されている。中等症も重く，後遺症もあるので甘く見てはいけないと警告されている（読売21年8月2日朝刊33面）。

　厚生労働省によると，入院などの治療が必要な感染者は8月5日時点で，約10万人以上で，入院病床約3万6千床，宿泊療養施設の居室約4万室の合計を約2万6千人上回る。自宅療養せざるを得ない患者が急増した。東京都は「8月中旬に1日の新規感染者が1万人を超える」と推計。集中治療室（ICU）で

治療する重症患者数は 8 月下旬に 3 千人を超えるという。都が確保した約1200床の約 3 倍で，十分な治療を受けられない恐れがある（日経21年 8 月 7 日電子版）。その通りになった。

　東京都と厚生労働省が改正感染症法に基づいて出した病床確保の協力要請はほぼ空振りに終わった。すぐ使える病床の上積みはわずか150床。都内に病床は約 8 万あるのに，協力を引き出せない。都が公表する「最大確保病床」の使用率は 7 割ほどで頭打ちが続く。フル稼働できない「名ばかり確保病床」が放置されている（日経21年 9 月 3 日 3 日電子版）。東京都医師会の尾崎会長自身の医院で陽性者を受け入れていない（週刊ポスト21年10月 1 日号。21年 9 月18日電子版）。

　大阪府は，21年春の「第 4 波」で医療危機に陥ったが，第 5 波は感染者がその倍も増加したが，重症者は少なく，宿泊・自宅療養者が増えている。リスクの高い40〜50歳代で，入院患者の半数を占める。病床が拡充されたので，医療体制が持ちこたえている。重症・中等症一体診療，宿泊療養，自宅療養へ看護師訪問等が行われている。野戦病院構想もある（読売21年 8 月29日朝刊31面）。

　（カ）　入院は重症者だけ，中等症患者は殺される

　そこで，21年 8 月 2 日に，首相は，入院は重症者だけ，中等症患者は自宅待機と宣言した。これでは中等症患者が重篤化したら，助からない。とんでもない愚策である。はしがきに述べたように，首相は多少軌道修正をしたが，なぜ，病床を増設しなかったのか。民間病院で治療薬を早期に使えるようにできないのか。東京，大阪の病床が足りなくても，ヘリを使って患者を全国の病院に移送したらどうか。厚労省は，他の道府県も余裕がないから，広域搬送は限定的といっているが，全国的な体制を整えるのは，厚労省の任務である。

## 5　入国者追跡を徹底せよ ━━━━━━━━━

### （1）台湾の厳格な入国規制

　台湾は，WHO も中国も信用せずに，驚くべき速さで対応した（黒木195頁）。その結果，台湾のコロナ対策はもともと成功したといわれていた。20年12月22日，海外への渡航歴がない感染者（＝国内感染者）が 1 人確認された。感染したのは30代の台湾人女性で，すでに12月20日に感染が確認されていた60代ニュージーランド人男性の濃厚接触者であった。行動履歴を隠せば，最大110万円の過料で，徹底して行動履歴が調査されたのである（藤重太：アジア市

場開発・富吉国際企業顧問有限公司代表「域内感染『ほぼゼロ』の台湾にみる，正しいコロナ対策」ダイヤモンド・オンライン21年1月19日電子版）。

　海外から台湾へ帰国した者に対し，QRコードを活用して，確実に14日間の隔離を徹底したことも大きな要因である（毎日，スマートフォンで報告が義務付けられ，家を出ると警察が警告に来る仕組みになっていた）。（20年10月19日，https://www.vpon.com/jp/blog_taiwan-aftercovid19/）。

　さらに，『「コロナショック」台湾からの警告』（Renaissance20年 vol. 4）が詳しい。これによれば，台湾は，WHOからも排除されているが，蔡英文総統は，武漢で原因不明の肺炎が発生したとの報に接するや，その日のうちに防疫体制を開始，空港では武漢からの搭乗者の機内検疫を実施するとともに中国への渡航注意喚起をした。20年1月2日には，入国者のビック・データを税関・入国管理局・健康保険局が共有し，14日以内の渡航歴と受診時の臨床症状を把握できる体制を整備，1月5日には衛生福利部（厚労省に相当）の疾病管制署が専門家会議を招集，1月7日には武漢市の感染症危険情報レベルを1に指定して，1月8日にはその範囲を中国全土に拡大した。そして，1月20日には中央感染症指揮センターを立ち上げた。それは医学・疫学の専門家のほか，専門の官僚が参加した。日本ではそれから10日遅れて，新型コロナウイルス感染症対策本部を設置したが，それは全員が素人の閣僚であった。

　そして，台湾では1月26日には湖北省住民の入国禁止，2月7日には中国全土からの入国を禁止した。3月18日には，外国人の入国と台湾からの海外渡航を禁止した。日本では，3月31日時点で中国からの入国禁止は，湖北省と浙江省のみで，その他の地域からの入国者には，2週間の自主的な自宅隔離を要請するだけで，何の効力もなく，厳格な入国規制も隔離検疫も実施されず，感染者数が激増してしまった。

　台湾では2月25日に制定された「武漢ウイルス特別措置法」によって，検疫や自宅隔離の対象者の管理も厳しく定められ，規則に違反した2年以下の懲役や720万円以下の罰金が科される。

　台湾・蔡総統と日本の安倍首相の覚悟が明確に違う。

### （2）台湾の新型コロナ再炎・規制の強化

#### （ア）　入国規制に穴

台湾『今周刊』（21年5月19日）は次の報道をしている。かつては，外国からの渡航者に対する徹底した14日間の隔離措置と追跡調査のおかげで，台湾は大

規模なPCR検査を実施しなくても，世界中で新型コロナウイルスが蔓延するなか，「例外」的な天国であることができた。しかし，今回は航空会社のパイロットに入境後の隔離期間を3日間に短縮する「例外措置」をとったことが，ほころびとなり，ウイルスを台湾に入れてしまうことになった。

　台湾『今周刊』「コロナ優等生の台湾でなぜ感染が広がったのか。防疫網に穴，これまでの政策が役立たない？」（東洋経済オンライン21年5月31日電子版）はさらに次の報告をしている。

　SARSを経験した石医師は，今回の感染拡大の発端とも言われる航空会社の職員の感染，職員らが隔離されていたホテルで感染対策が徹底されておらず，一般客が来訪できる状態であったこと，そして台湾北東部・宜蘭のゲームセンターでのクラスターなどを例に挙げ，「確実にリスクが積み重ねられている」と指摘する。リスクはボールに入れた空気に似ていて，一定量が蓄積すると突然爆発するのだ。

　（イ）　都市封鎖に近い規制

　台湾では21年5月15日から，新型コロナの感染者と死者が急増したため，全国における感染症の警戒レベルが第3級（第1級が最も緩く，第4級が最も厳格）に引き上げられた。衛生福利部中央流行疫情指揮センターは，伝染病防治法37条1項6号により，規制措置を講じている。レジャー・娯楽施設，体育館，スポーツジム，図書館，保育施設，宗教施設，国立公園の歩道などはすべて閉鎖され，全国の学校を一斉休校で，オンライン授業を行う。都市封鎖ではないが，外出時のマスク常時着用などが義務付けられ，また屋内5人以上，屋外10人以上の集会を禁止し，飲食店や公共交通機関の中での飲食も禁止される（飲食は一律で持ち帰り）。規制措置に違反すると，高額の過料又は罰金が科される。

　台湾では，入境者に14日間集中検疫所での滞在を義務付ける。自宅滞在は許されない（NNA21年6月28日）。

　いろいろな厳しい規制措置は，法律の根拠があるが，授権内容の明確性を欠くことや比例原則に違反するとの問題もある。

　ただし，台湾の新規感染者が7月17日には1桁まで減少した。過料やマスク着用義務は継続という（朝日21年7月17日電子版）。

　（ウ）　位置情報等の登録

　さらに，新型コロナウイルスの感染拡大を受け，すべての店舗，場所と公共

交通機関では「メッセージ実聯制」（conduct name registration，実名登録）が実施され，利用者には名前と電話番号などの連絡手段を残すことが義務付けられている。そのため，人々の行動を追えるよう各店舗，場所に入る時に名前と電話番号などの情報の登録を求めるシステムが開発された。

　この情報登録の方法は，スマートフォンで各店舗，場所に入る時に各店舗，場所専用の QR コードを読み取ると，ショートメッセージサービス（SMS）の画面に切り替わり，表示された内容をそのまま送信すれば登録完了する。名前の入力は要らない。スキャン機能がない携帯電話は，各店舗，場所に割り当てられた専用の番号を SMS で送る（宛先には「番号1922」を入力する）。これにより収集された情報は行動履歴や接触履歴を調べる疫学調査や個人への連絡に利用される。情報は28日間のみ保存され，期間が過ぎれば削除される

　伝染病防治法37条 1 項 6 号は，「地方主務機関は，伝染病が発生している又は発生するおそれがある時は，実際の必要に応じて，関係機関（又は機構）と立ち会い，次の措置を講じなければならない：一，授業，集会，宴会又はその他の団体活動を規制すること。……六，その他の各級政府機関が公告した防疫措置」と定めている。「実聯制」は，その他の防疫措置で，同法70条 1 項 3 号により，それに違反した者に対し，3000元以上15000元以下の科料を科することができる。以上は，筆者の研究室出身の元台湾政治大学地政学科科長陳立夫教授・神戸大学法学博士（現在定年により非常勤講師）のご教示による。

　林倖如（台湾海洋大学海洋法研究所助理教授）「台湾における新型コロナウイルスへの法的対応」（法学セミナー20年 8 月号 4 頁）は，この台湾法制について詳しい。上記した伝染病防治法は2003年の SARS の痛手で整備されており，今回活用された。さらに，経済的援助振興に関する特別条例（法律）が20年に成立した。これらにより規制と支援の仕組みが定められた。これ以上は，細かい法律論になるので，ここでは省略するが，日本で法改正する際にはぜひご参照いただきたい。台湾はこの規制により新型コロナを抑え込んだようである。すごい!!

　韓国でも，「感染症の予防及び管理に関する法律」（2015年）に基づいて，GPS を用いた位置情報の追跡も可能となる（崔桓容（ちえ・ふぁんよん）「韓国における COVID-19 への対応と法的争点－行政法学の観点から」法学セミナー20年10月号46頁以下，大林編46頁）。

　後藤玄利（インターネット一般用医薬品販売禁止省令を無効とした訴訟の原告会

社代表。筆者と関葉子弁護士が代理して最高裁で勝訴。平成25年1月11日）によれば，シンガポールでは，ホテル隔離11日間，違反すると，初犯は最長6カ月の実刑や最大1万SGドル（約80万円）の罰金，再犯は最長1年の実刑や最大2万SGドルの罰金が科され，外国人の場合，実刑を終えた後に国外追放になり，再入国できなくなるということである（https://www.ica.gov.sg/news-and-publications/media-releases/media-release/one-british-national-and-two-singaporeans-to-be-charged-on-15-january-21-after-breaching-stay-home-notice-requirements）。

　https://gendai.ismedia.jp/articles/-/83045（21年8月28日）。

### （3）我が国の入国者の追跡不備

　日本では，20年1月第2週目ごろから，観光で訪日した中国人の接客をしている人が微熱やせき，だるさなど，風邪症状を呈した。これはインフルエンザではないのに，しかし，新型コロナの検査を受けられなかった（読売報道特集35頁）。

　武漢在住者をチャーター便で20年1，2月に緊急に帰国させた。そして，入院者のほか，全員2週間ホテルに隔離した。2次感染者は出さなかったという（黒木138頁）。この武漢からの救出作戦については，『民間臨時調査会』95頁以下に詳しい。

　ダイヤモンド・プリンセス号（この対策の不備については，黒木141頁以下，広野真嗣「豪華客船『船内隔離』14日間の真実」文芸春秋20年4月号138頁，『民間臨時調査会』70頁以下）からの下船が始まる前日の20年2月18日，厚生労働省は，「健康観察の開始から14日目となる2月19日までの間，発熱・呼吸器症状等の症状がなく経過し，ウイルス検査で『陰性』であることが確認された乗客については，新型コロナウイルスに感染しているおそれはないことが明らかであることから，日常の生活に戻ることができる」（厚生労働省HP）と発表した。そして，船内の自室にとどまってもらうことを決めた2月5日以降，感染拡大の防止対策はしっかりと行われていたとして，日本人の乗客は下船したあと，公共交通機関を使って帰宅することになった。しかし，船内での検査で陰性とされて下船した日本人の乗客の感染が相次いで判明した。さらに，外国人の乗客も帰国後，感染が確認されるケースが相次ぎ，オーストラリアでは1人が亡くなった。

　他方，チャーター機などで国民を帰国させた各国の対応は違った。帰国後，

さらに，2週間隔離したのである。

　上記広野も，政府は，ウイルスに感染した可能性を残したままパンドラの箱を開けてしまった，日本の検疫体制の脆弱さを浮き彫りにしたと批判している。そして，乗客の一人は，下船して韓国仁川空港に着いたら，厳しい検査と隔離を受けた。日本の対応は不十分であったという。

## （4）日本政府の対応の遅れ

　2019年12月武漢で発生した新型コロナについては，当初，中国は情報を隠匿・操作し，新型コロナウイルス発見の研究者を弾圧し，ヒトからヒトに感染するとは言わず，WHOも，中国に忖度したのか，決断が遅れ，20年1月30日の段階では，「国際的に懸念される公衆衛生上の緊急事態」とだけ述べ，3月13日になって初めて，パンデミック（世界的大流行）を宣言した。この時点では，新型コロナは世界の114か国に広がり，感染者は11万8000人強，死亡者は4000人に達していた。

　日本政府も，WHOを信用したのか，オリンピックへの影響を考慮したのか，当初は甘く考えていたため，感染者が入国・帰国して，感染を広げた。その後，入国規制は厳しくなったり緩和されたりと変遷した。日本の対応は明らかに遅すぎた（黒木101頁以下，125頁以下，『民間臨時調査会』95頁以下参照，世界に広がった感染ルートは，黒木126頁以下）。

## （5）入国規制の現状

### （ア）　現在の入国規制

　現在の状況では，日本への入国には，21年3月19日から，国籍を問わず，検疫所へ「出国前72時間以内の検査証明書」の提示が必要となった。「出国前72時間以内の検査証明書」が提示できない場合，検疫法に基づき，日本への上陸が認められないことになる（https://www.mhlw.go.jp/stf/seisakunitsuite/bunya/0000121431_00248.html）。

　全ての国・地域から入国される全ての方には，入国の前後で以下の対応をお願いします。

　上記のほか，

■検疫所長が指定する場所（自宅など）で入国（検体採取日）の次の日から起算して14日間待機する滞在場所を確保すること

■新型コロナウイルス変異株流行国・地域（略）に過去14日以内の滞在歴がある方につきましては，検疫所の確保する宿泊施設等で入国後3日間の待

　機をしていただき，３日目（場合によっては６日目）に検査を実施します。
■到着する空港等から，その滞在場所まで公共通機関を使用せずに移動する
　手段を確保すること
■入国後に待機する滞在場所と，空港等から移動する手段を検疫所に登録す
　ること
■新型コロナウイルスの検査を受けること
■検査結果が出るまで，原則，空港内のスペース又は検疫所が指定した施設
　等で待機すること
（https://www.mhlw.go.jp/stf/seisakunitsuite/bunya/0000121431_00248.html）。
　政府は，５月28日以降，インドなど６か国からの帰国者が指定施設で待機す
る日数を６日から10日に延長する（読売21年５月28日朝刊３面 https://www.
tokutenryoko.com/news/passage/12181）。

　　● 外国のコロナ証明書が，日本政府が求めた書式と違うという理由で日
　本向けの飛行機の搭乗が拒否されることが頻発している（読売21年５月30
　日朝刊２面）。水際対策でも，無用な制限は許されない。

（イ）　政府の不十分な対応
　政府は21年１月13日，海外から帰国する日本人や再入国する外国人に対し，
必要に応じて，位置情報の提示を求め，応じない場合には氏名を公表するなど
の措置を講ずると発表した（読売21年１月14日朝刊４面）。菅首相は，21年１月
25日の国会予算委員会で，変異種が日本に入ってこないよう厳しい対応をして
ほしいとの立民議員の要求に対して，諸外国の感染状況を注視して，水際対策
や監視体制の強化をしっかりと行っていくと述べた（読売21年１月26日朝刊11
面）。
　それは，新型コロナウイルス接触確認アプリ（COCOA）COVID-19 Contact-ConfirmingApplication（https://www.mhlw.go.jp/stf/seisakunitsuite/bunya/cocoa_00138.html）であろう。これは20年６月から運用開始された（読売報道特集224頁）が，使用を推奨しているだけであるから，徹底していない。
（ウ）　入国者に感染者
　大阪出入国在留管理局の関西空港支局が発表した21年５月の関西国際空港の
出入国者数（速報値）によると，日本人と外国人を合わせた総出入国者数は前

年同月の2.9倍の１万2166人だった。新型コロナウイルスの感染が急拡大した前年に比べ増えたが，コロナ禍前の2019年５月と比べると99％減だった（日経21年６月11日電子版）。21年４月の帰国者は約３万人もいるという（読売21年５月30日朝刊２面）。

　コロナ禍で入国者が激減しても，これだけいれば，入国規制に穴があれば，国内に感染者が流入する。

　インドネシアから関空に到着した外国人技能実習生が，インドネシアの陰性証明書を保持していたのに，関空の検査で集団感染していたことが判明した（読売20年12月１日朝刊３面）。

（エ）　オリンピック選手などの水際対策に穴

　選手は日本人も含めて五輪約１万1000人，パラリンピックは約4400人。選手以外で大会に合わせて来日する関係者は計約５万3000人にも上る。政府は，選手や関係者の移動範囲を宿泊先や練習場，競技会場などに限定し，外部との接触を遮断する感染対策をとっている。大きな泡に包むイメージのため，「バブル方式」と呼ばれている。宿泊施設では，入口やエレベーターを一般客用と分けるなどの対策が求められている。

　21年６月からは，南アフリカ型（ベータ型）と，ブラジル型（ガンマ型）の変異ウイルスを，インド型とともに「特に懸念すべき変異株」に指定した。流行国からの帰国者らには政府の指定施設で入国後３～10日の待機を求めている。

　６月15日現在，53カ国が流行国とされ，このうち，インド，インドネシアなど９か国からの帰国者らは10日の待機が必要である。入国時検査と，入国後３回の検査で陰性とならなければ，自宅などへの移動は認められない。

　その他の国からの帰国者らには原則14日間，自宅やホテルでの待機を求める。

　東京五輪関係者以外では，外国人の新規入国を認めていない。

　大会関係者は，入国後14日間の宿泊施設での待機を原則としつつ，大会運営に必要な場合は待機期間の３日間への短縮や，入国直後からの活動を認めている。ただ，行動範囲の限定や国内在住者との接触回避，定期的な検査などが条件である。入国時は空港で一般客と動線を分けるのが政府・組織委の方針である。

　しかし，一般客に交じって歩く関係者の姿が何度も確認された。海外の報道

関係者らがホテルを抜け出し，東京都内の観光地などを訪れた姿も報じられた。それをホテルが監視するのは無理である。選手団の受入れを表明していた自治体（ホストタウン）にも懸念が広がっている。

　6月には，空港検疫でウガンダ選手団から陽性者が出たにもかかわらず，濃厚接触の疑いがある人を隔離せずに同じバスで移動させ，その後，さらに陽性者が出た（以上，読売21年7月17日朝刊3面）。

　濃厚接触者を自治体に調査せよというのは無理である。政府は，濃厚接触者を空港で特定して，専用バスで移動させ，宿泊先で隔離して，調査するなどの対策を行うという（読売21年6月26日朝刊2，30面）。後手後手である。

### （6）入国規制の担保の不存在

#### （ア）　法的に実効性ある手段なし

　新型コロナが国内に流入する大きな原因は入国規制の担保手段がないことによる。患者を隔離したり，疑いのある者を入院させたりすることは感染症法（19，26条）により可能である。さらに，検疫法は，新型インフルエンザ等感染症を検疫感染症として，同法の適用対象とし（2条），しかも，感染症の疑似症を呈している者であって当該感染症の病原体に感染したおそれのあるものだけではなく，感染症の病原体を保有している者であつて当該感染症の症状を呈していないものについても，感染症の患者とみなして，この法律を適用する（2条の2）。そして，この検疫感染症（新型コロナウイルスの感染症の患者を含む。2条及び感染症法6条7項3号）の患者を病院などに隔離し，停留することができる（14，15，16条）。無症状でもコロナに感染した人を入院させることはできるわけである（竹中70頁）。

　しかし，検疫所で対応しなければ，感染者も市中に出てしまう。自治体との連携はなく，自治体は対応できない。そして，感染症法44条の3は，感染症の疑いのある者についても，居宅から外出しないことなど，単に協力を求めるだけである。

　「都道府県知事は，新型インフルエンザ等感染症のまん延を防止するため必要があると認めるときは，厚生労働省令で定めるところにより，当該感染症にかかっていると疑うに足りる正当な理由のある者に対し，当該感染症の潜伏期間を考慮して定めた期間内において，当該者の体温その他の健康状態について報告を求め，又は当該者の居宅若しくはこれに相当する場所から外出しないことその他の当該感染症の感染の防止に必要な協力を求めることができる。

　2　都道府県知事は，新型インフルエンザ等感染症（病状の程度を勘案して厚生労働省令で定めるものに限る）のまん延を防止するため必要があると認めるときは，厚生労働省令で定めるところにより，当該感染症の患者に対し，当該感染症の病原体を保有していないことが確認されるまでの間，当該者の体温その他の健康状態について報告を求め，又は宿泊施設（当該感染症のまん延を防止するため適当なものとして厚生労働省令で定める基準を満たすものに限る。同項において同じ。）若しくは当該者の居宅若しくはこれに相当する場所から外出しないことその他の当該感染症の感染の防止に必要な協力を求めることができる。

　3　前2項の規定により報告を求められた者は，正当な理由がある場合を除き，これに応じなければならず，前2項の規定により協力を求められた者は，これに応ずるよう努めなければならない。」

　第44条の3第2項の規定による協力の求めに応じないものに限っては，19条以下の入院などの規定が準用される（26条2項）。しかし，仮に病床に余裕があるときでも，実際上捕まえて入院させることは無理である。しかも，この報告義務違反に対する制裁がない。制裁規定を作っても，実効性は限られている。むしろ，入院奨励金を作った方が有効である。

（イ）　帰国者の行動管理に不備

　その結果，「帰国者の行動管理　苦慮」「法的拘束力なし　未報告3割」と報じられている（読売21年5月20日朝刊4面）。そこで，政府は帰国者の所在確認のため見回り強化という（読売21年5月21日朝刊30面）。これでは，金がかかるばかりで効果がない。

　さらに，入国者には空港からは公共交通機関での移動を控えるように求めているが，守られていない。これを強制する法律がないからという（読売20年12月1日朝刊3面）。

　厚生労働省は，インド型（デルタ型）といった変異ウイルスの感染が拡大する中，入国者に対して14日間は自宅やホテルなどで待機するよう要請。その上で，民間業者に委託し，予告をせずにスマホの位置確認アプリで連絡をとり，きちんと待機しているかどうかを毎日確認している。

　6月14日までの1週間の実態を調べたところ，1日平均で2万3063人（13歳以上）の待機者に対し，4054人から応答がなかった。また，健康状態を尋ねるメールに返信がない人も，4000人余りに上った。入国者全員のビデオ通話を毎日実施する方針である（読売21年6月18日朝刊33面），（https://www.mhlw.go.jp/

stf/seisakunitsuite/bunya/0000121431_00263.html）。

　厚労省は，21年10月，入国時の誓約に違反して，待機場所から健康状態や位置情報の報告，ビデオ通話に一度も応じなかった者6名を公表した（traicy 21年10月24日）。ゴルフの石川遼は，21年10月，帰国してこの制約に違反して飲み屋に出かけ，1か月の出場停止処分を受けたと報じられている。

　これでは甘い。応じない者が感染を拡大させる。まずは，入国者には，自宅に帰りたいといっても，2週間はホテル滞在を求め，その費用は政府が負担することとすれば，ホテルから出ていくことはホテルで確認できるから，位置確認をすることは容易になる。

　（ウ）　縦割り行政による水際対策の穴

　日経BPニューヨーク支局長　池松由香氏は，「五輪目前，日本のコロナ水際対策は穴だらけ」と報じている（日経ビジネス21年5月28日）。

　帰国の際には，出発前の現地空港から質問票への記入を求められ，搭乗機内でも複数書類の記入と誓約書への署名が必要だった。日本到着後は空港でさらに健康チェックと唾液検査，自主隔離中の所在地や健康状態を政府に知らせるためのアプリ3種（グーグルマップを加えると4種）のスマートフォンへのダウンロード作業に1時間半〜2時間を要した。しかし，14日間の自主隔離中，毎日ある予定だった健康状態の確認連絡は最後までなかった。厚生労働省の担当者に確認すると，「対策の運用後は厚労省の管轄だが，ダウンロードは空港のある地方自治体の管轄」の一点張り。「縦割りの弊害」を改めて認識した。

　（エ）　入国規制強化の主張

　インド株，イギリス株などがなぜ国内で大流行するのか。百貨店などに休業要請をしている暇に，入国規制を徹底することこそ，肝心のコロナ対策なのである。

　新型コロナワクチンのおかげで感染者が激減して，規制を緩和しているドイツでも，イギリスからの入国者には，ワクチン接種をした人にも2週間の隔離を求めている。フランスは一週間の隔離を求める方針という（読売21年5月28日朝刊7面）。中国南部深圳の国際空港では，従業員の変異株（デルタ株）感染判明を受け，400便近いフライトがキャンセルになり，入国規制が厳格化されたという（AFPBB　News，21年6月20日電子版）。

**（7）接触アプリの法的義務付けをせよ**

　上記の台湾等の施策は，日本にとって貴重な教訓である。行動履歴を政府が

把握できるようにし，違反を処罰する法的な強制手段を講ずべきである。

　厚労省も，前記の通り，新型コロナウイルス接触確認アプリの使用を推奨している。「基本的対処方針」（21頁，27頁）も同様である。

　しかし，利用者の同意を前提としており，個人情報保護法の観点から適切な運用が求められている（宍戸常寿「パンデミック下における情報の流れの法的規律」論究ジュリスト35号67頁以下，藤田卓仙「COVID-19を含む感染症対策のためのIT活用」法律時報93巻3号74頁）。

　たしかに，通常の事態であれば，プライバシー保護の観点から，その通りであろうが，入国者，感染者を野放しにしたことが，医療崩壊，店舗の破綻，生活苦その他の深刻な事態を招いたことを考慮に入れれば，台湾などの規制の程度では，私生活がすべて監視されるのではなく，行動履歴が入国してから2週間程度当局に把握され，その後は消去されるのであり，公開されるわけでないから，強制しても，個人の自由を過度に侵害して違憲というほどではないと思う。

　このことは，入国者だけではなく，国内感染者でも同じである。沖縄空港でも活用されるべきである。

### （8）ワクチン接種者の入国規制緩和を

　21年夏から，各国では，ワクチン接種証明書，陰性証明書を提出した者の入国を認め，ホテル滞在期間を短縮なり免除する動きが出てきた。日本もそうすべきであり，ただ，入国後の行動は上記のように把握して，PCR検査で陽性になれば，隔離・治療することができるようにすべきである。

### （9）21年11月8日から入国規制緩和の中途半端

　政府は，外国人のうち，観光客の入国禁止は当面続けるが，ビジネス客や就労目的での3か月以内の短期滞在者，留学生，技能実習生などの長期滞在者の入国を解禁した。国・地域の制限を設けない。現在，日本人帰国者や外国人再入国者については，入国後10日か14日の自宅などでの待機を求めているが，日本人帰国者，外国人再入国者，ビジネスなどでの外国人短期滞在者に対して，①コロナワクチン接種，②日本国内の「受入責任者」が担当省庁に提出する誓約書と活動計画書，③ウイルス検査での陰性等を条件に，待機を原則3日に短縮する（https://www.anzen.mofa.go.jp/info/pcwideareaspecificinfo_2021C137.html。読売21年11月6日朝刊1面）。

　これに対して，受入責任者とは，「入国者を雇用しているか，または入国者

を事業・興行のために招聘する企業・団体」である。海外から帰国する日本の
サラリーマンについて，勤務先の企業が受入責任者になるのは当然であるが，
それ以外の場合，たとえば，外国人ビジネスマンなどは，待機期間を短くした
ければ，自分の受入責任者となってくれる企業や団体を見つけなければならな
い。外国人留学生も，受け入れる日本の大学が必要書類を整える必要がある。
受入責任者は，受け入れた入国者・帰国者の行動を監視して，受入結果につい
ても，担当省庁に報告しなければならないので，負担が重いと批判されている
（「官僚の言いなり」岸田政権が打ち出した，「ありえない入国規制」の全容，ヤフー
ニュース21年11月19日電子版）。

　入国者の行動管理は，政府の責任で，罰則付きで行うべきという，台湾のよ
うな真っ当な方針になぜなれないのか。

### （10）オミクロン株で入国規制再導入

　21年11月末，南ア原産のオミクロン株が世界的に広がったので，日本でも入
国規制を導入した。しかし，水際対策は，2020年当初と同じく，手遅れ。「馬
が逃げ出してから馬小屋の戸を閉めるようなものだ」というらしい。筆者は，
水道の栓を閉め忘れて，家中水浸しになってから，バケツで水をすくっている
ようなものと（序章2）説明している。

　入国者は全員，空港検疫で抗原定量検査を受ける。しかし，抗原検査は
PCR検査より精度が劣る。昨年7月末，厚労省は空港検疫の検査をPCRから
抗原に変更。抗原検査が採用されたため，陽性者を発見できず，アルファ株や
デルタ株の上陸を許した可能性も否定できない（日刊ゲンダイDIGITAL21年11
月30日）。国土交通省は，日本への国際線搭乗予約を停止するように航空会社
に要請したが，日本人も帰国できないのかと異論が出されて，岸田首相は，日
本人の入国は認めるようにと修正した。肝心なのは，入国後の行動管理の徹底
であるが，中途半端のままである。

# 第2章　新型コロナワクチン等に
関する種々の論点

## 1　有　効　性

### （1）接種者は感染率低下

　今（21年夏），日本ではワクチンを打つ以外に打つ手なしの状況である。そして，ワクチンには相当の有効性がある。ファイザーワクチンの有効性は90〜95％と言われている（この意味については，後記2（5）森田医師の説明参照）。感染しても，重症化を防ぐ効果があるとされる。

　東京都内で21年5月に新型コロナウイルス感染が確認された医療従事者は47人で，今年最も多かった1月の10％以下に減ったことが，読売の調べでわかった。全感染者に占める割合も下がっており，専門家は3月から本格化したワクチン接種の効果とみている（読売21年6月14日電子版）。

　厚労省は21年8月10〜12日の新規感染者約5万7000人の接種歴を調べた。未接種は約4万7000人で8割超を占めた。2回接種を終えた人は約1700人で3％だった。未接種で感染した人は人口10万人当たり67.6人，2回接種後の人は4人で，15分の1以下になったと明らかにした（日経21年8月18日電子版）。

　ただし，高齢者感染，再び増加，重症化は抑えられているが，ワクチン接種しても感染者が出ている（読売21年8月29日朝刊32面）。私見では，接種しても5〜10パーセントは効果がないから，抗体検査で抗体を確認できなければ，未接種者と同じというべきである。

　現場でコロナ患者の治療にあたっている，国立国際医療研究センター・忽那賢志医師（テレ朝 NEWS21年6月15日電子版）は，高齢者の約3分の1が1回目のワクチン接種を終えたこの時点で，感染者のなかにワクチン接種をした人も見られるが，やはり症状は軽い，重症化しにくいという効果が出ているという。忽那医師は，新聞の一面広告で『ワクチン接種に悩んでいる方，ぜひお考え下さい。私も打ちました』という（読売21年6月27日18面）。

　一度感染した人は抗体ができているが，十分ではないので，厚労省は，ワクチンを2度接種した方がよいと推奨している（時事通信社21年6月28日電子版）。

ただし，ファイザー製ワクチンの無症状を含む新型コロナ感染症に対する予防効果は約64％，入院や重症化予防で93％と低下している（ロイター21年7月6日電子版）。

### （2）諸外国の成功と感染再拡大

（ア）　21年5月には，イギリスでは新型コロナ対策を緩和して，飲食店ではテーブルで飲食できるようになり，国内旅行も認められ，ホテルは営業を再開した（読売21年5月18日朝刊2面）。ワクチン戦略による（ジャーナリスト近藤奈香「英国コロナ対策『大逆転』の勝因」文藝春秋21年6月号164頁以下）。

しかし，イギリスでは変異株の再炎で，ロックダウン解除を7月21日まで延期する（日経21年6月15日電子版）。

ところが，感染者が連日2万人を超える急増でも，死者増加はわずか20人台であるとして，19日には撤廃した（BBCニュース21年7月19日）。

この日は，英国内の多くの人々から「自由の日（Freedom day）」と呼ばれている。パブやスポーツスタジアムなどが再開し，企業は通常通り営業，ソーシャルディスタンス（対人距離の確保）の義務はなく，空港や病院などの特定の場所以外で，マスク着用の必要なし，さらに，ワクチンを接種した人は，新型コロナウイルスに感染した人と接触しても，隔離の必要もなくなった。新型コロナとの共生を目指している。

研究者は，自由の日を「危険で非倫理的な実験」と非難。イギリスの国論は割れている。感染者のうち入院する人の割合が大幅に減少していることから，新規感染者数はかつてほど重要な指標ではなくなっているようである（yahooニュース21年9月10日電子版）。

（イ）　イスラエルはワクチン接種で，新型コロナから最初に解放された国といっている。ワクチン接種者だけがバーやクラブ，映画館に入れる「グリーンパスポート」を取得する（NEWS　WEEK21年6月8日20頁，21頁）。

しかし，21年6月，インド株が侵入して，大騒ぎになっている。9月には，1日感染者が1万3千人台と過去最高を記録したが，それでも，ロックダウンはしない。ワクチン接種，室内マスク着用，入国者の覚知，感染者のモニタリング，迅速な検査などを主要戦略としている（中央日報21年9月8日電子版）。

（ウ）　欧州観光，復活の兆し＝制限緩和で人出戻る。新型コロナウイルスの接種が進む欧州各国では，新規感染者数が減少し，厳しい行動制限や飲食店の営業規制が段階的に緩和されている。観光地には人出が戻りつつあり，苦境に

あえいでいた飲食・宿泊業界にもようやく希望が見えてきた，と報じられている（時事通信21年6月7日）。

　ドイツでは，飲食店のテラス席の営業，博物館や美術館が再開，1週間の新規感染者が10万人当たり100人を下回った地域が対象となる。オーストリアでは飲食店の屋内外の営業が再開，観光客向けのホテル営業が再開，フランスでは，地域間移動の禁止が解除，飲食店のテラス席，美術館・劇場が再開などである（読売21年5月28日朝刊8面）。

　しかし，21年11月には感染再拡大，1日5万人以上となった（テレ朝21年11月12日電子版）。「欧州　コロナ再び深刻」，パンデミックと報じられている（読売21年11月10日朝刊9頁）。

　（エ）　ニューヨーク州では21年6月8日，18歳以上人口のうち約67％が少なくとも1回目の接種を終えた。7日の感染者数（7日移動平均）は約570人。州は接種率が7割に達すれば，ほとんどの制限を撤廃する。NY市は，映画や音楽や芝居などの興行を再開する。ワクチンが観光復活の切り札になる。アリーナや劇場ではすべての観客に接種証明を求める動きも相次いでいる（日経21年6月10日電子版）。

　米国ではワクチン接種によって人々の活動範囲が広がっている。自由な国内旅行やマスク着用不要などの行動制限の緩和のほか，クルーズ船の利用や人数無制限のコンサートへの参加も可能になる。ワクチン接種率の頭打ちが指摘されるなか，恩恵の広がりを受けて，これまで拒否していた層も接種に動き始めている（日経21年6月12日電子版）。

　アメリカ，カリフォルニア州，ニューヨーク州，コロナ規制大幅緩和，飲食店人数制限なし，接種者マスク不要に（読売21年6月17日朝刊8面）という報道もある。

　ただし，21年11月には1日の新規感染者が7万人になった。ピーク時の29％（ロイター21年11月13日電子版）。

　（オ）　モスクワでは，6月27日に，1日の死者が過去最大の144人になった。デルタ株の拡大による（AFPBB　News，21年6月28日）。

　（カ）　オーストラリアは厳しい入国制限で，新型コロナを抑え込んだ優等生であるが，デルタ株が侵入し，シドニーでは都市封鎖という厳しい状況である。飛行機と搭乗口の間で乗客を運ぶ運転手が新型コロナ対策をしていなかったという盲点を突かれた（時事コム21年6月28日電子版）。

## 2　ワクチンの副作用への懸念

### （1）厚労省報告

　序章 3 でも述べたが，厚労省は，接種開始の21年 2 月17日から， 6 月 4 日まで196件に死亡例があったが，現時点において引き続きワクチンの接種体制に影響を与える重大な懸念は認められないとしている（https://www.mhlw.go.jp/content/10906000/000790071.pdf）。

　しかし，これでは，重大な後遺症に悩む被害者と遺族は，因果関係を立証するために，多額の費用と時間を要する。接種直後の死亡であれば，接種が原因であるとの推定規定をおくべきであるし，規定がなくてもそのように推定されるべきである。

　しかも，コロナによる死亡数は，これまで全国で 1 万4000人台であるが，それは， 1 年 6 ヶ月分であるし，その死者のかなりは高齢者，あるいは認知症患者であるから，医療従事者をはじめとして先行的にワクチン接種した者にこれだけの死亡が発生していることは気になる。

　厚労省は次のように報告している。接種が開始された令和 3 年 2 月17日から対象期間の 8 月 8 日までに，ファイザー社ワクチン，武田／モデルナ社ワクチンについて副反応疑い報告がなされ，それぞれの頻度は0.02％（90,651,661回接種中20,492例），0.01％（12,261,354回接種中1,564例）でした。いずれのワクチンも，これまでの報告によって引き続き安全性において重大な懸念は認められないと評価されました。なお，ワクチンにより接種対象者の年齢や接種会場などの属性が大きく異なるため，両ワクチンの単純な比較は困難です。

　死亡例の報告について，対象期間までに，ファイザー社ワクチンについて991例，武田／モデルナ社ワクチンについて11例の報告がありました（ 9 月12日現在では，ファイザー製で1157人，モデルナ製で33人）。

　現時点では，ワクチンとの因果関係があると結論づけられた事例はなく，接種と疾患による死亡との因果関係が，今回までに統計的に認められた疾患もありませんでした（https://www.mhlw.go.jp/stf/seisakunitsuite/bunya/vaccine_hukuhannou-utagai-houkoku.html）。

　しかし，後記の近藤説を見れば，かなりは因果関係ありそうである。

### （2）実際の死亡報告

　神戸では73歳の女性がファイザー社のワクチンを 5 月28日に接種後 3 時間半で急死，死因は，解剖の結果，急性虚血性心不全，ワクチンとの因果関係は不

明とされて，遺族は検査を依頼という（MBSニュース21年6月10日）。

愛媛県の50代の医療従事者の女性が2回目の接種の後で死亡したという（愛媛新聞21年5月14日電子版）。因果関係の確認には検証が必要であるが，直後の死亡であるから因果関係があると推定されるべきである。

### （3）欧州：血栓症の報告

欧州医薬品庁は21年6月17日，欧州経済領域でアストラゼネカとジョンソン・エンド・ジョンソン（J&J）の新型コロナワクチンを接種した5000万人以上のうち，血小板数の減少を伴う稀な血栓症の可能性がある症例415件の報告を受けたと明らかにした（yahoo21年6月18日電子版）。この症状は，血小板減少を伴う血栓症症候群（TTS）として知られている。

### （4）若い男性の心筋炎

イスラエル当局は，米ファイザー製のワクチン接種後に心筋炎の報告をした。これまで500万人に接種し，275人に心筋炎が発生。16～19歳の男性に多い。うち95％は4日以内に治癒する軽症という（yahooニュース21年6月8日電子版）。

米疾病対策センター（CDC）が6月10日発表した暫定調査によると，ファイザーやモデルナが開発したメッセンジャーRNA（mRNA）型の新型コロナウイルスワクチンについて，接種後に心筋炎を発症した人のうち半数以上が12歳から24歳の若者で，この年齢層が接種者全体に占める割合は9％未満だったという。また，16～24歳の若者のうち2回目の接種後に心筋炎を発症したのは283人で，予想の10～102人を大幅に超過。発症した人の年齢は中央値で24歳に偏っており，8割近くが男性だった。ただし，発症者の大半は完全に回復していると強調した（ロイター21年6月11日電子版）。

同様に，EU（ヨーロッパ連合）のヨーロッパ医薬品庁は21年7月9日，ファイザーとモデルナのワクチンに関し，副反応として極めてまれに心筋炎や心膜炎が発症する恐れがあると結論付け，製品情報に記載するよう勧告した。調査では，特に2回目を接種した後の若い成人男性が発症することが多かったということである（マイクロソフトニュース21年7月10日電子版）。

心筋炎は，日本での頻度は100万回接種で1件と稀とされる。濱田篤郎・東京医科大学病院渡航者医療センター特任教授（「新型コロナワクチン～副反応の実態が明らかに～」時事メディカル21年10月7日，https://medical.jiji.com/column4/76）による。

　韓国では，20代の男性が，心筋炎で死亡した。解剖検査の結果，心臓と心臓伝導系の周囲で心筋炎の所見が確認され，予防接種と因果性がある心筋炎の事例と認定された（yahooニュース21年7月26日電子版）。

> ● 　この心筋炎とは，主にウイルスが心臓の筋肉（心筋）に感染し，心筋細胞に炎症が起こり，心筋の本来の機能が失われ，ポンプである心筋の収縮不全や不整脈を生じる疾患というものである。心筋の炎症を起こす原因には，ウイルス以外に細菌や寄生虫による感染，薬物や毒物による中毒性，膠原（こうげん）病などの全身疾患に続発するものがあるという。

## （5）識者の説明

　（ア）　感染症学会の説明では，新型コロナワクチンはメッセンジャー（m）RNAを使った初めての手法であり，これまでに例のないもので，将来的な副作用については不透明である。治験は数万人を対象に行われているので，百万人単位でどんな副反応が出るかは長期的な観察が必要という。今使われているワクチンは白色人種を主体に治験されたものを緊急承認したもので，有効性に人種差が影響する可能性も想定される。さらに，ワクチンの効果は完全ではないので，ワクチンだけで完全に安心というわけにはいかない。75歳以上の高齢者については治験の対象数が不十分で，その有効性・安全性は今後の検討課題という。変異株についてはイギリス型には有効性に変わりはないが，南アフリカ型，ブラジル型については有効性に影響があることが懸念される（感染症学会提言）。

　（イ）　押谷仁（東北大学教授・分科会委員）の指摘を踏まえ，「ワクチン接種加速　それでも消えないウイルスの脅威　専門家の警鐘」（毎日21年6月12日電子版）と報じられている。

　（ウ）　森田洋之医師「新型コロナワクチンへの妄信と強制が危うい理由」，「接種率データは多角的に見よう」（東洋経済21年5月19日，https://toyokeizai.net/articles/-/429131）は次の指摘をする。

　ファイザーのワクチンの有効率は95％とされている（毎日21年5月29日電子版も同様，この有効率については，100人打つと，95人に効くという意味ではなく，非接種者で発病した人の95％は接種を受けていれば発病しなかったという意味である（接種群と対照（コントロール）群との発症率の差の比較）。それは，限られ

た治験とか臨床試験の範囲内のことである。全世界に提供してみて95％減らせ
るのかどうかはわからない。英国は 1 回接種率が50％を超えており，イスラエ
ルは60％を超えている。そして，接種率が上昇するとともに，感染者数がどー
んと減っているように見える。しかし，ワクチンとはまったく関係のない昨年
4 〜 6 月の英国の感染の推移を見ると，カーブの形状は似ている。同じように
急激に増えて，急激に減っている。昨年夏から秋のイスラエルの感染のカーブ
も今年のカーブと似ている。つまり，単なる自然のエピカーブ（epi curve.Y 縦
軸に新規感染者数，X 横軸を発症日として，その交点をグラフにしたもの）かもし
れない。ワクチンの効果についても人種や地域によって差が出るということが
想定できる。アジアで接種率の高いところを見ると，例えば，ブータンは接種
率が60％を超えていて，モルディブは55％，モンゴルは50％。この 3 国につい
て見ると，むしろ感染者数は増えているように見える。チリでもモルディブで
も同じ。ワクチンの効果を妄信していいのか，少なくともイギリスやイスラエ
ルのような成功例が単純に日本で再現されるという保証はない，

　抗体の持続期間も 6 ヶ月とか 3 ヶ月とか，まだはっきりしない（忽那241頁も
同様）。

　森田は続いて，次のように述べる。政府は，接種直後の炎症や発熱は心配な
い，アナフィラキシーを起こした人もその後ほとんどが回復していると，安全
性を強調している。しかし，接種を早期に開始した国でも半年も経っていない
ので，確たることは何も言えない。

　「長期的な副反応はわからない」というのは全世界共通である。特に今回
は，mRNA，DNA，ウイルスベクターワクチンなど，まったく新しい手法で
作られている。妊娠出産の可能性がある世代の場合，次世代に影響が出るリス
クもないとは言い切れない。安全だと言われながら起きたサリドマイド禍のよ
うな最悪の薬害もあった。催奇性と薬との関係がわかるまでにも 4 年もかかっ
たのである。

　ワクチンを検討するうえでは，新型コロナの被害との比較考量こそが本当は
重要である。新型コロナに罹るか，副作用で死ぬか。前門の虎，後門の狼であ
る。

　日本は，人口比で見た新型コロナの感染者数や死者数が数十分の 1 〜百分の
1 という大きな差がある。アメリカやイギリスにおける新型コロナがゴジラだ
とすれば，日本など東アジアの国々ではライオン 1 頭くらいである。したがっ

て，副反応のリスクがあってもアメリカやイギリスは賭けに出ている（イギリスでは，ワクチンの深刻な副作用が報じられても，人々の信頼はほとんど揺るがない。リスクの高さを冷静に判断しているという。NEWS　WEEK21年6月8日20面）。毎日1000人単位で死者が出る状態を阻止する必要があった。しかし，日本はもともと新型コロナの被害が小さいので賭けに出る必要がない。なぜ欧米の真似をする必要があるのか。若い人は新型コロナにかかっても死なないのに，看護師さんとか実習に行く医学部の学生さんとか，ワクチン接種を断れない立場になっている。

　ワクチンを打たないのは非国民，みたいな感じ，ワクチン全体主義である。「ワクチン接種証明」には反対である。効くかどうかもわからない，根拠のないものに「接種証明」なんて意味がない。個人個人で体質も違うという。

　（エ）　上昌広（医療ガバナンス研究所理事長）「コロナワクチン副反応で無視できない重大事実　体の小さい日本人が米国人並み投与量でいいか」（東洋経済オンライン21年4月29日電子版）は次の指摘をしている。接種者の多くが，発熱や倦怠感などを訴えている。特に2回目の接種で顕著である。そして，4月21日現在，8例が接種後10日以内，6例が4日以内に死亡している。この中には接種後4日目に脳出血で死亡した26歳女性や，3日後に死因不明で亡くなった37歳男性も含まれる。2人とも特記すべき基礎疾患はない。彼らの死亡がワクチン接種と無関係なら，死亡日がワクチン接種数日後に集中することはない。このような死亡と接種後の炎症反応が関係している可能性は否定できない。

　日本人に対して過剰投与になっている可能性がある。ファイザー製のワクチンの場合，3週間隔で30μgを2回接種する。これは欧米での用量を，そのまま日本人に応用したためだ。この際に，日本人と欧米人の体格の差は考慮されていない。日本人とアメリカ人の体格差は1.3倍。日本人男性には米国人の1.3倍，女性には1.5倍のワクチンを投与していると考えることもできる。試験の結果によれば，ファイザー製のワクチンの副反応と投与量との間には明白な関係がある。体重当たりに換算すれば，日本人は欧米人の3割から5割増しのワクチンを投与されていることになる。これは欧米での投与量の40〜45μgに相当する。筆者の周囲の若年の医療従事者の多くが，倦怠感や悪寒を生じたのも納得できる。

　幸い，若年者は体力がある。多少副反応が出ようが，乗りこえることができ

る。一方，高齢者は臓器の予備力が低く，体力もない。さらに，若年成人と比べて，10％程度体重は減少する。彼らに欧米人並みのコロナワクチンを投与すれば，どのような副反応が生じるか予想できない。コロナワクチンはこれまで臨床応用されたことがない mRNA ベースのワクチンだからだ。

　日本で，特例承認するときに，20μgならどうかという試験をしていない。持病をもつ高齢者はかかりつけ医で接種してもらい，主治医はワクチン接種量を減量することも可能だ。また，副反応が強ければ，早期に解熱剤，鎮痛剤を投与することもできる（引用，ここまで）。

　なるほど，新型コロナワクチンの接種は緊急に必要なので，今更日本人向けの治験をしている暇はない。そうすると，新型コロナワクチン接種事故がある程度増えるであろう。希望する者には，量を減らすことに応ずることとすべきではないか。

> ●　筆者が兵庫県コロナワクチン専門相談窓口（0570006733）に問い合わせたところ（21年6月8日），ワクチンの量は決まっており，減量接種はできないという。

　（オ）　免疫学の第一人者である宮坂昌之（122〜126頁）によれば，この治験の仕方には二重盲検法に反するところがあり，適切な治験とは言えない。重篤な副反応は，他のワクチンにもあり，それは百万回に1〜10回の間である。ファイザーのワクチンも同様であるが，ワクチンを投与したのは2万人程度であるから，副反応がないと結論できるかは別問題である。とりわけ，ワクチンを打った人が後にウイルスに感染した時にむしろ症状悪化を促進してしまう，「抗体依存性感染増強（ADE）」という副反応があり，販売前にはわからないリスクである。さらに，今回は海外のデータに則ることで，国内では検証的臨床試験をしていない特例承認がなされたが，日本人には過剰投与になる可能性もある。国内で開発中のワクチンは，確立した技術を用いたもので優れた安全性が期待できる（塩野義製薬は組み換えたんぱく質ワクチン。KM バイオロジクスは不活性化ワクチンを開発中）という。それに人工抗体を用いた治療薬にも光明が見えてきたという。

　ところが，宮坂は，安全データがそろってきたからとして，見解を変えて，ワクチン「打たぬ選択ない」「慎重姿勢を一転　データで安全確信」（神戸21年

6 月26日）という。

　〇宮坂名誉教授が挙げるワクチン接種の利点

　□有効性を示す「3 本の矢」

　　感染予防＝接種者の PCR 陽性者が激減

　　発症予防＝臨床試験データで裏付け済み

　　重症化予防＝入院患者・死者ともに激減

　□安全性を示す接種の広がり

　　イギリス，イスラエル，アメリカ

　□変異株にも有効

　　抗体を作る「目印」が多く，変異にも有効

宮坂昌之『新型コロナワクチン　本当の「真実」』（講談社現代新書，21年）は
これを敷衍する。

　（カ）　近藤誠医師（抗がん剤治療などをするなという，『患者よ　がんと闘うな』
といった著書で有名な慶応大学医学部元講師）は，上記（1）の554件は，4000万
件のなか（8 万件弱に 1 件）だが，実は現場の医師は報告したがらないので隠
れ副作用もあるのが実態だ，厚労省の審議会は伝統的に因果関係を認めたがら
ない，2019年インフルエンザワクチンでは，5600万打って，死者は 6 人だった
という。そして，体内に入ったワクチンを免疫機能が攻撃すると，「サイトカ
インストーム」（免疫の暴走状態）が生じて，血管の内面に傷がつく。それが極
端になると，心筋梗塞や脳卒中を発症して突然死する。しかし，その痕跡は残
らない（女性セブン21年 7 月29日・8 月 5 日号電子版）。

　近藤98頁以下はこれを詳しく敷衍する。

　（キ）　山本和生（東北大学大学院生命科学研究科元教授）は，「コロナワクチ
ン mRNA はヒト遺伝情報を書き換えるか？」（https://agora-web.jp/
archives/2052365.html）において，

　スパイクタンパク合成に関わったワクチン mRNA は抗体合成直後に分解さ
れる。ワクチン mRNA は核膜を通り抜けて，核への移行ができない。

　ワクチン mRNA を二本鎖 DNA に変換するヒトの酵素系が存在しない。

　mRNA 分解酵素が常に存在しており，ほとんどが分解される。

　以上のような理由で，遺伝子の書き換えの岐路に至るはるか以前にワクチン
mRNA は分解されます，と論じている。この結論は上記宮坂も同じである。

　ただし，この科学的な議論は筆者にはわからないので，専門家の議論を期待

する。

　（ク）　このほか，本庶97頁，木村154頁以下も，副作用の可能性の指摘をしている。

　（ケ）　内海聡『医師が教える新型コロナワクチンの正体　本当は怖くない新型コロナウイルスと本当に怖い新型コロナワクチン』（ユサブル，21年6月）は，新型コロナウイルスは危険なウイルスではなく，自粛もマスクも効果がなく，世界の死亡者数も正確ではない，また新型コロナワクチンは非常に危険なワクチンであり，決して打たない方がよいと主張している。船瀬俊介『コロナとワクチン：新型ウイルス騒動の真相とワクチンの本当の狙い』（共栄書房，21年1月）も，否定的な意見である。

　（コ）　ワクチンは接種された人に抗体を作って，ウイルスを撃退するものであるが，千葉大学病院は，抗体の発生量が，高齢男性は若い女性の半分という，それで，コロナ感染を防止できるのかはこれからの研究という（毎日21年6月11日電子版）。

　（サ）　変異株にはまったく効かないということもないようであるが，違うワクチンが必要になることもありうる。本庶（96頁）によると，コロナウイルスに対する効果的なワクチンを作るのは難しいという。新型コロナウイルスは，インフルエンザウイルスや，HIVウイルスと同じように，「DNA」ではなく，「RNA」を遺伝子に持つウイルスである。DNAは，二重らせんという安定的な構造を持つが，RNAは，一重らせんで，構造が不安定で，遺伝子が変異しやすい。流行している間にウイルスの遺伝子が変異して，ワクチンが効きにくくなったりする。インフルエンザワクチンでそのことは経験している。新型コロナの変異のスピードが非常に速い。ワクチンが完成したころには，一部のウイルスにしか効かないということは十分にありうる。

　ウイルスが変異しても，あらゆるコロナウイルスに有効なユニバーサルワクチンで次のパンデミックに備える研究が進められているというが，実用化は先のことである（NEWS　WEEK21年6月8日28頁，ただし，その後，その実用化の日は近いとの報道がある）。

　（シ）　筆者は宮坂，山本説で一安心であるが，こうして意見が分かれているので，ワクチンを開発したファイザーやモデルナ，アストラゼネカ，これを承認した厚労省はきちんとした説明をしてほしい。

## （6）台湾に激震

　台湾では新型コロナが再炎したので，日本は台湾にアストラゼネカ製ワクチンを供与して感謝された。しかし，開始わずか4日間で，そのワクチン接種直後に36人が死亡して，台湾に激震が走った。日本が接種を控えたワクチンをよこしたと反日暴動，政変すら起きかねない危機を引き起こしているとの報道があった（21年6月19日日刊ゲンダイ DIGITAL）。しかし，アストラゼネカのワクチンによる死亡率は韓国などと変わらない。死亡者の大部分は高齢者か基礎疾患のある者である。台湾で75歳以上の高齢者の死亡は1日260人，このワクチンでの死亡はそれに及ばないとの反論がある（東洋経済オンライン21年6月24日電子版）。

## 3　リスクマネジメント

　本来は，ワクチンの接種をどんどん進める前に，新型コロナワクチンを全国的に接種しないままで，施策を講じた場合に，どの程度の感染者がでるか，それは有効な治療薬を投与しても後遺症が生ずるか，死者が出るか，それはどの世代に出るかという想定と，新型コロナワクチンの接種による副作用（後遺症）・死者はどの程度か，どの世代に出るかとの比較が必要である。

　しかも，日本では，そもそも，次に第5章2で述べるように，「超過死亡」がこれまでなく，医療崩壊（危機）と称されるが，民間病院との連携などにより解消することが可能であること（それを怠っていたこと），治療薬は早期に使えばそれなりに有効であること，入国規制・入国者の行動規制，感染の疑いのある者に対する PCR 検査を徹底すること，あるいは抗原検査キットを活用すること，営業禁止は，3密業種だけを対象に，換気を徹底させて，それでも，密を回避できない営業形態を禁止すること，高齢者施設や病院の感染防止対策を徹底することなどのきめ細かな施策により，国家財政と民間経済を破綻させることなく，新型コロナ禍の炎上を阻止できるのではないか。これを徹底せずに，ワクチン普及だけを推進しようとするのは，適切なリスクマネジメントなのだろうかという疑問がないではない。

　しかし，7月28日現在，接種回数は1回目5000万回弱，2回目3300万回なので，そのなかで500人が接種のために亡くなっても，10万回に1回で，新型コロナに感染して死亡するよりもリスクは低い。したがって，普通にはワクチン接種をした方がよいし，国家としても推進すべきであろう。その意味で，前記

の宮坂名誉教授の改説に賛成である。筆者はこの立場で接種を受けた。

　もっとも，新型コロナは，他人と同じ空間におらず，他人と接触しなければ避けられるのであるから，仕事のない高齢者や，自宅にいる寝たきり老人・認知症老人，若者でも体調が完全でないときはもちろん，高血圧や心臓病の気がある人は，接種しない選択もありと感ずる。2回目の接種で高熱を出す可能性は低くない。その結果重病にならないように十分な治療体制があるのかについても，十分な情報には接しない。

## 4　接種拒否の正当性 ■■■■■■

（1）　戸舘圭之（弁護士）「今こそ再認識すべき『ワクチン望まぬ人』への配慮　接種は法律で義務づけられているわけではない」（東洋経済オンライン21年6月7日電子版）は次の指摘をする。

　職場や学校，施設などでの集団的なワクチン接種機会が増大する中，さまざまな事情によりワクチン接種を希望しない人に対して，非難や差別的な取扱いなどの不利益が生じたりすることも考えられる（新型コロナ差別について，読売報道特集207頁以下）。

　予防接種法上は「努力義務」，接種しない自由もある。厚生労働省も，接種を受けることは強制ではないと説明している。

　今回の予防接種法改正時の国会の附帯決議においても，

「一　新型コロナウイルスワクチンの接種の判断が適切になされるよう，ワクチンの安全性及び有効性，接種した場合のリスクとベネフィットその他の接種の判断に必要な情報を迅速かつ的確に公表するとともに，接種するかしないかは国民自らの意思に委ねられるものであることを周知すること。

二　新型コロナウイルスワクチンを接種していない者に対して，差別，いじめ，職場や学校等における不利益取扱い等は決して許されるものではないことを広報等により周知徹底するなど必要な対応を行うこと」

としている。

　元々，予防接種は義務とされていたが，予防接種禍訴訟の経験を踏まえて，予防接種法上任意とされたのである。

　ワクチン接種は新型コロナ感染拡大防止に有効だとして推進されているが，それは社会全体を見た場合は，副作用の不利益よりも感染防止の利益が大きいというリスクマネジメントによるものであって，一人一人のリスクマネジメン

トは同じではない。個々人では，基礎疾患があれば，ワクチンによる副反応が大きいかもしれない（血栓が出て脳梗塞などを起こすかもしれない）し，若者の男性には心筋炎という副作用が報じられている。家や病院で寝たきりか，少なくとも阿部のように，人混みにはほとんど外出しない（外出先は公園・テニス・ゴルフ・散歩等）ので，新型コロナに感染するわけはない人にとっては，副作用リスクの方が大きいかもしれない。こうした個人の判断は尊重されるべきである。従って，予防接種をしていないことを理由にした差別，いじめ，職場や学校などでの不利益な取扱いは許されないのである。政府の「基本的対処方針」52頁以下も差別対策を取り上げている。

　だが，実際の職場などの現場においては，ワクチン接種の機会があるのにワクチンを接種しないという選択は，事実上困難かもしれない。また，職場においてワクチン接種を社員に義務付けてワクチン接種を拒否した社員の出社を拒否する，ワクチン接種をしていない社員だけを在宅勤務にするなどの取扱いをする企業が出てくる可能性がある。

　しかしそのような取扱いは，ワクチン接種が強制ではない以上，許されない。企業側は，感染防止対策という社員の安全の観点から業務命令としてワクチン接種を義務付けようと考えるかもしれないが，法律上，予防接種は強制ではない以上，そのような業務命令は違法，無効となる。

　学校においても，ワクチンを接種しない生徒，学生の授業への出席を認めないなどといった措置をとることも考えられるが，同様に，ワクチン接種を強制できない以上，そのような取扱いをしてはいけない（なお，田代亜紀「感染者差別について考える」法学教室486号39頁，21年参照）。

　また老人ホームなどの施設においても，ワクチン接種を拒否した入所者に対する差別的な取扱いや，利用契約を解除して退所を求めるなどといったことも許されない。

　では，飲食店やイベント会場などにおいて「ワクチン接種をしていない人の入店，入場を認めない」などといった対応を店側，主催者側が行った場合はどうなのか。

　ワクチン接種の有用性は認められる一方，副反応などのリスクがあるために受けない人がいることなどを鑑みれば，接種者のみ入店・入場を認め，非接種者を拒絶する対応は，ワクチン非接種理由とする差別的な取扱いとして違法と評価され，損害賠償責任が生じる可能性がありうる（若干修正のうえ，引用

終わり）。

（2）　これに対しては，他人に感染させる可能性のある行動をしないことは
職務上の義務であるとの反論もありうる。

　世界で新型コロナウイルスのインド型（デルタ型）が猛威を振るうなか，従
業員に対しワクチン接種をどこまで求めるかが，正常化に向けた論点となって
いる。米国ではマイクロソフト，グーグル，フェイスブックといったIT（情
報技術）大手のほか，ユナイテッド航空，ウォルト・ディズニーなど有力企業
が相次いで義務化を表明している。バイデン政権は義務付けを求め，州政府の
1部は連邦の権限を越えているとして法廷闘争になってる（日経21年12月4日
電子版）。日本でも，外食大手のワタミはワクチンを原則接種するよう社員に
求める。望まない場合はPCR検査を毎週受けてもらう。安心感を醸成して集
客につなげる

　しかし，日経新聞社が8月中旬，接種義務化について聞いたところ，回答し
た全18社が否定した。日産自動車，オリンパス，ソフトバンクグループなどが
「義務化は考えていない。個人の意思を尊重する」と答えた（日経21年8月7
日，18日，19日電子版）。

　筆者は，ワクチン接種を受けないのは国家との関係では自由であるが，職場
では新型コロナ禍を拡大させないことも職務上の義務であるから，ワクチン接
種を受けないならば，他人との接種が不可欠な職場からの配置転換もやむなし
であり，それが無理なら解雇も合理的な根拠があると思う。ただし，感染して
いないことを証明するのはワクチン接種だけではない。数日前のPCR検査や
抗原検査で陰性であるとの証明書を提示すれば，ワクチン接種証明よりも有効
であると考えるべきである。

　なお，感染症法18条は，新型コロナ患者又は無症状病原体保有者に就業制限
の制度をおいているが，接種強制制度は定めていない。接種を強制し，従わな
い者を処罰する（かつての予防接種法）のは，個人の自由に対する過度の制限
の可能性（副作用が怖いとか体調が悪い）もあれば，実際に処罰するには警察，
検察，裁判所の業務をパンクさせるので無理である。逆に接種を受ける者に特
典を与える方法もある。アメリカでは接種を受ける者に抽選で100万ドルを出
す州もあるという（読売21年5月20日朝刊7面）。日本でも，スバル自動車は群
馬県でワクチンを2回接種した20〜30代の若者向けに自動車をプレゼントする
などの特典で接種を後押しする（読売21年8月30日朝刊3面）。

## 5　ワクチン接種の遅れ ▬

　また，日本のコロナワクチンの接種は国際的に遅れている。ワクチン敗戦ともいわれる。

　その理由の一つに，開業医を儲けさせるため，日本医師会が「個別接種」を推進したためという（辰濃哲郎「日本医師会の病巣にメス」文芸春秋21年 9 月号174頁以下）。病床不足のかなりは，民間病院の協力を得られないためであり，医師会は，患者よりも自分達の儲けを優先しているという。巨額の政治献金を受けて，医師会の病巣にメスを入れられない政治家も情けない（和田150頁以下は，日本医師会の罪を指摘する）。

　医療従事者の接種は21年 3 月末完了のはずが，21年 5 月 6 日現在，284万人超にとどまり，対象者全体（480万人）の約59％。 2 回完了したのは110万人超で，23％程度となっている（https://vdata.nikkei.com/newsgraphics/coronavirus-japan-vaccine-status/）。

　21年 5 月は高齢者接種が本格化しようとしている段階である。現場ではかなりの混乱が生じている。菅（前）首相は今頃になって，ワクチン 1 日100万回目標などといって，促進に努力しており，実現しそうであるが， 2 回の接種完了までには時間がかかり，新規感染者の減少効果が明確になるのは 9 月上旬と野村総研は試算している（読売21年 6 月 1 日朝刊 2 面）。管首相は，10〜11月に接種完了と見込んでいる（日経21年 6 月10日電子版）。しかし，ワクチン不足で，21年 7 月初め，予約取消しの事態に至っている。しかも，現場では，温度管理を間違えたとして廃棄されたワクチンが多数とか，規定の倍に希釈したとか濃厚なまま接種した，空気を接種した，一度使った針を他人に使った，同じ日に 2 回接種した，認知症患者に 3 回接種したなどのミスも報じられている（読売21年 6 月 6 日朝刊 1 面）。21年 8 月末には，ワクチンに製造元で異物が混入していたことが露見した。

## 6　ワクチン接種順位（順番）のあり方 ▬
### （1）ワクチン接種の順番

　ワクチン接種の順番について，特措法46条に基づき，政府は，分科会の提言（読売報道特集270頁）により，「新型インフルエンザ等が国民の生命及び健康に及ぼす影響並びに国民生活及び国民経済に及ぼす長期的な影響を考慮」して，基本的対処方針（特措法18条）において，〈1〉医療従事者ら〈2〉65歳以上の

高齢者（約3600万人）〈3〉基礎疾患のある人（約1030万人）と高齢者施設の従事者（約200万人），60～64歳（約750万人）――の順番で優先的に打つ計画を立てた。

https://www.mhlw.go.jp/stf/seisakunitsuite/bunya/0000121431_00218.html

https://www.mhlw.go.jp/content/000788636.pdf

## （2）阿部の異論

### （ア）　真っ当なリスクマネジメントをせよ

しかし，この政府・分科会の方針には，今回は今更遅いが，あえて異論を述べたい。ワクチンの効果は永久ではないし，3回目の接種も予定されているし，変異株用のワクチンが接種されるかもしれないので，次の接種の際には考慮してほしい。

これは「国民の生命及び健康に及ぼす影響並びに国民生活及び国民経済に及ぼす長期的な影響を考慮」したことになるのか。

高齢者優先は，新型コロナに感染すれば重篤化する可能性が高いことを考慮したものであろうが，リスクとは，感染する可能性と感染した場合の重篤化の可能性（さらには他人に感染させる可能性）の積（掛けた結果）であり，後者だけを考慮するのはリスクマネジメントではない。分科会は科学者の集まりなのに，リスクを知らないのではないか。

### （イ）　介護職員・入院・入所中の者を優先せよ

医療従事者は，新型コロナ患者に接して感染するリスク，あるいはどこかで感染して病床に新型コロナを持ち込む可能性が高いので，最優先にすることには賛成する。また，入院中とか老人ホームに入所している老人は新型コロナに感染してクラスターを発生させやすく，医療・介護従事者を危機に陥れ，医療崩壊の直接の原因であるので，最優先とすべきである。

高齢者施設の従事者（約200万人）も，医療従事者と同じく，危険にさらされているとともに，どこかで感染すると，福祉施設でクラスターを発生させるから，優先されるべきである。

これに対し，在宅高齢者は，感染すれば重篤化しやすいにせよ，仕事がないので，他人（家族も含め）と密着せずに，散歩でもしていれば，新型コロナを避けることができる。したがって，感染リスクは低い。しかも，インフルエンザとか肺炎で近く亡くなる可能性は少なくないから，新型コロナで亡くなっても，大差はない。したがって，高齢者施設の従事者よりも，後順位にすべきで

あった。筆者は若い人と接種順位を交換しようとしたが，認められないようであり，断念した。

　寝たきり高齢者には医療従事者が自宅訪問してワクチンを接種していることが報じられているが，寝たきりでは，他人とほとんど接触しないし，死期が近いのであるから，介護従事者の安全を考慮しても，わざわざ訪問までして優先接種する必要はない。

　しかも，コロナ接種2回目では高熱を出す可能性があるとされている（アセトアミノフェンや非ステロイド系解熱鎮痛剤を使用することは可能である。感染症学会提言14頁）から，高齢者は，高熱を出して，それから余病を併発する可能性も考慮すべきかもしれない。なお，筆者は，かかりつけ医からこの解熱剤をもらっていたが，2回目の接種の際も異常はなく，無用であった。

　（ウ）　オリンピック関係者をなぜ優先しないのか

　オリンピック競技場で働く人たち約16,000人の接種は7月5日が第1回ということで，第2回は，オリンピックが始まってからになる。効果が出るのは接種後2週間くらい経ってからと言われるから，オリンピックは終わっている。オリンピックの警備にあたる警察官1万人以上の中で14人が感染した（21年7月27日報道）。

　成田空港には1日に最高数千人のオリパラ関係者が到着するが，案内役スタッフ数十人は6月中旬から月末にワクチン接種1回目を打ったばかりで，7月23日の開会式までに抗体ができるわけではない（マイクロソフトニュース21年7月9日電子版）。

　オリンピック観戦の予約をしている者を優先すれば，オリンピックを無観客にする必要はなかった。

　政府は，オリンピック開催優先で施策を講じているのだから，これらの人は最優先にすべきではなかったか。

　（エ）　基礎疾患のある者はなぜ優先か

　基礎疾患のある者とは以下の病気や状態の方で，通院／入院している方という。

　1．慢性の呼吸器の病気，2．慢性の心臓病（高血圧を含む），3．慢性の腎臓病，4．慢性の肝臓病（肝硬変等），5．インスリンや飲み薬で治療中の糖尿病又は他の病気を併発している糖尿病，6．血液の病気（ただし，鉄欠乏性貧血を除く。），7．免疫の機能が低下する病気（治療中の悪性腫瘍を含む），

8．ステロイドなど，免疫の機能を低下させる治療を受けている。9．免疫の異常に伴う神経疾患や神経筋疾患，10．神経疾患や神経筋疾患が原因で身体の機能が衰えた状態（呼吸障害等），11．染色体異常，12．重症心身障害（重度の肢体不自由と重度の知的障害とが重複した状態），13．睡眠時無呼吸症候群，14．重い精神疾患（精神疾患の治療のため入院している，精神障害者保健福祉手帳を所持している，又は自立支援医療（精神通院医療）で「重度かつ継続」に該当する場合）や知的障害（療育手帳を所持している場合），15 BMI 30以上（肥満）の方

　＊その目安：身長170cmで体重約87kg，身長160cmで体重約77kg。

　しかし，入院中なら，前記の通り，クラスターを発生させる可能性があるので，優先すべきだが，通院中で在宅の者は，家でおとなしくしていれば感染の可能性は低いので，後順位にすべきではないか。ワクチンは基礎疾患に害をなさないのか。教えてほしい。そして，高血圧にも程度があるので，どの程度から基礎疾患といえるのか，不明である。感染症学会提言（12頁）は，軽症の場合には必ずしも接種を優先する必要はないと述べている。これは自己申告によるので，適正な申告がなされるのか，気になる。

　（オ）　都会優先にせよ

　これは全国一律である。菅（前）首相は，21年7月8日の会見で，全国一律という結論だけを述べ，理由は説明していなかった。しかし，施策は効率的であるべきであるから，感染率，死亡率の高い都会を優先すべきである（宮坂昌之発言「徹底討論コロナ『緊急事態列島』」文芸春秋21年6月号103頁も同旨）。あえて言えば，都知事に叩かれた新宿の夜の街，あるいは，大阪のキタ，ミナミ，福岡の中州，札幌のすすきの等を優先すべきではなかったか。

　そうすれば，東京の第4次緊急事態宣言も避けることができ，オリンピックも観客を入れることができて，首相は助かったのではないか。大阪府吉村知事も，府内の配分方針として感染者数の多い市町村に重点という配分方針を示した（読売21年7月14日朝刊38面）。真っ当であるが，筆者と異なり，発言力があるのであるから，国を批判して方針転換を迫るべきであった。政府は，アストラゼネカ製ワクチンを21年8月16日から緊急事態宣言が発令されている6都府県に優先配分することとした。やっとである。

　**（3）自治体の工夫**

　それ以下については，田村厚労大臣が自治体に任せるといったので，自治体が独自に優先接種を行っている。20〜30歳代の若い世代（新宿区），子どもに

接する保育士や幼稚園の職員ら，介護従事者，小中学校の教職員（福岡市），バス・タクシーの運転手，宿泊施設の従業員（奈良市），マスク着用が難しい子どもらを受け持つ特別支援学校の教職員，12〜15歳の小中学生や高校生（神戸市）である（読売21年 6 月 8 日朝刊29面）。

　このうち，小中学生については，次に述べるように疑問があるが，それ以外は賛成する。むしろ，国がこれらを優先する指針を発すべきであった。さらに，他人と接触することの多い学生に接種して，登校させたり，部活・バイトをさせたりすることも考慮される。甲子園野球選抜選手も優先させるべきであった。飲食店・居酒屋など，対面営業であり（テレワークができない），まるで新型コロナ感染源とされている人たちに先に接種して，顧客も安心できるようにして，営業を継続させるべきではないか。さらには，小売店員も同じ。

## （4）12歳以上への接種の考え方

　ファイザー製のワクチンは，これまで16歳以上とされていたが，12歳以上に引き下げられた。15歳以下は保護者の同意が必要（読売21年 6 月 1 日朝刊 2 面）。モデルナ製も同様とされる（読売21年 7 月16日朝刊 2 面）。

　若者の感染者は他の世代に比べて多い。もっとも，若者は，新型コロナ後遺症・重症化するリスクは低い。

　しかし，米疾病対策センター（CDC）によれば，新型コロナウイルスの感染による10代の子供の入院リスクは季節性インフルエンザの約 3 倍あり，21年 1 〜 3 月に入院した約200人の青年のうち，3 割は集中治療室（ICU）に入り，5 ％は人工呼吸器が必要になった。入院した人の約 7 割には肥満，ぜんそくなどの基礎疾患があったが，約 3 割にはない。報告書は「健康な青年にも重症化のリスクがある」と指摘する。

　CDC のワレンスキー所長は声明で「（集中治療や人工呼吸のような）苦しみの多くは防ぐことができる」と述べ，青年にワクチン接種を勧めてほしいと呼びかけた（日経21年 6 月12日，13日電子版）。「長引くコロナ後遺症，感染時無症状でも約 2 割で」との報道もある（日経21年 6 月27日電子版）。

　他方，長崎大学医学部森内浩幸教授は，健康な子供にとって，新型コロナは風邪と同じで，イギリスでは，18歳未満の感染者のうち，集中治療室（ICU）に入院したのは 5 万人に 1 人，死者は100万人のうち 2 名ということで，接種を急ぐ必要はない，安全性に関するデータが整備されてからでよいという（長崎新聞21年 7 月23日電子版）。

しかし，子供の重症化リスクは増大しているとも言われている。

子どもへの接種はこのリスクの総合判断によるべきである。

さらに，5～11歳接種の努力義務化については厚労省分科会で賛否両論があるという。発症予防効果があるとされるが，21年11月末まで新型コロナで死亡したのは10歳代で3人，10歳未満はゼロで軽症者が多い（読売21年12月6日朝刊3面）から，「努力」とはいえ義務付けるべきかどうか。

### （5）職域接種

政府は「職域接種」を21年6月21日に本格始動した。学校接種も同じ。できるだけ早く接種を完了するという方針には合うが，接種を拒否する者への差別が生じやすいことに配慮する必要がある。

伊勢丹新宿本店では8月6日までに94人の感染者を出したが，大部分は取引先などの外部社員である（日経21年8月6日電子版）。

企業では，その費用は，正社員については福利厚生費として非課税となるが，非正規職員については，その費用は課税対象となりかねないので，企業が対応しないとの心配がある。税制上の特例を至急つくるべきである。

中小企業や，店舗が分散している業者，ましてホームレスは自治体の接種に頼るしかない。

政府は，ワクチン3回目の接種で22年3月をめどに職域接種をする方針である（21年11月10日朝刊1面）。1

## 7　国産ワクチンの開発状況
### （1）国産ワクチンの開発の難しさ

海外製のワクチンが入手できるか，保障がないので，国内での生産体制の確保が必要であるが，諸外国に比べて遅れている。治験に時間がかかるためもあるが，すでにワクチンの接種が始まっている現在，効果や安全性が不明な開発中のワクチンと偽薬を使う臨床試験に多数の参加者を確保することは難しい（本庶97頁）。

承認審査でも，海外での審査実績を前提に審査を簡略化する「特例承認」の制度はある（次に述べる）が，どこでも接種実績がない国産ワクチンには適用がない。そこで，医薬品の審査を行う独立行政法人・医薬品医療機器総合機構（PMDA）は21年10月22日，血液中に含まれる抗体の量が，承認済みのワクチンと同等以上かどうかを調べることで承認申請を可能とする方針を公表した

（読売21年10月23日朝刊1面）。

　塩野義製薬の国産ワクチンは，ファイザーやモデルナとは異なる「遺伝子組み換えたんぱくワクチン」という種類で，21年内にも3,000万人分の量産体制を整える予定と報じられている（読売21年7月10日朝刊4面）。他にも5社が臨床試験を実施中である。国産ワクチン急ピッチ，治験簡素化，来年にも供給，政府が約3,200億円を投じていると報じられている（読売21年11月4日朝刊3面）。

　しかし，国産ワクチンが承認されたころは，新型コロナ禍は，外国のワクチンで収束しているかもしれない。あるいは，第6波を抑え込めるかもしれない。

### （2）国産ワクチン開発遅れの原因

　なぜもっと早く開発できなかったのか。国産開発が遅れた原因は，天然痘ワクチンの副作用で健康被害が生じ，予防接種禍訴訟などで国や企業の責任が問われたこと，子宮頸がんワクチンの副作用が問題となったことから，国内企業はリスクの高いワクチン開発に消極的になったことにある。政府は今頃になって，「ワクチン開発・生産体制強化戦略」を閣議決定した（読売21年6月6日朝刊3面）。さらに，AERA　21年5月17日号（https://www.msn.com/ja-jp/news/coronavirus），船橋洋一「『ワクチン暗黒国家』日本の不作為」文藝春秋21年6月号134頁以下に詳しい。

## 8　ワクチンの特例承認に際しての配慮
### （1）特例承認

　外国の製品は，外国で安全性が確認されていれば，日本人向けに丁寧に治験せずとも，緊急時の特例として，リスクマネジメントを行ったうえで，迅速に承認する「特例承認」の制度がある（医薬品医療機器法（医薬品，医療機器等の品質，有効性及び安全性の確保等に関する法律＝薬機法）14条の3）。現に，米ファイザー製のワクチンはこの制度により，20年12月の申請から2ヶ月で承認された。イギリス・アストラゼネカ社とアメリカ・モデルナ社のワクチンは21年5月21日にようやく特例承認がなされた。ただし，日本政府はアストラゼネカ製を当面接種しない（読売21年5月22日朝刊2面）としていたが，日本でも感染拡大を受けて，21年7月末40歳以上に使うことにした。

　アストラゼネカ製はイギリスで血栓症による死亡例が出ているので，独仏でも接種年齢を制限している（ノンフィクション作家辰濃哲郎「『ワクチン大混乱』

河野太郎は何をしている」文藝春秋21年６月号122頁）。

## （２）リスクマネジメント

　しかし，この２ヶ月の間で何をしたのか。日本では実際上実効的な治験方法は存在しないので，形だけ審査したというもので，その分ワクチン接種が遅れた（NEWS WEEK　21年６月８日16頁，河野太郎「全責任は私が引き受ける」文藝春秋21年６月号148頁も同様の指摘をする）。

　これはリスクマネジメントの問題である。日本で２ヶ月間治験をしたらどれだけのことがわかるのか。２ヶ月で160人を対象としたというのでは，まともな治験とはいえない。緊急であり，アメリカでは治験を行っているのであるから，相当の安全性は確保できている。他方，ワクチン接種が２ヶ月早ければ，夏までには希望する全国の人に接種を終え，21年８月からの緊急事態宣言も回避でき，オリンピック開催への反対も少なかったのではないか。

　アストラゼネカ製も，どうせ今頃使用するなら最初から使用すれば，接種率が高まったのではないか。

　そうすると，リスクはあるが，それはワクチンを開発した他の国と同じであろうし，どうせ２ヶ月後には承認するのであるから，そのままで迅速に承認すべきではなかったか。

　ただ，前記のように人種間の体重の違いなどもあり，日本人向けに量を減らしたらどうなのか。12歳から接種の動きがあるが，大人並みの量でよいのか。基礎疾患のある人はそもそも弱いから，副作用が大きくなる心配はないのか，人種による遺伝子の違いは考慮されないのか，といった素人の疑問にも答えてほしい。また，ノーベル賞学者本庶祐（99頁）は，免疫力は個人や人種では大きな差がある。日本人と欧米人では免疫を左右する「HLA」（組織適合性抗原）が大きく異なる。断言はできないが，多くの日本人がコロナに強いHLAを持っていたのかもしれないという。これを考慮すればどうなるか。

## ９　ワクチン接種証明書（ワクチン・パスポート）のあり方 ■
## （１）活用の動き

　ワクチンの接種証明書を発行・活用する動きが世界で広がってきた。感染のリスクを抑えながら経済活動を正常化する狙いがあり，企業からも期待の声が上がっている。日本はまず海外渡航者用に今夏にも発行し，ビジネス往来などを後押しする。証明書は住民情報を持ち，接種の実務を担う自治体が発行す

る。氏名やワクチンメーカー，打った時期などを記載する。接種履歴を一元的に管理する国の「ワクチン接種記録システム（VRS）」と連動させ，内容を国が保証する仕組みとする方針である。欧州連合（EU）は域内の移動解禁に向けて 7 月から運用を始める。政府がモデルとするのは EU が 7 月から運用する「デジタル COVID 証明書」である。接種経験者やコロナからの回復者が対象で，自主隔離や検査を免除する。ドイツなど 7 カ国は 6 月から先行運用している（日経21年 6 月 7 日電子版）。さらに，イタリア，フランスなどでは，国内での屋内飲食，美術館や劇場への入場，公共交通機関の利用に，ワクチン 2 回接種した証明書である「衛生パス」とか，「グリーンパス」の提示が求められる。未接種者は，72時間以内の陰性証明書の提示が求められる（読売21年 8 月29日朝刊 3 面）。むしろ，日本は遅いとあきれられている。

### （2）ワクチン接種しない人の差別

　経済活動が活発化すれば結構に見えるが，逆にワクチンを接種しない人は，海外旅行もできなくなる。それはやむなしであろうが，さらに進んで，国内でも，ホテルの宿泊，旅行，さらには飲食などで，接種証明書の提示を求められるようなことにならないか。それでは任意の接種が強制となり，未接種者への差別となるから行き過ぎであるし，ホテル，飲食店，交通機関がきちんとした 3 蜜対策をとれば済むし，10で述べる抗原検査キットを活用する方法もあるので，全国民に，接種しないと生活できないような状態に追い込んではならないと思う。ただし，感染の疑いがあれば，ホテルなどでは宿泊を断り，しかるべき医療機関に行くように勧めることは許容されるべきである（感染症「疑い」で宿泊拒否，来年国会で法改正目指す，本人確認強化も検討，共同通信21年 5 月27日電子版）。

　日本政府は，ワクチン証明書運用指針を作り，海外旅行に使うが，イベント・就職・入学の拒否はされないように，非接種者の差別を回避する方針という（読売21年 7 月10日朝刊 1 面）が，厳格な差別禁止制度を導入すべきである。7 月26日運用開始された。

### （3）アメリカ国内の州による対応の分かれ

　米国は州によって対応が分かれる。ニューヨーク州は21年 3 月，接種歴を示すスマホアプリ「エクセルシオール・パス」を導入した。発行数は既に100万を超える。他方，南部ジョージア州など少なくとも10州が公的機関による証明書要求を禁止している（上記日経）。

ワクチンパスポート，米国で是非二分　アラバマなど禁止（日経21年 4 月 8 日電子版（21年 6 月 6 日更新）と報じられる。

## 10　抗原検査キットの活用を

窪田順生（ノンフィクションライター）「ワクチンだけじゃない！日本で『抗原検査キット』の活用が遅れる呆れた理由」（ダイヤモンド・オンライン21年 6 月10日電子版）は次の説明をする。

尾身分科会会長は，増加の兆しがでてきた変異株の監視対策の一環として，安価な抗原検査キットを活用して，コロナの症状がないような人でも検査を積極的におこなうべきだと述べたという。この検査によって，無症状の感染者が会社に出勤したり，繁華街を出歩いたりしてクラスターを引き起こすような事態が防げる。欧米ではとっくの昔に「抗原検査キットの活用」は始まっていて，ワクチン同様に日本は周回遅れ。特に欧州では活用どころか，「無料配布」という段階まできている。ゴルフのマスターズやテニスの全豪オープンなどに観客を入れているのは，観客は観戦チケットについた無料の抗原検査キットで自分が感染しているか否かを入場前に自分で簡易的にチェックして，陰性だったら入場できるという仕組みだからである。コンサート・観劇・映画館・寄席，職場や学校，飲食店の入口に設置して陰性者だけが入店できるというシステムにすれば，「夜の街クラスター」もかなり防げるはずだ。経済活動も復活する。

精度が問題となるが，諸外国では，ワクチンだけではなく抗原検査キットの活用でイベントなどを再開しているのであれば，緊急事態宣言として，休業要請などをして，経済を破綻させる前に抗原検査キットをなぜ使わないのか。これを妨げているのが，「検査」は医療機関へという厚労省の通達らしい。

山中伸弥教授も，抗体（ウイルスに反応して毒素を中和する物質）検査のメリットを強調している。これはワクチンや治療薬の開発よりも早くでき，コストも安い。病院の現場に入るのは抗体を持っている医療従事者に限れば，院内感染防止ができて，医療崩壊防止に役立つ（山中＝橋下徹「ウイルス vs 日本人」文芸春秋20年 6 月号99頁）。

西村（116頁以下）は，PCR も，抗原検査も，陰性と出たからといって，今感染していないことを証明するものではないが，抗原検査で陰性の人は，少量のウイルスを持っている可能性があるものの，周囲に感染を広げるリスクはそ

の時点ではないと判断されるので，イベントの前に検査して陰性の人だけ入場させるのは理にかなった使い方と評価する。

　ワクチン証明書がなければ入れないところでも，抗原検査キットで無感染を証明すれば入れることとして，ワクチンを接種しない人の差別を防止すべきである。実際，その方向ではあるが。

## 11　有効なコロナ治療薬とそのさらなる開発 ▬▬▬▬
### （1）諸家の見解

　（ア）　本庶（97頁）は，ワクチンは，ウイルスが変異すれば利かなくなるし，副作用があるから，ワクチン開発よりも，治療薬に期待すべきであるという。そして，国産薬として注目されている「アビガン」は抗インフルエンザ薬としてすでに承認されていて，どういう人に副作用があるのかもわかっているという。肺炎などを起こす「重症期」には，逆に免疫反応が暴走する「サイトカインストーム」が起きる。「アクテムラ」はそれを抑えるのに有効という。

　さらに，現在は，レムデシベル（製品名ベルクリー）という点滴薬がコロナ治療薬として承認された。なお，抗生物質は細菌には効くが，ウイルスには効かない。

> 　●　ただし，アビガンを新型コロナ治療薬として使う治験が難しく，副作用の恐れもあるので，治験中で現在承認されていない（読売報道特集184頁，民間臨時調査会206頁以下，朝日21年5月6日電子版）。ただし，医師が観察研究として患者の同意を得て投与することは認められているが，動物実験で胎児に催奇性があるところから自宅療養での投与は認められていない。しかし，千葉県いずみ市の公立病院で，これに反して11歳と14歳の子どもに自宅で処方していた（読売21年12月8日朝刊34面）。

　（イ）　忽那賢志（国立国際医療センター国際感染症対策室医長）「重症化を防ぐ『治療法』がわかってきた」（文芸春秋20年11月号236頁以下）によれば，20年2月，ダイヤモンド・プリンセス号から搬送されてきた感染者が重症化していく状況を見て，治療法の確立が急務であった。初期に用いられた「カトレラ」という抗HIVには治療効果がなかった。20年5月になって緊急承認された抗ウイルス剤「レムデシベル」が中等症や重症の患者に有効であった。これはウイルスの増殖を抑える薬である。

● アメリカの国立衛生研究所も，20年 4 月，その効果を認めている（読売報道特集182頁，民間臨時調査会204頁にも詳しい）。しかし，WHO は，20年10月，レムデシベルには効果がほとんどないという（読売報道特集183頁，332頁）。

　副腎皮質ステロイド薬の「デキサメタゾン」が21年 7 月に追加承認された。これは過剰な炎症を抑える薬である。この 2 つの併用は，このとき治療法として確立している。その結果，100人近くの患者を受け入れ，重症患者の割合が多い国立国際医療センターでも 6 月以降，この原稿執筆時は死者ゼロであるという。ただし，これは発症から 1 週間で効果がなくなるので，早期治療が不可欠である。

　さらに，同センターでは，「回復者血漿療法」の臨床研究を進めている。血漿とは，血液の中から赤血球や白血球，血小板などを取り除いたものである。新型コロナウイルス感染症から回復した人の血漿には，新型コロナの抗体があり，これが患者の治療に役立つ可能性がある。これは感染症の分野では古典的な療法の一つである。かつてスペイン風邪の治療に使われ，最近では重症急性呼吸器症候群（SARS）や中東呼吸器症候群（MERS）などの治療でも試みられている。ちなみに，トランプ前米大統領は新型コロナに感染した際，人の免疫細胞から人工的に作ったモノクローナル抗体を治療薬として使用した。原理は血漿療法と同じだが，多額の費用がかかるのがネックということである。

　血漿療法は回復者から採取後すぐ使用でき，コスト面でも優位で，アメリカでは承認済みで，臨床試験が各国で行われている。同センターは，新型コロナからの回復者に血漿の提供を呼びかけている。変異株からの回復者の血漿は，同じ変異株の患者に効果がある可能性があり，まん延する変異株の治療法としても期待がかかる。しかし，有効性の評価は分かれる。理由について，同センターの代表研究者，忽那賢志医師は「重症患者が対象の研究では効果が出なかった。重症患者は体内でウイルス増殖がすでに終わり，過剰な免疫反応が起きた状態で，血漿を投与しても遅い」と説明。主に軽症者の重症化を防ぐ治療として可能性を探っているという（東京新聞21年 5 月 2 日電子版）。

　この療法の早期承認・普及が期待される。

　（ウ）　ダイヤモンド・プリンセス号の感染者を治療した神奈川県立足柄上病

院医師岩淵敬介（「現場医師の報告　新型肺炎『重症化』の苦しみ」文藝春秋20年
5月号158頁以下）は，ぜんそく治療薬シクレソニド（商品名・オルベスコ）がウ
イルス増殖を阻害する作用があり，重症化した患者が回復したという。

　（エ）　長尾和宏医師（鳥集・94頁以下）は，PCR検査をしなくても，CT（コ
ンピューター断層撮影措置）で肺炎の影があり，コロナの臨床症状があれば，最
初からデキサメタゾンを注射している，これは開業医でもできる早期発見・早
期治療であるという。コロナ病院への入院等を待てない現状では，感染症学者
の声ばかり聞いて，コロナ病床の増設ばかり論じないで，こうした民間医師の
声を聴いて，民間開業医を活用すべきであるということである。

### （2）治療薬の開発支援

　21年6月になって，「治療薬の開発支援，4社7品目に20億円…厚労省が補
助」と報道された（読売　21年6月10日朝刊1面）。

　それを紹介する。これは，軽症段階から使える薬を実用化し，重症化を防ぐ
のが主な狙いである。補助金の対象に選ばれたのは，グラクソ・スミスクライ
ン（GSK），中外製薬，ファイザー，小野薬品工業が開発している7品目。

　これらは，すでに海外で緊急使用が認められていたり，臨床試験が進んでい
たりする薬が多い。日本で承認されるには，日本人が加わった臨床試験で，効
果や安全性を確認することが必要である。厚労省は各社に，臨床試験や承認手
続にかかる費用として最大6億円を補助し，有望な薬を速やかに実用化したい
考えである。

　国内では新型コロナの治療薬として，ウイルスの増殖を抑える薬や，炎症を
抑える薬の3品目が承認されているが，いずれも中等症や重症の患者が対象。
自宅療養中に急死する事例が相次いだことなどから，無症状や軽症段階から使
える薬を望む声が上がっていた。

　軽症者ら向けにGSKが開発する新薬は，ウイルスを攻撃するための抗体を
利用するもので，海外の臨床試験で，軽症者らの重症化や死亡リスクを85%減
らしたとの結果が出た。米国で緊急使用が許可された。

　中外製薬の抗体を使った注射薬は，感染前に使うと，濃厚接触による発症リ
スクを8割抑えるとの臨床試験結果が出ており，予防的にも使えると期待され
ている。軽症者の重症化や死亡のリスクも減らすとして，米国で緊急使用が許
可され，国内で臨床試験が進んでいる。

　ファイザーは主に軽症者向けの飲み薬として抗ウイルス薬を開発。小野薬品

は，慢性すい炎の薬を新型コロナに転用する計画で，国内で臨床試験を実施中
である（引用終わり）。

　そして，経済財政諮問会議の「経済財政運営と改革の基本方針（骨太の方
針）」は「新型コロナウイルス患者の病床不足や医療従事者の確保」をうたう
（読売21年 6 月10日朝刊 1 面）。

　「コロナ治療薬　開発加速　国内各社，ウイルス量減，肺組織修復」（読売21
年 7 月10日朝刊10面）と報じられている。中外製薬の「抗体カクテル療法」が
軽症用の治療薬として21年 7 月に承認され，2021年分は確保したという。50歳
以上や基礎疾患があるなど重症化リスクの高い入院患者が対象である。厚労省
は，イギリス製薬大手グラクソ・スミスクライン（GSK）が申請していた新型
コロナ感染症の治療薬「ソトロビマブ」（商品名・ゼビュディ）を承認する方針
らしい（読売21年 9 月22日朝刊34面）。

　厚労省は，21年11月 5 日に，「抗体カクテル療法」の投与を，発症予防を目
的とすることにも認める適応拡大の特例承認をした。投与の対象は，①患者の
同居家族等の濃厚接触者，又は無症状の感染者，②原則として重症化リスクが
高い人，③ワクチン未接種か，接種の効果が不十分な人の 3 条件のすべてを満
たす人に限定される（読売21年11月 5 日朝刊 2 面，同 6 日朝刊29面）

　東京などは療養施設で投与開始した。発症初期でなければ効果を発揮しない
ため，迅速に投与できる仕組みが欠かせない。軽症者が滞在する宿泊療養施設
で活用しているのはまだ東京都などに限られ，医療機関などと連携した体制作
りが急がれる（日経21年 8 月19日電子版）。

　大阪，京都などは，病院のベッド以外で患者に酸素を投与する「酸素ステー
ション」の設置を急いでいる。入院できない人への対応である（読売21年 8 月
19日朝刊30面）。

　塩野義製薬は，「軽症コロナ飲み薬1000万人分生産　在宅療養対応　国内外
で2022年春までに」と報じられている（日経21年 8 月24日電子版）。

　アメリカの製薬会社メルクが21年10月 1 日，開発中の新型コロナウイルス経
口治療薬（飲み薬）の有効性を確認して，緊急使用許可を申請し，イギリスは
これを世界で初めて承認した（読売21年11月 5 日朝刊 2 面）。日本でも申請さ
れ，21年12月中に特例承認される見込みである（読売21年12月 4 日朝刊 1 面）。

### （3）外国で有効性が実証された治療薬の迅速な承認を

　外国ではすでに使用許可されているのに，日本では独自開発もせず，外国の

医薬品を日本人向けに治験中とは，あまりにも遅い。たしかに，日本人向けに
治験をしないと，外国では想定されない副作用が生ずるリスクがある。しか
し，他方では，薬の開発遅れで犠牲者が出る。このリスクを比較しなければな
らない。前者のリスクは，どの程度なのか，治験を経ずとも，体格の違いなど
で，ある程度想定できるだろう。また，外国の治験では，日系人，アジア人な
ども対象としているのではないか。しかも，日本で，現に新型コロナに感染し
て治療中の多数の人に，この薬を使うグループと偽薬を使うグループに分けて
治験することは至難である。後者は治癒しない可能性が大きくなるから，治験
が進まないのである。後者のリスクについては，他に利用可能な有効な医薬品
があるのかどうか。それがなければ，この新規開発の医薬品に期待せざるを得
ない。

　そうすると，外国で承認されて，現に処方されている医薬品については，そ
の副作用などの情報を常に収集して，国内に情報提供すること，医療現場で
は，他に利用できる医薬品がなければ，注意しつつ，副作用の生じにくい人に
使用すること，その結果を報告することといった条件をつけて，外国で使用承
認されたら，国内の治験を経ずに直ちに国内でも条件付き承認（副作用があれ
ば直ちに使用停止）とすべきではないか。そうすれば，医療崩壊も少しは防げ
たのではないか。

　政府は，緊急時の対応として未承認のワクチンや治療薬を一時的に使用でき
る制度の検討に入った。海外で使用した実績があれば国内の治験が終わってい
なくても使用を認める仕組みを新たに設ける。新型コロナウイルス対応の反省
を踏まえ，将来のパンデミック（世界的大流行）に備えるという（日経21年 4 月
29日電子版）。前記骨太の方針は，ワクチンの特例承認が 2 ， 3 ヶ月かかる現
状からより短期間に承認できる仕組みを検討するとされている。21年12月に
は，22年の国会で特例法案を成立させる方針というが，その理論的根拠は，筆
者は上記のようなものと考える。

# 第3章　全国一斉休校要請の根拠不存在

## 1　安倍首相の突然の休校要請は根拠なき政治決断

　20年2月27日，安倍首相は大規模イベントの自粛や「全国すべての小学校，中学校，高等学校，特別支援学校について，来週3月2日から春休みまで，臨時休業を行うよう」と，突然の全国一斉休校を要請した。これは，首相の政治決断で，「国の責任で全て対応する，それでもやった方がいいと思う」と述べただけのまともな説明なく，春休みの前倒しという荻生田文科省大臣の代案も突っぱねたというのである（東京新聞20年7月21日電子版 https://www.tokyo-np.co.jp/article/43734）。政府から独立した立場で日本の新型コロナウイルス感染症への対応を検証した「新型コロナ対応・民間臨時調査会」の報告書123頁も同様の説明をしている（この報告書については，さらに，黒木138頁以下）。

　そして，荻生田氏は「正しかったか間違っていたかの結論はまだ持っていない」としながらも，「一斉休校を契機にマスクがマストになった。大げさなことをいえば，世界的な感染拡大の防止の一翼を日本国としては先陣を切って果たすことができた」と述べた。

　安倍氏は「難しい判断だった。あのときは二つの理由があった。学校でパニックが起きる，それを防ぐ。もう一つは感染した子どもたちを通じて，おじいちゃん，おばあちゃんが感染するリスクもあった」と振り返っている。

　安倍氏はまた，緊急事態を1ヶ月で脱出するためには「人と人との接触を最低で7割，極力8割削減」が必要として国民に協力を呼びかけた。ただ，この時「私としては8割削減ができればいいけれど，強制力がないので，そこが心配だった」との心情を吐露したという。

　それから全国の知事から自粛要請がなされた。地方自治が保障されているのに，国中がほぼ右へ倣えした異常事態である。ただし，金沢市，島根県は休校としなかった（読売報道特集119頁）。立派な見識である。

## 2　法的根拠の不存在　■■■■■■■

　しかし，これにはあまりにも問題が多すぎる。そもそも，それには法的根拠がなかった（片山29頁，最新の市橋克哉「行政権の転形と法治主義」『転形期における行政と法の支配の省察』（法律文化社，21年）１頁以下も同旨）。日本には，「法の支配」はなく，日本は「法治国家」ではないらしい。国会議員どころか首相にも，立法者であるのに，法感覚が足りない。選挙の立候補者せめて自民党総裁選候補者には，法的感覚検定試験を義務付けたいという気がするくらいである（民間NPOが候補者に質問して結果を公表するのはいかが）。

　また，首相にも知事にも，学校に対して規制する権限はそもそもない。休校するかどうかは学校保健安全法に基づき文科省＝教育委員会＝学校の権限である。市町村長にも権限がない。完全に越権行為である。

　なお，安倍首相に先行して，北海道鈴木知事は独自の緊急事態宣言を発していた。これにも法的根拠はなかった。条例を緊急に制定すべきだった。鈴木知事は住民訴訟で敗訴するかもしれなかった（片山40頁以下）。

## 3　過剰規制　■■■■■■■

　しかも，全国一斉休校は過剰規制であった。学校がクラスターとなったという実態がないまま，「学校でパニックが起きる」として，全国の学校を休校にするのは，感染予防の効果も乏しく，およそ合理的なリスク管理ではない。学校の休校はコロナがまん延する可能性のある地域に限るべきである（特措法32条１項２号でも地域指定する）。舛添144頁も，安倍首相の政策判断は科学的根拠に乏しいと指摘している。専門家会議関係者も，一斉休校は疫学的にほとんど意味がなかったと指摘している（「民間臨時調査会報告書」130頁）。

　首相ともあろう方が，まったく法的無知どころか実態無視で権限を濫用している。

　吉村大阪府知事は，安倍首相の全国一斉休校決断はすごく重い決断を政治判断でされた。実際，国民全体に「コロナ対策を徹底しなければ」という意識が一気に浸透したと評価している（「医療崩壊も想定内だ」文芸春秋20年５月号138頁）。

　しかし，国民に新型コロナ対策を徹底しなければという意識を浸透させるためなら，学校一斉休校という的はずれな方法ではなく，今，新型コロナ危機が目前に迫っていることを科学的事実に基づいて示して，国民に，協力して乗り

越えようと呼びかけ，その手段をきちんと明示すべきである。そして，政府として
してなすべき施策を専門家と相談して決めるべきである。筆者なら，本書で何
度も述べるように，水際対策＝入国規制の強化，入国者の行動管理（アプリの
義務化），PCR検査，抗原検査，抗体検査，3密回避徹底行動の呼びかけ，医
療体制の整備などを行う。政治家は，勝手な政治判断をするのではなく，真っ
当な政策を作ったうえで，国民に心から熱意をもって呼びかけるべきなのであ
る。吉村知事も，パチンコ店や百貨店をやり玉にあげ，県境移動の自粛を呼び
掛けたりしているので，的外れなのである。

　ただし，吉村知事は，政府の水際対策では明らかにコロナが国内に入ってく
ると直感したが，出入国管理の権限はないので，関空からの入国者にマスクを
配布したり，相談窓口を設置したという。しかし，そこまで気が付いていたの
であれば，国に，入国管理を厳しくしてくれないと，医療崩壊すると強くいっ
てくれたらよかった。権限はなくても，有力者であるから政府を説得できるの
である。

## 4　その後の文部科学省の対応との矛盾

　文科省も，小中高校等へ向けた「新型コロナウイルス対策の衛生管理マニュ
アル」（現在は，21.4.28 Ver.6，21.5.28一部修正）において，それまでは児童生徒
に感染者が出た場合「保健所による濃厚接触者の特定や検査に必要な日数を臨
時休校とする」としていたが，20年12月，これを改定し，感染者は欠席させた
うえで，保健所の見解を踏まえ休校の可否を判断することとした。「特に小学
校及び中学校については，現時点で家庭内感染が大部分であることも踏まえれ
ば，子供の健やかな学びの保障や心身への影響等の観点からも，地域一斉の臨
時休業は避けるべきと考えます。」とする。休校するのは，校内で感染が広
がっている可能性が高い場合で，「家庭内感染ではない感染者が複数」「感染者
が不特定多数とマスクなく近距離で接触」を例示した。換気は，教室の窓側と
廊下側の窓を常時10〜20センチ開けるなどとした（読売20年12月4日朝刊31面）。

## 5　休校は最後の手段

　また，後に述べるが（第6章8），大学では，科目や授業によっては3密を
避けることができるので，学生の登校全面禁止は行き過ぎである。しかし，オ
ンライン授業をしているところが多い。

　小中高校でも，戦後あったように，午前午後の２部授業にして，生徒は席を
１つずつ空けるとか，１日おき登校とか，青空教室で教えるとか，宿題を出し
て，交代で登校させて指導するとか，添削文を郵送するとか，工夫次第では，
遅れを少なくすることができる。各学校が丁寧に検討して判断すべきことであ
る。そのために９月入学に変えるべきだといった議論が急に出るのはますます
無茶苦茶である。

　しかも，学校が休校になった場合，働いている親は，休暇をとれるのか，学
童保育はどうするか，給食はどうなるか，給食業者への補償は，といった問題
も解決されない。学童が自宅にこもれば，教育の機会を奪い，虐待のリスクが
増す危惧があるため，子どもの心身を脅かす。また，友達と遊んだりするの
で，感染のリスクが減るわけではない。

　この全国一斉休校という超法規的愚策を安倍首相に進言したのが経産省出身
の今井尚哉補佐官であったとされる（黒木182頁）。官邸もまともではない（第
13章１）。


## 6　無法国家

　この要請は，何らの法的かつ実質的な根拠もなく，過剰反応であるのに，首
相の要請で国中がほぼ右へ倣えした（同調圧力）ので，日本は無法国家であ
る。諸外国ではおそらく少ないだろう。

　同様のことは，東日本大震災の後，2011年５月７日菅直人首相が中部電力に
浜岡原発の停止を要請したときにも行われた（阿部『大災害対策法制の発想の転
換』（信山社，21年）285頁）。緊急であり，従う法的義務のない要請とはいえ，
このようなことをやっていれば，いつの間にか法治国家は崩壊する。

　実際，その後，第３次，第５次緊急事態宣言下でも，学校は一般的には休校
にしていない。安倍首相の判断は明白に誤りであったことが実証された。しか
し，反省はない。「失敗の反省」がなければ，過ちは繰り返す。

　その後も，公園までの閉鎖，３密対策を講じている店にも時短・休業要請，
何の心配のない百貨店にも「人流」抑制という理由で休業要請をするという違
法行為が横行している（第６章）のは，この安倍首相の暴走の反省がないため
であろう。

## 7　さらなる無法国家

　緊急事態宣言が発せられる前でも，知事は自粛要請ができるとの解釈が政府の基本的対処方針に書き込まれた。しかし，その根拠となる特措法24条 9 項は，「都道府県対策本部長は，当該都道府県の区域に係る新型インフルエンザ等対策を的確かつ迅速に実施するため必要があると認めるときは，公私の団体又は個人に対し，その区域に係る新型インフルエンザ等対策の実施に関し必要な協力の要請をすることができる。」ときわめて抽象的に規定されているだけなので，都道府県知事は，医師会や大学，ボランティアなどに協力を求めることができるという趣旨にとどまり，同法45条とは異なり，国民に対して知事が自粛要請をすることができる根拠とすることはできない。大阪府が要請に応じないパチンコ店の店名公表をしたのも，この24条 9 項に基づくもので，違法であった（片山62頁以下。安田理恵「日本の新型コロナウイルス感染症対策からみた国，都道府県および住民の関係」法学セミナー788号（20年 9 月号） 7 頁以下。なお，中原24頁以下は，国からの事務連絡を含めて，法24条 9 項，45条 3 項の運用上の問題点を扱う）。

　21年10月，緊急事態・まん延防止措置が解除されても，段階的にと称して，時短要請は続いた（第 9 章Ⅵ 7 ）。基本的対処方針に記載されているのであるが，それはこの24条 9 項に基づく違法措置である。

# 第4章 コロナ関連法のしくみと 改正の状況

## ◆ Ⅰ 特措法・感染症法のしくみと基本的対処方針

### 1 特 措 法 ━━━

　特措法は，新型インフルエンザ等に関して，その対策の実施に関する計画，その発生時における措置，まん延防止等重点措置，緊急事態措置，国民への行動自粛の要請，営業制限等を定める。もともと，平成25年（2013年）に施行された。

　このうち，まん延防止など重点措置は21年2月の改正による。

### 2 基本的対処方針 ━━━

同法18条に基づく「基本的対処方針」が基本である。

　第18条「政府対策本部は，政府行動計画に基づき，新型インフルエンザ等への基本的な対処の方針（以下「基本的対処方針」という。）を定めるものとする。

　2　基本的対処方針においては，次に掲げる事項を定めるものとする。

　一　新型インフルエンザ等の発生の状況に関する事実

　二　当該新型インフルエンザ等への対処に関する全般的な方針

　三　新型インフルエンザ等対策の実施に関する重要事項

　3　政府対策本部長は，基本的対処方針を定めたときは，直ちに，これを公示してその周知を図らなければならない。

　第3条

　4　地方公共団体は，新型インフルエンザ等が発生したときは，第18条第1項に規定する基本的対処方針に基づき，自らその区域に係る新型インフルエンザ等対策を的確かつ迅速に実施し，及び当該地方公共団体の区域において関係機関が実施する新型インフルエンザ等対策を総合的に推進する責務を有する。

　要するに，政府が新型コロナ対策の全般的な方針を定めるだけで，地方公共団体はそれに基づく対策を実施する。全般的な方針という訳の分からないもの（法律でも政省令でもない。地方公共団体への法的拘束力はない）が実際には全国を拘束している。そして，本書でさんざん批判する新型コロナ対策の不合理さ，違憲違法性はこの基本的対処方針に由来する。この方針の策定にあたって，真っ当な法政策が必要である。

## 3　感染症法

　従来，伝染病等対策の法律としては，伝染病予防法，性病予防法，後天性免疫不全症候群の予防に関する法律（いわゆるエイズ予防法）があったが，1998年に廃止され，代わりに，感染症法が制定された。もともとは，緊急である，危険であるとして，社会防衛のための取締りという，いわゆる警察国家的発想に立ち，患者の人権への配慮がたりず，例えば，直ちに（命令を経ることなく）病院に入院させるいわゆる即時強制の制度が置かれていた。しかし，人権侵害の恐れが大きいとして，エイズ予防法では，即時強制の制度を廃止し，健康診断の勧告，命令制度，命令違反への処罰の制度をおいた。

　感染症法前文は，過去にハンセン病，エイズなどの患者に対するいわれのない差別・偏見が存在したという事実を重く受け止めて，患者の人権を尊重し，良質かつ適切な医療を提供することを宣言する。ハンセン病問題の解決の促進に関する法律（平成20年）前文も同様である（以上につき，手嶋豊「感染症対策と医事法学」法律時報93巻3号57頁以下，磯部哲「感染症法・特措法の仕組みに関する医事行政法的考察」法律時報93巻3号61頁以下，岡田行雄「あるべき新型コロナウイルス感染症対策（1）～（4）患者と医療従事者の人権保障を中心に」文化連情報（1～518号）211年2～5月号参照）。

　同法は2003年重症急性呼吸器症候群（SARS），06年と13年の鳥インフルエンザ，14年の中東呼吸器症候群（MERS）に適用され，今回の新型コロナウイルスに適用されている。

　同法17条は1・2・3類，新型インフルエンザ等感染症の患者について健康診断の勧告と強制，19条・26条では1・2類，新型インフルエンザ等感染症の患者について入院勧告と強制入院制度を置き，処罰規定を置いていなかった。ただし，21年改正で入院拒否と逃亡には過料を科すことになった（後述）。

## ◆　II　20年3月の改正

### I　感染症法，特措法の改正 ▬▬▬▬▬

（1）　新型コロナを感染症関連法制の対象とするためには，法改正が必要であった。なお，諸外国でも法律を整備していることは，冒頭に記載した諸外国の法制度に関する文献に丁寧に記載されている。

（2）　関係する法律には特措法と感染症法，検疫法がある。感染症法6条9項は，「新感染症」には同法の適用を認めている。しかし，これは「新」といっているだけあって，未知の感染症であるが，すでに原因が新型コロナウイルスと判明した以上未知のものではないという解釈により，「新感染症」に関する規定は適用されないとされた。

感染症法6条8項では，すでに知られている感染症について「指定感染症」として政令で指定する方法を用意している。そこで，新型コロナウイルス感染症を指定感染症として定める等の政令（令和2年政令第11号，令和2年1月31日施行）が制定され，感染症法が適用されることになった。

そして，20年3月になって，特措法附則1条の2で，新型コロナウイルス感染症を感染症法6条7項で定める新型インフルエンザ等とみなすこととなった。そして，このことは感染症法6条7項3号に明示された。また，21年の後述の法改正で，このことは特措法2条1号の定義規定に入れられた。こうして，新型コロナ対策は感染症法に加えて，特措法の適用があることになった。

感染症法6条は罹患した場合の危険度の高い順に5段階に分けているが，新型コロナは上から2番目の2類相当とされた（上記政令）。これにより入院勧告（1920，26条）や就業制限（18条）を行うことができるようになった（この法律のややこしい適用関係については，太田匡彦「新型コロナウイルス感染症にテストされる感染症法（上）」法律時報92巻9号85頁以下）。これまで指定感染症となったSARS（重症急性呼吸器症候群）やMERS（中東呼吸器症候群），鳥インフルエンザのH5N1，H7N9はいずれも2類となっている。しかし，20年夏になり，無症状や軽症の感染者が増えた。これらも入院して医療機関の病床を圧迫しているとして，新型コロナの指定を，季節性インフルエンザの5類に変更するかどうかの議論が出た（読売20年8月26日朝刊3面，「指定感染症」負担に，厳格措置見直し議論。鳥集40頁以下，89頁以下，森田洋之，長尾和宏，木村62

頁も5類に指定せよという）。和田19頁も，新型コロナはインフルエンザ並みに怖いという。

21年改正法（感染症法44条の3）の自宅療養への協力要請はこれを踏まえたものであろう。基本的対処方針44頁は，「重症者や重症化リスクのある者に医療資源の重点をシフトする観点から，令和2年10月14日の新型コロナウイルス感染症を指定感染症として定める等の政令（令和2年政令第11号）の改正（令和2年10月24日施行）により，高齢者や基礎疾患のある者等入院勧告・措置の対象の明確化を行っており，改正法の施行により，この取扱いが法定化された。」という。

（3）検疫法では，新型コロナウイルス感染症を同法34条の感染症と指定する道があり，安倍政権は，20年2月に，その指定により，検疫法15，16条の隔離，停留を行うことができることとした。さらに，感染症の病原体を保有している者であって当該感染症の症状を呈していない者についても，同法を適用する（2条の2第3項）。これらの法改正の趣旨について，厚生労働省健康局長通知（健発0203第2号令和3年2月3日）が発せられている（https://www.mhlw.go.jp/content/000733827.pdf）。

（4）そして，緊急事態宣言は，特措法32条に基づいて行うことができることになった。

## 2 新型インフルエンザ等緊急事態宣言等

### （1）緊急事態宣言の要件を満たすか

第32条：「政府対策本部長は，新型インフルエンザ等（国民の生命及び健康に著しく重大な被害を与えるおそれがあるものとして政令で定める要件に該当するものに限る……）が国内で発生し，その全国的かつ急速なまん延により国民生活及び国民経済に甚大な影響を及ぼし，又はそのおそれがあるものとして政令で定める要件に該当する事態（以下「新型インフルエンザ等緊急事態」という。）が発生したと認めるときは，新型インフルエンザ等緊急事態が発生した旨及び次に掲げる事項の公示（……「新型インフルエンザ等緊急事態宣言」という。）をし，並びにその旨及び当該事項を国会に報告するものとする。

一 新型インフルエンザ等緊急事態措置を実施すべき期間

二 新型インフルエンザ等緊急事態措置（第46条の規定による措置を除く。）を実施すべき区域

三　新型インフルエンザ等緊急事態の概要

2　前項第1号に掲げる期間は，2年を超えてはならない。

ここで，政令で定める要件は，施行令第6条である。

「法第32条第1項の新型インフルエンザ等緊急事態についての政令で定める要件は，都道府県における感染症患者等の発生の状況，感染症患者等のうち新型インフルエンザ等に感染し，又は感染したおそれがある経路が特定できない者の発生の状況その他の新型インフルエンザ等の発生の状況を踏まえ，一の都道府県の区域を越えて新型インフルエンザ等の感染が拡大し，又はまん延していると認められる場合であって，当該感染の拡大又はまん延により医療の提供に支障が生じている都道府県があると認められるときに該当することとする。」

20年4月7日に首相は緊急事態宣言を発した。その後も，第2次（20年5月），第3次（21年5月），第4次（21年7月）が発せられた。

しかし，この要件を満たしていたのか。第3次の21年4月には大阪で（第9章Ⅲ），第4次の21年7月では東京で，医療提供体制がひっ迫していたが，それ以外は，深刻な都道府県はほとんどなかったのではないか。もっと厳格に判断されるべきだと思う。また，医療提供体制に支障がある都道府県があれば，他の都道府県でも，緊急事態宣言を発するほどなのか。広く投網を掛け過ぎである。

分科会は，21年11月，緊急事態宣言発令の基準は，従前は，新規感染者数などに基づいた4段階のステージであったが，医療のひっ迫度を重視した5段階のレベルに変更する（読売21年11月9日朝刊1面）。しかし，もともと，法律は「医療体制に支障」を基準としていたのであるから，新規感染者数を基準とすることは違法だったのではないか。

法律の要件である，「全国的かつ急速なまん延」，「国民生活及び国民経済に甚大な影響を及ぼし」は果たして満たされていたのか，むしろ，諸外国と比較すれば一桁も二桁も少ない感染者，死者数であり，「超過死亡」はなかったのであるから，「全国的かつ急速なまん延」とはいえず，規制をしなければ経済は正常に運営されたのに，休業要請などを乱発するから，逆に，「国民生活及び国民経済に甚大な影響を及ぼし」たのではないか。法律の適用に誤りがあり，官製不況というべきである。規制が広すぎると思う。

### （2）施設の使用制限などは過大

その権限を行使するのは都道府県知事である。それは特措法45条により，学

校，社会福祉施設（通所又は短期間の入所により利用されるものに限る。），興行場その他の政令で定める多数の者が利用する施設を管理する者又は当該施設を使用して催物を開催する者）に対し，当該施設の使用の制限若しくは停止又は催物の開催の制限若しくは停止その他政令で定める措置を講ずるよう要請することができる。

　そこで，政令を見る。使用の制限等の要請の対象となる施設は，

　第11条　法第45条第2項の政令で定める多数の者が利用する施設は，次のとおりとする。ただし，第3号から第14号までに掲げる施設にあっては，その建築物の床面積の合計が1000平方メートルを超えるものに限る。

一　学校（第3号に掲げるものを除く。）

二　保育所，介護老人保健施設その他これらに類する通所又は短期間の入所により利用される福祉サービス又は保健医療サービスを提供する施設（通所又は短期間の入所の用に供する部分に限る。）

三　学校教育法第1条に規定する大学，同法第124条に規定する専修学校（同法第125条第1項に規定する高等課程を除く。），同法第134条第1項に規定する各種学校その他これらに類する教育施設

四　劇場，観覧場，映画館又は演芸場

五　集会場又は公会堂

六　展示場

七　百貨店，マーケットその他の物品販売業を営む店舗（食品，医薬品，医療機器その他衛生用品，再生医療等製品又は燃料その他生活に欠くことができない物品として厚生労働大臣が定めるものの売場を除く。）

八　ホテル又は旅館（集会の用に供する部分に限る。）

九　体育館，水泳場，ボーリング場その他これらに類する運動施設又は遊技場

十　博物館，美術館又は図書館

十一　キャバレー，ナイトクラブ，ダンスホールその他これらに類する遊興施設

十二　理髪店，質屋，貸衣装屋その他これらに類するサービス業を営む店舗

十三　自動車教習所，学習塾その他これらに類する学習支援業を営む施設

十四　飲食店，喫茶店その他設備を設けて客に飲食をさせる営業が行われる施設（第11号に該当するものを除く。）（21年1月の改正で追加）

十五　第3号から前号までに掲げる施設であって，その建築物の床面積の合計が千平方メートルを超えないもののうち，新型インフルエンザ等緊急事態において，新型インフルエンザ等の発生の状況，動向若しくは原因又は社会状況を踏まえ，新型インフルエンザ等のまん延を防止するため法第45条第2項の規定による要請を行うことが特に必要なものとして厚生労働大臣が定めて公示するもの

2　厚生労働大臣は，前項第15号に掲げる施設を定めようとするときは，あらかじめ，感染症に関する専門的な知識を有する者その他の学識経験者の意見を聴かなければならない。

　要するに，休校・休業・イベントの停止などの要請，さらにはそれを指示して，その事実を公表できるというものである。しかし，本書で繰り返し述べるように，新型コロナ禍の拡大の原因が学校・営業・イベントだという立法事実は必ずしも存在しない。それぞれが感染を生じさせたことがなく，かつ，感染防止策を十分に講じていたら，このような規制をする理由はない。

　飲食店は，もともと対象外であったところ，21年1月の改正で追加されたが，それは床面積1000平方メートルを超えるものに限られていた。しかし，この15号に基づく厚生労働省告示（令和3年2月3日，第35号）で，飲食店は，特措法施行令11条第1項第4号から第6号まで，第9号，第11号及び第14号に掲げる施設であって，「その建築物の床面積の合計が千平方メートルを超えないものとする」として，面積のいかんを問わず規制対象とされた。これは21年（令和3年）2月13日から適用された。

　おかしな法制度である。同じく飲食店で，床面積が1000平方メートルを超えるのは14号で規制されていたのに，それ未満は15号で指定された。それは，「新型インフルエンザ等の発生の状況，動向若しくは原因又は社会状況を踏まえ，新型インフルエンザ等のまん延を防止するため法第45条第2項の規定による要請を行うことが特に必要なもの」という要件に該当するという趣旨であるが，この要件は曖昧過ぎて厚労大臣に過大な裁量権を与えるし，どんな小さな飲食店でも，床面積1000平方メートル以上のイベント会場と同じく，すべて新型コロナ禍拡大の原因であるという立法事実があるのか。しかも，感染防止策を十分に講じても，規制する必要があるのか。そうではないだろうから，この告示は，施行令，さらには，特措法の委任の範囲を超えているのではないか。この論点については，グローバルダイニング訴訟で提出された京都大学曽我部

真裕教授の意見書に詳しい。

## ◆　Ⅲ　特措法・感染症法21年２月の改正

### 1　改正の趣旨

特措法と感染症法は，野党の修正案を踏まえて，21年２月３日に改正案が可決・成立，同月13日に施行された。

緊急事態宣言下にある地域の都道府県知事は，「特措法」や「感染症法」で定められた行政措置を行使する。20年４月に発令された第１次緊急事態宣言下において，この権限行使の主体が曖昧だったり，強制力や実効力を伴う権限が与えられていなかったことで充分な感染拡大防止策がとれなかったとして，自治体側から権限強化を求める声が上がっていたことを踏まえたものである。この改正に伴い，厚生労働省健康局長から令和元年２月３日付け（健発0203第２号）で地方公共団体に通達が発せられた。

改正の概要は次のとおりである。

### 2　特措法の改正

#### （1）法律の適用

新型コロナウイルス感染症を新型インフルエンザ等とし（感染症法６条７項３号），特措法（２条１項，附則２条）も，新型インフルエンザ等感染症を対象とする。これは期限なしなので，前記の指定政令は廃止された。

#### （2）緊急事態宣言制度の改正

改正前は，緊急事態宣言下において，都道府県知事は，一定の施設管理者に要請し，要請に従うように指示し，違反を公表するだけであった。公表には情報提供と制裁の側面があるが，この公表は村八分にして従わせよう，江戸中引き回しして恥さらしにしようというように，違反を広く知らせて，不利益を及ぼして従わせようという制裁的公表というものである（阿部『行政法再入門第２版』信山社，2016年）387頁）。

この指示の法的性質については，処罰はないが，制裁的公表により強制しようとするので，行政指導（取消訴訟は起こせない）ではなく，取消訴訟の対象となる行政処分（行政事件訴訟法３条）と解されるべきである。

ところが，この公表は，制裁というよりも，この店は開いているという逆の

宣伝効果が生ずる（制裁的公表の空振り）ことから，21年2月の特措法改正により廃止され，命令できることとなった（45条3項）。違反への制裁は，修正前の案は50万円以下の過料であったが，修正により30万円以下の過料に処される（79条）。公表は，命令したことを知らせるという意味で残された（45条5項）。

### （3）要請に応じないと命令される無茶

改正条文を引用する。

45条2項　「特定都道府県知事は，新型インフルエンザ等緊急事態において，新型インフルエンザ等のまん延を防止し，国民の生命及び健康を保護し，並びに国民生活及び国民経済の混乱を回避するため必要があると認めるときは，新型インフルエンザ等の潜伏期間及び治癒までの期間並びに発生の状況を考慮して当該特定都道府県知事が定める期間において，学校，社会福祉施設（通所又は短期間の入所により利用されるものに限る。），興行場（興行場法…に規定する興行場をいう。）その他の政令で定める多数の者が利用する施設を管理する者又は当該施設を使用して催物を開催する者…に対し，当該施設の使用の制限若しくは停止又は催物の開催の制限若しくは停止その他政令で定める措置を講ずるよう要請することができる。」

45条3項　「施設管理者等が正当な理由がないのに前項の規定による要請に応じないときは，特定都道府県知事は，新型インフルエンザ等のまん延を防止し，国民の生命及び健康を保護し，並びに国民生活及び国民経済の混乱を回避するため特に必要があると認めるときに限り，当該施設管理者等に対し，当該要請に係る措置を講ずべきことを命ずることができる。」

これは奇妙な法システムである。第2項の要請は行政指導であるのに，これに応じないことに正当な理由がなければ，命令を出せるというものであるが，行政指導に従うかどうかは任意であるから，それに応じないことに正当な理由がないということはあり得ない。行政指導に従わないと命令を出せるのでは行政手続法32条2項違反の制度である。

ただ，この条文は要請に従わなかったら即命令を発することができるというものではなく，要請に従わなかった者に対して「特に必要がある」ときに命令を発することができるとして，「特に」という要件がついている。しかし，それでは，要請に従わなかったが，どんな場合に命令を発することができるのか。「特に必要」というだけでは一方的かつ曖昧過ぎて，都道府県知事に過大

な裁量権を与えるので，営業の自由を制限する根拠としては不十分であるから，違憲の規定ともいえるが，少なくとも，必要最小限に限定しなければならない。そこで，グローバルダイニング訴訟では，20時以降の原告の飲食店の営業禁止は，感染防止のために必要不可欠か，20時以降の営業禁止をしないと感染が相当に拡大するのか，より制限的ではない他の手段は存在しないことを被告の都は証明しなければならないのである。

### （4）「正当な理由」なき命令

次に，「正当な理由」は，法令用語として，もともと違法性を表すために用いられている，「ゆえなく」「みだりに」と同様の意味を持つ。最近では，「ゆえなく」「みだりに」が漢語調でわかりにくいと考えられるためか，これに代えて，「正当な理由がなくて」とか「正当な理由がないのに」が用いられることが多くなったという（田島信威『最新　法令用語の基礎知識【第3版】』（ぎょうせい，平成17年）62〜64頁）。

令和3年2月12日付内閣官房新型コロナウイルス感染症対策推進室長「事務連絡」では，経営状況を理由に要請に応じないことや，感染防止対策を講じていることは「正当な理由」にならないとしている。グローバルダイニング訴訟における被告の都はこれを根拠としている。しかし，これは驚くべき解釈である。

これは，飲食店経営が当然に感染症を拡大して，社会公共への重大な障害を生ずるので，営業してはならないという財産権内在的制約があるという前提に立たなければ成り立たないが，それでは，そもそも感染防止対策をとったかどうかを論ずることなく，経営がいかに苦境に陥っても，営業する「正当な理由」がない（つまりは，営業は違法である）ということになる。では，どうすればよいのか。これは害悪を発生させることがない事業経営を破綻させても構わないというもので，営業の自由に対する過大な規制であって，「正当な理由」のない違憲の解釈である。あるいは，本件命令を発するに際し原告の経営への打撃を考慮しないことは考慮すべきことを考慮しない違法であるから，裁量濫用である。

これに対して，飲食店からは感染拡大することがある，感染防止対策をとっても万全ではないという反論があろうが，万全でなければ禁止するというのは，およそ比例原則に反する，新型コロナ感染防止だけを見る視野狭窄症なり新型コロナ一神教の考え方である。世の中，低いリスクには，それ以上のベネ

フィットがあるため，リスクと共存して，リスクマネジメントをしながら，対応しながら生活している。

　しかも，これまでは，新型コロナによる超過死亡（後記）はなかったから，新型コロナだけを恐れるべきではない。

　現に，「感染リスクが高まる5つの場面と感染リスクを下げながら会食を楽しむ工夫」（20年10月23日分科会提言）では，①飲酒を伴う懇親会，②大人数や深夜に及ぶ飲食，③大人数やマスクなしでの会話，④狭い空間での共同生活，⑤居場所の切り替わりなどを指摘している。これは，新型インフルエンザ等対策有識者会議基本的対処方針等諮問委員会（第9回）（21年1月7日）に付された令和2年3月28日新型コロナウイルス感染症対策の基本的対処方針に倣っているものである。

　そして，分科会は，飲酒するのであれば，①少人数・短時間で，②なるべく普段一緒にいる人と，③深酒・はしご酒は控え，適量な酒量で，会食するときはなるべくマスク着用，お店はガイドライン順守がまとめられた。

　そうすると，酒の提供を伴う飲食店に対しても，このようなルール（懇親会，大人数や深夜に及ぶ飲酒をしないこと）の順守を求めれば済むのであって，数人での2時間程度の軽い飲酒を伴う飲食などまで含めて，一律に20時以降の営業禁止をすることは，分科会でも適切とは考えていなかったはずである。一律に20時以降の営業を控えることを求める「正当な理由」はなかったのである。

　こうして，そもそも，要請自体に「正当な理由」がないのであるから，これに従わないことには「正当な理由」があるのである。都は要請という行政指導をしているが，「正当な理由」のない行政指導をする行政機関に対しては，憲法原理，特措法の解釈原理を踏まえた対応をするように，指導したいと思う。

### （5）まん延防止等重点措置の新設

　これまでの緊急事態宣言（32条）のほかに，「まん延防止等重点措置」を創設し（31条の4以下），都道府県知事は，政令で定める事項を勘案し，一定の業種に対し，営業時間の変更（いわゆる時短）その他政令で定める措置を講ずるように要請することができ，応じない業者に命令を発することができる（31条の6）とした。この違反への制裁は，修正前は30万円以下の過料であったが，修正により20万円以下の過料となった（80条第1号）。

　ここで，31条の6第1項には2回政令がでてくる。

　勘案すべき政令で定める事項とは，「業態ごとの感染症患者等の数，感染症
患者等のうち同一の事実に起因して感染した者の数その他の感染症患者等の発
生の状況又は新型インフルエンザ等の発生の動向若しくは原因とする。」（特措
法施行令第5条の4）。

　重点区域におけるまん延の防止のために必要な措置は，法45条2項に基づく
施行令12条（第1章2で掲載）と同じである（施行令第5条の5）。

### （6）立入り検査

　立入り検査の拒否など（72条1，2項）については，まん延防止等重点措置
（31条の6第3項）も緊急事態（45条3項）でも，ともに違反には20万円以下の
過料が科される（80条2項）。

### （7）事業者支援その他

　さらに，国及び地方公共団体は，事業者に対する支援に必要な財政上の措置
（63条の2第1項），医療機関及び医療関係者に対する支援等を講ずる（63条の2
第2項）ものとする。

　国は，地方公共団体の施策を支援するために必要な財政上の措置を講ずるも
のとする（69条）。これは地方創生臨時交付金の根拠であろう。事業者への協
力金などはこれを財源に支給されている。

　差別の防止に係る国及び地方公共団体の責務規定を設ける（13条）。

　新型インフルエンザ等対策推進会議を内閣に置くこととする（70条の2以下）。

## 3　感染症法及び検疫法の一部改正 ■

　新型コロナウイルス感染症を感染症法において新型インフルエンザ等感染症
と位置付けた（6条7項）。

　国や地方自治体間の情報連携（3条2項）。

　新型インフルエンザ等感染症・新感染症のうち厚生労働大臣が定めるものに
ついて，宿泊療養・自宅療養の協力要請規定を新設した（44条の3）。

　新型インフルエンザ等感染症・新感染症のうち厚生労働大臣が定めるもの
（感染症法施行規則23条の6）について，入院勧告・措置の対象を限定すること
を明示する（26条2項）。

　入院措置に応じない場合又は入院先から逃げた場合には50万円以下の過料を
科する（80条）。

　検疫所から通知を受けた（15条2，3項）新型インフルエンザ等感染症の患

者等が質問に対して正当な理由がなく答弁をせず，若しくは虚偽の答弁をし，又は正当な理由がなく調査を拒み，妨げ若しくは忌避した場合に50万円以下の過料を科する（77条3号）。

　感染症の患者が質問，調査に正当な理由なく応じないときは，これに応ずべきことを命じる（15条8項）。これには30万円以下の過料が科される（81条）。

　緊急時，医療関係者・検査機関に協力を求めることができ，正当な理由なく応じなかったときは勧告，公表できることを規定する（16条の2）。

　また，検疫法上（16条の2）も，宿泊療養・自宅待機その他の感染防止に必要な協力要請を規定した。

## 4　修正経過・論点

### （1）修正状況

　政府は当初，特措法・感染症改正案に刑事罰を盛り込んだが，野党の反対で，撤回し，前科のつかない過料となった。国会審議前に修正作業が具体化するのは異例とのことである。しかも，他の法令では罰金としている法体系を崩す点も異例である。

　感染者が入院に応じなかったり，入院先から逃げた場合，政府案は，「刑事罰として，1年以下の懲役または100万円以下の罰金」を科すとしていたが，野党の反対で，前記の通り，50万円以下の過料だけに格下げされた（感染症法80条）。患者が保健所の調査を拒否した場合も50万円以下の罰金を30万円以下の過料に変更された（感染症法15条8項，81条）。休業命令に違反した事業者への過料は，緊急事態宣言中は30万円以下，宣言前のまん延防止等重点措置では20万円に減額した（特措法79条，80条）。

### （2）罰則派

　これについては賛否両論がある。罰則を付けないと，命令に従わない方が得になる不公平を生ずる。時短について協力金の支援があるにもかかわらず応じないなら処罰するのが妥当だ，医療機関から無断で逃げだす例がある。感染拡大防止のためには厳しく取り締まるべきである。刑罰を科するこれまでの他の法令との釣り合いも必要である。

### （3）反対派

　反対者は，刑罰の対象者の範囲は不明確かつ流動的で，不公正・不公平な運用の恐れがある。入院できない事情があることもある。入院したくないから検

査を受けないという人が現れ，かえって感染を広げる。病床がひっ迫しているのに入院拒否を処罰する意味があるのか。差別や偏見を招く可能性があるという。本来行政指導であったのに，違反に過料を科すのは患者の人権尊重と矛盾している。

### （4）過料とは何か

この過料は，軽微な刑罰である科料とは異なり（区別するため，過料はあやまち料，科料はとが料と読む），行政上の秩序罰とされており，非訟事件手続法119条以下により裁判所が科する（宇賀克也『行政法概説Ⅰ第6版』（有斐閣，2017年）250頁以下，阿部『行政法解釈学Ⅰ』（有斐閣，2008年）606頁に詳しい）。一種の行政処分とされ，過料を定める法律は約600件あり，年間10万件ほど裁判所で審理されている。この手続は非公開である。判例は合憲とする（最大決昭和41年12月27日民集20巻10号2279頁）が，学説上は違憲の疑いも示されている（宇賀『前掲書』256頁，須藤陽子『過料と不文の原則』（法律文化社，2018年）159頁以下）。

過料では，刑罰ではないので，逮捕もされないし，前科にもならない（以上の点は，第204回国会衆議院議員階猛の過料に関する令和3年2月1日付質問に対する内閣の令和3年2月8日答弁書 https://www.shugiin.go.jp/internet/itdb_shitsumon.nsf/html/shitsumon/b204023.htm）。

### （5）過料の実効性は？

したがって，過料は，駐車違反の反則金（道交法125条以下）よりも甘い制度で，金を払えば済むから，たいした効果はない。自粛要請と自粛警察による圧力があるだけである。そこで，実際，時短や休業要請に従わない業者が出ている。

しかも，過料は数が増えれば，行政と裁判にとって大きな負担となる。過料を科しても，実際に徴収するのも手間がかかる。反則金なら，払わなければ刑事罰に処するとの威嚇の下で支払いが担保されるので，有効に機能する。しかし，恣意的な運用を防ぐのは至難である。

## 5　阿部の改正案の要点（骨組みだけ）

### （1）政府の責務

政府は，新型コロナは空気により伝播することから，その伝播可能性・防止策を科学的に究明することとし，科学的知見を活用して，感染源・感染拡大の

原因把握に努める。

　政府は，感染者かどうかの判定器具の増産，ワクチンの開発・輸入，感染した者への治療薬の開発に努める，とする。

　重症病床の確保のために，医師会・病院と協議し，必要な支援を行う。自宅療養中の感染者に医師を訪問させる施策を講ずる。

　病院，高齢者施設については，クラスターが発生しないように特段の支援をする。

> 🔵　アメリカ・トランプ大統領は20年3月，民間企業に重要物資の優先的な生産を要求できる「国防生産法」に基づいて，自動車大手ゼネラル・モータース（GE）に対し重症患者に必要な人工呼吸器の製造を命じたという（読売報道特集113頁）。このような法制度も考えられるが，日本では，補助金を交付して，製造を奨励することになるのであろう。

## （2）国民の責務

　国民は，3密対策に留意して，感染しないよう，感染拡大を防止するように努める。密接な会話，密閉空間での宴会・集団でのカラオケなどをしてはならない。認証を受けた店を利用する。

　感染したときは，入院する，質問検査に応ずるといった改正法上の義務のほかに，他人に感染させるような接触をしない義務を課して，違反には刑事罰を科す。これは，分かっていて性病を他人にうつすのと同じく，本来傷害罪であるから，この程度の処罰は許される。兵庫県尼崎市の小学校教師が感染を伏せて発症5日で出勤した事件がある（関西テレビ21年9月1日報道）。懲戒処分にされるであろうが，勤務者以外にも制裁制度が必要である。

## （3）外出自粛から，他人と接触しない屋外空間外出奨励へ

　特措法45条1項は，「生活の維持に必要な場合を除きみだりに当該者の居宅又はこれに相当する場所から外出しないことその他の新型インフルエンザ等の感染の防止に必要な協力を要請することができる。」との規定をおくが，これを「3密（別に定義する）を生ずるなど，感染する，感染させる可能性のある場所へみだりに立ち入らないように要請することができる」と改正し，感染する可能性がほとんどない公園，ゴルフ場，テニスコートなどへの外出，屋外のジョギング，散歩，犬の散歩などは妨げられない（むしろ，奨励される）こと

を明示する。

### （4）営業停止などの要件合理化と違反の厳罰

#### （ア）　禁止するに値する行為だけを対象とせよ

　新型コロナ対策の基本は，3密を防ぐような営業形態・行動形態の実現である。これまでのやり方は違憲違法のオンパレードである（第6章）。そこで，比例原則に反しない合理的なルール（3密回避，ワクチン接種など）を法規制として定め，それを著しく逸脱するならば，その違反には，営業停止命令，さらに，懲役刑の処罰制度をおくべきである。一律に飲食店や百貨店への休業要請をすることは許されない。

　21年8月，過料を無視して営業する飲食店が少なくないので，緊急事態宣言の実効性を失わせている。刑事罰に反対して過料にとどめた野党，これに応じた与党はこのような事態をなぜ予想しなかったのか。

#### （イ）　特措法改正案

　そこで，特措法45条2項「特定都道府県知事は，新型インフルエンザ等緊急事態において，新型インフルエンザ等のまん延を防止し，国民の生命及び健康を保護し，並びに国民生活及び国民経済の混乱を回避するため必要があると認めるときは，……学校，社会福祉施設…興行場…その他の政令で定める多数の者が利用する施設を管理する者又は当該施設を使用して催物を開催する者…に対し，当該施設の使用の制限若しくは停止又は催物の開催の制限若しくは停止その他政令で定める措置を講ずるよう要請することができる。」については，「十分なまん延防止措置を講じていない施設に限り」と付加する。そして，いわゆる3密回避の措置を講じた業者に対しては，伝播可能性が低いものとして，休業要請，時短要請，酒提供禁止等はしないこととする。

　この対象は床面積が1000平方メートルを超える施設とされているが，感染と関係があるのは，施設の規模よりは，密着度と換気であるので，この規模要件は廃止する。

　ただし，行政手続法の弁明手続を踏むとなれば，行政機関も裁判所もパンクするだろう。もっとも，緊急だからとしてこの手続をとらない（行政手続法13条2項1号）ことも許される場合もあろう。

#### （ウ）　罪刑法定主義

　今回の改正法では，刑事罰の適用は見送られ，行政上の秩序罰である過料を科すこととされた。それでも，不利益処分であるから，ずさんに適用してはな

らない。これでは実効性がないので，罰則を適用するよう改正されるかもしれないが，それには罪刑法定主義により，法的に明確で，かつ処罰に値するものでなければならないし，裁判所も検察・警察も崩壊しない範囲でなければならない。20年5月段階のように裁判所まで開廷せず（第6章7）では，処罰は機能しないから，営業停止命令違反はやり放題。そうすると，処罰規定をおくのは相当に悪質で危険性が高いものに絞らざるを得ない。

　よほどの緊急事態となれば，丁寧な基準なしに，手続なしに，とにかく一律に一定の行為を禁止する制度をおくことも許されようが，それでも，権力が暴走しないような歯止めが必要である。

　むしろ，営業停止命令違反には，1日いくらの執行罰（後述）として，実効性のあるものとするほうがよい。

## （5）営 業 支 援

　営業禁止による減収のうち，政令で定める一定程度（破綻せずコロナ禍が終了すれば再生できる程度）の割合を補填する。規制する範囲を上記のように限定すれば国家の財政も助かる。

## （6）ワクチン接種の順位

　特措法第46条2項，「予防接種法第6条第1項の規定による予防接種の対象者を定めるに当たっては，新型インフルエンザ等が国民の生命及び健康に及ぼす影響並びに国民生活及び国民経済に及ぼす長期的な影響を考慮するものとする。」とは意味不明であるが，この後半は，接種対象者の感染リスクと感染した場合の重篤化の程度・他人を感染させる可能性，感染拡大を防止する可能性と必要度，感染拡大の恐れのある地域を基準とすると改正する。これは，前記第2章6で述べた。

## （7）緊急事態発令の要件の修正

　緊急事態宣言の要件である「国民生活及び国民経済に甚大な影響を及ぼし」については，施行令6条で，「法第32条第1項の新型インフルエンザ等緊急事態についての政令で定める要件は，都道府県における感染症患者等の発生の状況，感染症患者等のうち新型インフルエンザ等に感染し，又は感染したおそれがある経路が特定できない者の発生の状況その他の新型インフルエンザ等の発生の状況を踏まえ，一の都道府県の区域を越えて新型インフルエンザ等の感染が拡大し，又はまん延していると認められる場合であって，当該感染の拡大又はまん延により医療の提供に支障が生じている都道府県があると認められると

きに該当することとする」と定めている。筆者は，超過死亡が著しく高いこと，医療体制の整備について，政府及び都道府県のかねての努力にもかかわらず，必要な治療を受けられない者が続出している又はその恐れがあること，ワクチン接種が進まないことといった規定をおくべきであると思う。

### （8）まん延防止重点措置と緊急事態宣言の統一を

#### （ア）　要件の違いの分かりにくさ

21年2月の改正で創設されたまん延防止重点措置は緊急事態よりも軽度の事態に発動されることとされている。しかし，これは意味のある制度なのか。

緊急事態宣言は，「新型インフルエンザ等が国内で発生し，その全国的かつ急速なまん延により国民生活及び国民経済に甚大な影響を及ぼし，又はそのおそれがあるものとして政令で定める要件に該当する事態（以下「新型インフルエンザ等緊急事態」という。）が発生したと認めるとき」に発せられる（32条1項）。

まん延防止重点措置は，「新型インフルエンザ等（国民の生命及び健康に著しく重大な被害を与えるおそれがあるものとして政令で定める要件に該当するものに限る）が国内で発生し，特定の区域において，国民生活及び国民経済に甚大な影響を及ぼすおそれがある当該区域における新型インフルエンザ等のまん延を防止するため，新型インフルエンザ等まん延防止等重点措置を集中的に実施する必要があるものとして政令で定める要件に該当する事態が発生したと認めるときは」（31条の4第1項）である。

この要件の違いは，緊急事態宣言は全国的なもの，まん延防止等重点措置は特定の区域を念頭に置くことがわかるだけで，政令を丁寧に分析しても，それ以上は簡単にはわからない。緊急事態宣言では，休業も求めることができるが，まん延防止重点措置では時短しか求められない。その違いはこの要件からは理解できない。

#### （イ）　市区町村ごとに規制せよ

適用される区域に関しては，まん延防止措置は，時短要請などを当該都道府県知事が定める期間及び区域において行えることが明示されている（31条の6第1項，同法施行令5条の3第2項）。緊急事態における外出自粛も同様である（45条1項）が，興行場などの使用制限（休業要請）についてはこの区域の言葉が外されている（45条2項，さらに，施行令6条参照）。そこで，まん延防止措置による時短は市町村単位にできるが，緊急事態の使用制限は都道府県単位で

行われている。

　しかし，兵庫など，阪神間と内陸，日本海側では全く異なり，北海道も札幌と稚内，礼文島などでは全く異なるのであって，広い都道府県で同じ規制をする必要が認められる科学的な根拠はなく，現状は過大規制であるから，緊急事態宣言下における休業要請も，市区町村単位でできる（むしろ，そうしなければならない）と解すべきである（片山44頁以下も同方向）。

　さらにいえば，都会でも，病院や介護施設などでクラスターが発生しても，それ以外のところで新型コロナに感染するとはかぎらない。感染の多い地域と場所に限って，対象とするべきである。

（ウ）　まん延防止措置でも営業停止をおけ

　できることも，まん延防止重点措置であれば時短だけであるが，同じ都道府県内でもまん延防止の必要があれば，業態に応じ営業停止を命じることができるとすべきである。

　要するに，まん延防止重点措置も緊急事態と一緒にすべきである。

**（9）入国規制の強化**

　入国して3週間は，ホテルまたは自宅にとどめる。その費用は国庫負担とするほか，奨励金を支給する。その行動は携帯などの位置情報で確認し，違反者を処罰する（第1章5）。

**（10）規制手法の工夫**

（ア）　執行罰の導入

　前述の通り，過料は実効性がない。業者を本気で規制するならば，応じなければ一定期間の営業停止処分とし，さらに，日本では現在は例がないが，違反日数に応じて従うまで1日いくらで累積する金銭的制裁（執行罰といわれる。ドイツでは強制金という）を導入すべきである（板垣12頁，阿部『行政法再入門上第2版』384頁）。そして，それでも営業したら，食品衛生法などにより処罰することとすべきであろう。

　しかし，そのためには，時短や休業がコロナ感染防止のために現実に必要であることが科学的に説明できる必要がある（抽象的な可能性では足りない）から，本書の主張（第6章）では，カラオケ，居酒屋やバーならともかく，3密対策を講じて認証を得た普通の飲食店，まして百貨店や映画館に適用することは法的に無理である。

　しかも，命令とか営業停止となれば，行政手続法上弁明の機会を付与しなけ

ればならない。ただ，緊急としてその手続を省略できるかもしれない（行政手続法13条1，2項）。

店舗の一軒一軒に命令を発して，その遵守状況を把握して，執行するのは行政上の負担が重いので，たとえば，カラオケ，バー，居酒屋など業種を具体的に特定して，法律・政令の委任を受けた告示などによりその営業を禁止する方策もあるかもしれない。この場合には，告示について行政手続法38条の定める意見公募手続（パブリック・コメント）を行うことが原則として必要である（板垣4頁）。

（イ）　権力的手法のほかに，補助手法を

現行法は感染者を権力で隔離するという伝統的な手法を緩和して，入院命令違反者とか入院先から逃げた者などには過料を科すこととしている。しかし，無数の人を違反者として過料を科すには，膨大な裁判資源（裁判所ばかりではなく，行政部門）を要する。それでは実効性がない。大部分は見逃し，一罰百戒で処罰するしかない。それは法執行の恣意を生じ，違法である。

どうすればよいか。今の権力システムを温存するならば，駐車違反で活用されている反則金を導入することであるが，前記の通り，恣意的に運用される。

根本的な法システムの改革として，無数の私人に対して過料を科しても，どうせ実効性のないので，むしろ逆に，入院者には奨励金を出す制度を作るべきである。

宿泊療養・自宅療養の協力の点では，感染症法は，コロナを2類に分類しているので，軽症者でもみんな入院しかねないが，それでは医療危機を招くから，危険度に応じた医療資源の適切な配分という観点から行われる（この問題については太田匡彦「『危険』に即した医療等の分配」論究ジュリスト35号37頁以下，大橋洋一「感染予防のための行動制限と補償」論究ジュリスト35号49頁参照）。

そうすると，自宅療養中の者に開業医が頻繁に連絡訪問して，適切な治療をする体制が必要であるが，取り残された（読売21年7月1日朝刊33面）。

私見では，宿泊療養はホテル代を公費負担する，自宅療養でも，スマホで行動履歴をきちんと報告すれば，療養手当を払うようにすれば，協力してもらえるので，感染拡大の行動を防止できるだろう。

（ウ）　給付金は要請・命令に応じた事業者に限定せよ

事業者についても同じである。休業命令・時短命令でも，前記（5），後記第10章Ⅳの営業支援を合わせて行えば効果がある。つまり，コロナの影響で売

上げが減少した事業者に給付する「持続化給付金」の対象から要請に応じない事業者を除く方が簡単に従ってもらえる。事前手続や刑事罰・過料といった面倒なこともない。普通の行政処分とか刑事罰という制度が機能しない代わりに，給付金という制度はきわめて有効である。これを新しい行政手法として提案する。

　ただし，これについても，要請に応じないことに正当な理由があるという事業者に対しては，救済方法を用意しないと法治国家とはいえない。

（エ）　給付金・支援金の法的根拠を作れ

　特措法では，休業の要請・指示などだけが規定され，補償の規定はない（もともと，融資の規定があるだけであった。60条）ので，休業したら食えない，休業と補償はセットだという主張が多い。前記のように，賠償や補償は一般的には認めるべきではないが，新型インフルエンザ法の中に支援制度を規定しておけば，ある程度安心してもらえる。そこで，筆者は，予算の範囲内で，要請に応じて休業した者に給付金を支給するとの規定をおけばよいと提言していた。21年改正特措法63条の2で，事業者支援の規定がおかれた。

　ただ，これは国・地方公共団体の努力義務の規定であって，具体的な金銭支給の根拠法ではない。給付金は一般に予算措置で支給されており（第5章3の特別定額給付金もその例），その法的性格は国家からの贈与であるとされている。持続化給付金や家賃支援給付金については政令の根拠がおかれているが，それも，事業者に対する規定ではない。

　そうすると，給付拒否はいわゆる行政処分ではなく，その取消・義務付け訴訟は提起できないこととされかねない。しかし，給付要件に該当するのに支給されないとか給付の基準が不合理であれば裁判で争えるようにするのが法治国家である。立法論としては，給付金を行政処分とする規定をおいて裁判を可能にすべきである。もっとも，贈与であっても，サンタクロースや大金持ちの貧者に対する支援ではなく，国家が税金を原資とするものであるから，給付基準に適合しているのに支給されなければ平等原則に違反するし，給付基準が不合理であれば，不合理な配分基準であり，合理的な配分基準に基づいて配分を受ける権利を侵害するとして，支給を求める権利があると解釈して，救済すべきである（阿部『処分性・原告適格・訴えの利益の消滅』（信山社，21年）31～34頁）。

　ただし，裁判を起こされないように，合理的な基準を作るべきである。

## （11）救済方法の工夫：行政指導・政府の圧力

### （ア）　行政指導から法的ルールへ

　20年第1次緊急事態宣言の時は，首相や県知事の要請は，法律には基づくものでも，違反に対する制裁がないので，行政指導であった。しかし，なぜか大部分の国民は過剰に従ってしまう。いわゆるソフトローであるが，厳しい命令とか処罰よりも有効である。そして，日本の人口比での死者数は各国と比べて極端に少ない。ジャパン・ミラクル，諸外国からは信じがたいとの評価もなされている。日本のやりかたも，もう少しきめ細かくやれば，決して不合理な法制度ではないかもしれない。

　しかし，行政指導では従わなかった者が得するのでかえって不公平である。また，ルールはおおざっぱすぎて，過剰自粛が起きる。自粛期間中だからと，麻雀まで非難された事件が起きた（黒川東京高検検事長事件）。これが景気悪化の主因であり，官製不況というべきである。筆者が業者なら，過剰規制であるから従わないで開店しようと思う（もっとも，協力金がたくさん出るから閉店する）。しかし，私人が自粛しない業者を妨害する自粛警察まで横行して，気を付けて開業しようにも妨害される。

　21年10月緊急事態宣言・まん延防止重点措置が終了しても，段階的規制緩和と称して，幅広く自主規制を求めている（第9章7）。しかし，これは自粛警察や同調圧力に期待するもので，法治国家のあるべき姿ではない。

　前記のように，密集を生じないように合理的なルール（規制する地域を限定し，人数制限の上，3密対策の下で営業させる）を法定して，規制を必要な範囲内に抑えることによって，みんなに納得させて，遵守させるのが本筋である。

　これについては，正面から営業禁止制度をおき，命令前に弁明手続などの行政手続をおくべきだという行政法学者の正論が早くから提起されている（板垣4頁）。

　21年法改正で，休業・時短要請は命令とされ，違反には過料が科されることになった。しかし，コロナを感染させない業者までが対象となっているので，業者は疲弊し，一部は過料が科されても従わない状況になっている。

### （イ）　行政指導に応じた者の支援

　20年第1次緊急事態宣言下で行われたのは，指示といっても，行政指導であった（当時命令制度はなかった）。これは，任意の協力を求めるので，応じたのも任意であり補償不要という議論はありうる。しかし，事実上強制されてい

る現状では，不適切である。むしろ，国民の義務を履行するために指導に応じた者に対しては，自らにコロナを惹起した責任がない以上は，相応の支援をするのが公平であるし，指導の実効性を確保するためにも必要である。

（ウ）　政府の圧力の違法

ところが，西村康稔経済再生担当大臣は，酒類の提供禁止を拒む飲食店に取引先の金融機関から働きかけてもらうと，真逆の発言をした。これは批判を浴びて，撤回した（TBSニュース21年7月10日電子版）。

これまた，法律の根拠ないどころか，独禁法で禁止されている優越的地位の濫用を促す違法な働きかけで，ますます無法国家である。

内閣官房新型コロナウイルス感染症対策推進室と国税庁酒税課が令和3年7月8日に，酒類業中央団体連絡協議会に対し，「酒類の提供停止を伴う休業要請等に応じない飲食店との取引停止について（依頼)」と通達した。分科会の判断による。菅首相も小池知事も賛同したか，異論を唱えなかったらしい。

これも批判を浴びて，撤回された。大阪府はこの事務連絡に従ったが，撤回した。

犯罪人に武器を供給するなという指導であれば社会的正当性もあろうが，休業要請に従わなくても，制裁は命令とその違反に対する行政上の秩序罰である過料であって，刑事罰ではない。それに対して，糧道を絶とうという手法は，大変な権力濫用である。しかも，休業要請が適法であると確定したわけではないのに，それを順守させるのはなおさらである。休業要請を守らせたければ，前記のように，酒類の提供が新型コロナの感染を拡大する蓋然性があると立証された業態の業者に限って命令を出し，それに対して営業停止を命ずるのが法治国家であるが，この正道が踏みにじられている。飲食店は，このようなイロハを理解していない政府の言うことはきいておれないと，反乱を起こすかもしれない。そこから，新型コロナ対策が失敗する可能性も少なくない。

なお，20年7月ごろは，都の警視庁が風営法に基づき夜の街に立ち入ったが，風営法は感染症とは関係のない法律なので，権限濫用であった。

## ◆　Ⅳ　憲法改正による緊急事態条項は不要・不適切

### Ⅰ　強力な私権制限は？

緊急事態では大幅な私権制限が必要だ，外出制限などを罰則付きの法律で規

定するべきで，さらには，都市閉鎖（ロックダウン）なども必要だ，諸外国の
憲法には緊急事態条項がある（諸外国の状況については，大林79頁以下に詳しい）
という議論がなされている。自民党の茂木幹事長もこの方針である（21年11
月）。

## 2　現行の憲法下でも十分な規制が可能

　しかし，現行憲法の下でも，本当に必要な範囲では人権制限はできることで
あり，憲法改正は不要である。現行特措法でも，内閣は，国会が開催されない
ときは，金銭債務の支払いの延期などについて緊急政令を発することができる
（58条），学校・集会場などの使用制限などの要請・命令ができ（45条），土地・
建物も，同意なく使用でき（49条），医薬品なども売渡しを要請，さらに収用
することができ（55条1，2項），医薬品は生産・販売業者などに保管命令を発
することができる（55条3項）。感染症法では，患者から検体を強制採取でき
（16条の3），健康診断を受けさせ（17条），強制入院（19条，行政法学では直接強
制という），患者の就業禁止（18条）などの制度がある。違反には処罰規定があ
る。
　これで不十分なら，法律で規定すればよい。なぜ，家賃支払い延期の徳政令
的法律を発しないのか。むしろ，法律をきめ細かく整備することを優先すべき
である。たとえば，前記のように，入国者・感染者に2週間さらには治癒する
までのホテル隔離と位置情報の提供義務付けは，新型コロナ対策において緊要
であり，人権の基本を制限しないので，憲法違反にならないというのが私見で
ある。

## 3　ロックダウンは警察国家でなければ執行が困難

　さらに，外出制限，店舗閉鎖，交通遮断を行い，違反を厳しく処罰すべきだ
というのであろうか。そうした権力的な手法は，武漢から始まり，多くの国で
はやっている。それは死者が一桁，二桁も多い国ならやむなしかもしれない。
しかし，日本の現状では，医療ひっ迫はあったが，上記のような措置を執る必
要もないうえに，必要のある外出かどうか，生活必需品の販売かどうか，卸売
店は生活必需品の輸送かどうかの判断基準も不明確である。交通遮断では，親
の死に目に会いたい人も，医者に行きたい人もお手上げ。これでは，恣意的な
法執行を招き，戦争中のオイコラ警察の時代に戻るものであり（シンガポール

の例について，田岡絵理子「『きれいな国』にある社会の溝」法律時報92巻10号101
頁以下，イギリスの例について，西貝小名都「トリヴィアルな自由」法学セミナー
21年7月号31頁など），さらに，無数の違反者がいれば，法の執行（警察の逮
捕，起訴，裁判）も至難である。したがって，合法的に行うのは無理である。
あえて言えば，どうしても，徹底的に規制する必要が生じた場合には，駐車違
反のように，現場で反則金を科すことを提案する（第4章Ⅲ4（5））。そうす
れば，法の執行は容易になるが，その代わり，法の執行は無茶苦茶濫用され
る。

　国民民主党の玉木代表は，21年8月17日衆議院議院運営委員会で「特措法を
改正し，個人への外出禁止命令を十分な経済的補償とセットで導入すべきだと
主張した」が，菅首相は応じていない（読売21年8月19日朝刊2面）。しかし，
上記の問題があるほか，個人の外出禁止による損失をどのように算定するの
か，人により損失は大きく違うから，その正確な算定は不可能である。役人も
外出禁止では，その補償額を算定する人もいないし，取り締まる警察官も外出
できなければ取り締まりようはなく，泥棒の天国となるだろう。あとで，訴訟
が頻発すれば裁判所は破綻する。また，国家活動を停止して，全国民に補償す
る財源があるわけはないだろう。

　それよりは，首相がもっとまともに国民に呼びかけるべきである。筆者の行
政法学的用語でいえば，権力手法ではなく，その前に，情報提供・啓発手法が
活用されるべきである。安倍首相の全国一斉休校要請（第3章）といった，コ
ロナ対策上も法律上も何の根拠のない要請にもほぼすべてが従うという異常な
国であるから，情報提供・啓発手法は相当に有効なはずである。

　なお，ニュージーランドは，21年8月，感染者が1人出ただけで都市封鎖を
導入，期間は市中感染が確認された最大都市オークランドなどが7日間，国の
大部分が3日間となる。近所での軽い運動や生活必需品の買い物などを除き，
原則外出禁止となる（日経21年8月18日電子版）。

　なるほど，感染が拡大してから，都市封鎖，解除を繰り返す諸外国の失敗
（日本でも緊急事態宣言の繰り返し）を見れば，本当の初期に徹底して，新型コ
ロナを絶滅できるのであれば，そのための権利制限は，過大に見えて，結局は
小さいことになる。

　日本では，21年8月，感染急拡大で，医療崩壊の危機に面しているから，過
大規制といわれようと，入国禁止，原則外出禁止・閉店を2週間徹底すべきで

あったかもしれない。しかし，21年8月段階では，長引く休業要請と緊急事態宣言で，国民は疲れ切っており，「命を守る行動を」という呼びかけに従わなくなっているし，2週間国家活動を最小限にする経済的な不利益も膨大である。ただし，その後，感染拡大はなぜか沈静化した。

## 4　権力濫用の危険

今でも，緊急事態宣言をする前から，全国一斉休校要請など無茶苦茶であり，病床を整備しないで，病床逼迫だとして，多数の在宅患者を死なせ，多くの商売を破綻させている。憲法に緊急事態条項を入れれば，外出制限，交通遮断，店舗閉鎖，都市遮断（ロックダウン）などについて，先に述べたような配慮をせずに，無茶苦茶に（過大に）行われる可能性が著しく高くなる。権力者は，丁寧な検討をせずにおおざっぱに判断する。「おいこら警察の時代に逆戻りする」。

## 5　国家体制の不備

なお，日本は非常時体制に不備である。田中明彦政策研究大学院大学長は次のように提言する（読売21年5月30日朝刊1面）。PCR検査の実施体制を迅速に強化できなかったこと，ワクチン接種にも長期の時間を要すること，これらはみな国家としての日本の体制不備と能力の欠如を示している，現実的なのは非常時に市場と社会から人材や資源を「動員」する仕組みを作っておくことである。

その通りである。ただし，これは憲法改正ではじめて対応できることではなく，市場と民間が非常事態の需要に応えられる仕組みを作っておくべきだという趣旨であろう。

# 第5章　新型コロナ対策で考慮すべき重要な視点

## I　経済活動停滞を防げ

### （1）経済的死者の増加

　新型コロナによる死者を防ごうとして行われている長期の経済活動の停止は，かえって，国民の資産の喪失，破産，失業等による生活苦で自殺者を増やしている。しかも，それは高齢層とは限らない。生活難の女性には，売春につながるパパ活で生きるしかない者もいることが報じられている（20年12月1日（火）NHKクローズアップ現代“パパ活”の闇，コロナ禍で追い詰められる女性たち）。ノンフィクションライター中村淳彦『女子大生風俗嬢　性とコロナ貧困の告白』（宝島社，21年）には，「学費が払えません！誰にも話せないバイト」という深刻な説明がついている。NHK21年7月16日朝10時は，子どもの自殺とうつ病の急増を報じている。

　「大学生の1割が『うつ状態』になっている」との報告（野村恭子・文芸春秋20年11月号254頁以下）もある。渡辺利夫「不安，恐怖，抑鬱，自殺への対処に心すべし：多くの若者がストレスを抱える時代にコロナ禍をどう生きる？（特集　生と死を考える）」（財界69巻12号，21年6月9日46頁以下）もある。読売報道特集434頁以下も，「心の不調」を明らかにしている。和田著（はしがき）も同様の視点である。コロナ禍，小中学生，不登校最多19万人（読売21年10月14日朝刊1面）。

　コロナ流行下の飲酒による肝疾患・膵炎入院は女性が増加との調査もある（大学ジャーナルオンライン21年7月20日）。

　斎藤太郎（ニッセイ基礎研究所　経済調査部長）（東洋経済21年4月16日電子版）は，「新型コロナへの過剰反応をいつまで続けるのか，感染者や死者が少ない日本で弊害のほうが拡大」と指摘している。西村著には，「飲食店の休業，必要ですか？私たちはいつまで自粛を続けるのですか」という帯がついている。

　「コロナ禍，4.5万の飲食閉店　協力金で支えきれず」店舗の1割と報じられている（日経21年10月17日電子版）。筆者が大学時代に通った新宿の歌声喫茶

「ともしび」は 2 年前もやっていたが，今は新型コロナ禍で経営が悪化したため，一旦閉店して，再開すべく苦慮しているが，損害額は20年 7 月末で4,500万円を超える額になったとのことである。

　21年 1 月に再発令された緊急事態宣言の影響は，20年 4 ～ 5 月の緊急事態宣言時と異なり一部の分野にとどまった。日銀短観21年 3 月調査では，輸出の増加を背景に製造業は大きく改善し，対面型サービス以外の非製造業も多くの業種で改善した。ところが，対面型サービス業（運輸・郵便，宿泊・飲食サービス，対個人サービス）の景況感は悪化した。

　さらに，斎藤太郎（東洋経済20年 3 月25日電子版）は，「経済的な死者」の急増を阻止する対策が必要だと主張している。

　新型コロナ感染症に対する経済対策は，経済活動の収縮による損失を可能なかぎり小さくすることに重点をおくべきである。新型コロナの感染拡大による死者を減らすことができたとしても，経済的な死者をそれ以上に増やしてしまえば，新型コロナとの闘いに負けたことになる。

　ここでいう経済的な死者とは，失業などの経済問題を理由とした自殺者のことである。失業者数と自殺者数，とりわけ経済・生活問題を原因とした自殺者数には強い相関関係がある。

　日本の自殺者数のピークは2003年の 3 万4427人（うち，経済・生活問題を原因とした自殺者は8897人）である。失業者数のピークは2002年の359万人であり，ほぼ時期は一致している。その後はやや減少したものの高止まりが続き，リーマンショック後の2009年にいったん増加したが，2010年以降は雇用情勢の改善に伴う失業者の減少とともに10年連続で減少し，2019年には 2 万169人（うち，経済・生活問題を原因とした自殺者は3395人）と1978年の統計開始以来では最少になった。

　しかし，これから景気は急速に悪化するため，失業者，自殺者が急増するリスクがある。

　仲田泰祐（東大准教授・経済学）は，新型コロナ感染の影響によりこれまで自殺者が約3200人増え，今後 3 年半で2000人増加するとの試算を公表した（読売21年 7 月25日電子版）。

## （2）警察統計

　筆者が調べたところ，警察統計では，現に自殺者は 9 年連続減少していたが，20年は，2019年よりも，750人多い 2 万919人，男性は前年比135人減少の

1万3943人，女性は同885人増加の6976人と大幅に増えたという。

兵庫県内の女性の自殺者は，20年6～12月で203人，前年同期（154人）に比べ49人増えた。特に20代と40～60台が増えた。男性の自殺者には大きな違いはない（読売21年6月27日朝刊29面）。

しかも，新型コロナよりは若者を死に追いやる可能性が高い。この事態を避けるために必要なことは，いうまでもなく企業の倒産を防ぐことである。

したがって，感染源となる可能性が極めて低い百貨店，パチンコ店，映画館，芸術センター，飲食店でも焼き肉，ラーメン，個室，屋外営業，さらに，屋内でも，きちんと感染対策をしている店（認証店）などは，休業要請の対象としてはならないのである。

### （3）オリンピック開催の影響

オリンピックについては，新型コロナ危機の折柄開催に否定的な意見が多かったが，オリンピックがどれだけ感染を拡大するのか，無観客にしなければどれだけ感染・さらに死者が増えるのか，不明であり，開催しないと，オリンピックのために準備・投資した不動産業界，旅行業界，交通業界，民宿業者などが経営危機に陥り，日本発の不動産恐慌が発生して，国の経済がつぶれ，多数の失業者，自殺者を出すのではないかというのが筆者の心配である（補論）。

## 2　「超過死亡」はないことに留意

### （1）「超過死亡」はないこと

また，新型コロナの死者が増えている代わりに，インフルエンザなどの死者は減っており，新型コロナによる「超過死亡」はないという（日経21年3月28日電子版）。

そうすると，新型コロナへの恐怖ばかりで，経済を停滞させる施策は全く合理性がない（鳥集26頁以下も同意見）。視野狭窄症である。むしろ，インフルエンザを撲滅してくれたらしい新型コロナ様様である。

日経の記事を借りる。ここで，超過死亡とは，感染症による死亡だけでなく，他疾患を含めたすべての死亡数が平年に比べて増減したか示す指標。インフルエンザの流行が社会に与えた影響を把握するため開発され，世界保健機関（WHO）が評価指標として推奨している。

超過死亡は，感染症は直接死因になるだけでなく，慢性疾患の患者の状態を悪化させ間接的な死因にもなる。厳しい感染対策で適切な医療を受けられなく

なったり，自殺など感染症以外の死亡が増えたりした影響も評価できる。検査体制が不十分な国での影響も分かり，国際比較の指標になっている。

　新型コロナウイルス対策で初の緊急事態宣言からまもなく１年。欧米では死亡数が平年を上回る「超過死亡」が生じたが，日本は11年ぶりに減少した。20年１年間の死亡数（速報値）が前年より9373人（0.7％）減った。20年10月までの死因別の死亡数によると，最も減少したのは新型コロナ以外の肺炎で前年同期比で２割弱，約１万４千人減った。新型コロナで増加した1673人より減少分が上回った。インフルエンザの死亡数も941人で７割減。手洗いやマスク着用などで感染症が激減した。なお，21年12月16日現在でも，感染者数は172万人台であるが，死者は１万８千人台である。

　新型コロナ対応で受け入れ病院が見つからない救急患者は増えた。だが死亡数では2019年に比べ脳卒中が約3200人，急性心筋梗塞が約1300人減少し，影響は少なかったようである。

## （２）新型コロナ死者の多くは高齢者であること

　国内では新型コロナの死亡数の９割は高齢者で，集団感染は高齢者施設が最多。高齢者施設など，急所を突いた対策への転換が必要である。なお，新型コロナによる致死率は81歳以上の高齢者21％，71歳以上８％という。全死亡者の85％は70歳以上である（黒木77頁）。

　そして，他方では，新型コロナ死者の多くは，インフルエンザや肺炎でどうせそう遠からず亡くなる高齢者が多い。新型コロナは高齢者問題であり，死にそうな人が亡くなっているだけ（鳥集77頁），「子供たちの将来を誰も考えていない」「コロナがなくても近いうちに亡くなる人たちの延命のために，全世代の命を削るのはおかしい」との指摘もある（鳥集81頁，84頁，133頁以下）。要するに，死因がインフルエンザ，肺炎から新型コロナ死に代わっただけであるから，筆者も，もう先が短い高齢者特に寝たきりや認知症の者よりも若者を助けたい。まして，挿管による延命治療のために限られた新型コロナ病床が占拠されて，医療危機を惹起するのは不適切である。

　森田洋之医師「新型コロナワクチンへの妄信と強制が危うい理由」（東洋経済オンライン，21年５月19日）によれば，日本では，お年寄りが毎年12万人肺炎で死んでいる。毎月１万人，１日300人以上です。新型コロナも肺炎の一つです。肺炎の原因が少し上乗せされた。これまでは肺炎で死ぬことを過度に恐れて外出を制限されることもなかったのに，今回の新型コロナだけは，出かける

な，動くなと言われ，家族も会いに来るなと言われる。遊びにも行けず，おいしいものを食べに行くこともできません。コロナ一神教でかごの中に閉じ込められて，免疫力がつくわけがありません。

新型コロナで 1 年半が経過しても 1 万人しか死んでいない。そのように受け入れると，生活がすごく楽になる。全員にそう思えとは言いませんが，そう思う人がいてもいいのではないでしょうかという。

和田26頁以下も，自粛ばかりでは免疫力が付かない，要介護者が増えることを憂える。

筆者は，外出奨励といっている（第 6 章10）。しかも，21年 7 月の状況では，感染者は増加しているが，重症者は増えていない。軽症者には治療薬ができた。

## （3）ただし，若者にもリスク

ただし，インフルエンザは若者にも脳症などの重い後遺症を残すことがある。新型コロナに感染すると，肺炎に罹るほか，血管を傷め，肺の動静脈が血栓で流れにくくなり，酸素交換ができなくなって呼吸困難に陥ることがあるし（岩田140頁），心臓や脳に血栓ができると心筋梗塞・脳梗塞になることがある。肺機能に障害を受けることが少なくない。「体がだるい」「胸が痛い」「息苦しい」「動悸がする」，関節痛，胸痛，咳，痰，味覚障害，口や目の乾燥，鼻炎，結膜充血，味覚障害，頭痛，食欲不振，のどの痛み，めまい，筋肉痛，下痢等様々な症状が見られる（忽那240頁）。それは半年程度でかなり回復すると報じられるが，目下，適切な治療薬は必ずしも存在せず，回復しても，間質性肺炎（肺胞が破壊される国指定の難病，治癒はしない）などの後遺症が残ることがある（ピーター・ピオット『コロナに感染した『ウイルス学者』の悔恨』文芸春秋20年11月号270頁以下。小林弘幸＝末武信宏『最高の体調を引き出す超肺活』（アスコム，21年）104頁）。厚労省の調査では，重症者の半数が退院後 3 ヶ月も息苦しい等の後遺症がある（読売21年 6 月17日朝刊30面）。

新型コロナウイルス感染症の後遺症の実態が，海外の大規模調査から明らかになってきた。米国の調査では，感染時に特に症状が出なかった人でも，約 1 ヶ月後に約 2 割が苦しんでいた。防ぐ方法は特になく，感染防止対策が重要だと報じられている（日経21年 6 月27日電子版）。

若者は完全に回復する，安心だと思うのは間違いである。

> ● 忽那237頁は，20年1月武漢から帰国した患者のCT（コンピューター断層撮影装置）画像には，胸膜の近くに「すりガラス影」と呼ばれる間質影が出ていた。ウイルス感染症の肺炎では見たことのない邪悪な感じのCT所見だったと述べている（間質性肺炎と同じであろう）。

　最近の報道によれば，新型コロナウイルス感染症の診療で，CT画像の活用が進んでいる。PCR検査よりも早く感染の可能性が分かったり，重症度や治療効果の判定に使えたりする。その後押しとなるのが人工知能（AI）や遠隔読影などの診断支援技術だ。画像診断医の不足を補い，コロナと戦う全国の医療現場を支えるという（「コロナ肺炎，AIが『診る』CT画像で専門医並みに」日経21年6月13日電子版）。

### （4）今後の動向は不安だが

　それに，これからは変異株が猛威を振るい，重症者が急増して病床が危機に陥るので，新型コロナによる超過死亡が増えるという可能性も，軽視するわけにはいかなくなるだろう。国立感染症研究所は新型コロナの第5波が広がっていた7月に死亡した人の数が14の道県で平年より多かったという分析結果を発表した（テレ朝news　21年10月21日07:21）。医療危機のため新型コロナ以外の死亡者も増えたためとも分析されている。

## 3　各種給付金の濫発と国家財政の苦境

### （1）濫発給付金

　新型コロナ対策で各種の給付金が創設されたが，適正な支援の範囲を超えて杜撰な支給が目立つ。その結果，国家財政は放漫財政になっている。国家にも金のなる木があるわけではなく，結局は，紙幣を増刷し，いずれインフレと増税が待っているだけである（さらには，ハイパーインフレ，国家破綻）から，過剰な規制による過剰なバラマキを防がなければならない。しかも，ずさんな審査体制のため，不正受給が少なくない（第10章）。

　コロナ危機は1回だけではなく，これからも継続する可能性が高いので，支援もその場しのぎではなく長期的な計画が必要である。このことは第10章Ⅳで扱っている。

　濫発給付として，とりあえず，全国民10万円の給付金とアベノマスクをあげ

よう。

## （2）全国民へ１人10万円特別定額給付金支給政策の愚

### （ア）　公明党のごり押しでできた制度

　コロナ苦境で仕事がないなど，困っている国民を支援する必要がある。自民党の中では困っている世帯に30万円支給案（岸田文雄（当時）政調会長＝現首相案）があった。安倍首相もその方針であり，いったん閣議決定された。しかし，それでは，審査が容易でなく，迅速に行えない，もらえない人も出るからとして，公明党が連立離脱をにおわせて要求した（竹中153頁以下，198頁以下）ので，政府はいったん閣議決定した補正予算案の組み替えまでして，国民みんなにひとり10万円，世帯主にまとめて支給する案を作り，「新型コロナウイルス感染症緊急経済対策」という閣議決定（令和２年４月20日）をして，その予算は20年春の国会において全政党大賛成で可決された。特別定額給付金（https://kyufukin.soumu.go.jp/ja-JP/index.html）である。総額約12兆円にもなる。これには，法的根拠はない。

　閣議決定した予算の組み替えとは異例であるが，20年４月16日緊急事態宣言が全国に発せられた後の外出自粛などで，「国民の連帯を重視する」という安倍首相の決断によるというのが表向きの説明である。

### （イ）　トラブルばかり

　しかし，電子申請がうまくいかないとか，二重支給するとか，別居している世帯主が一人占めするとか，トラブルばかりである。一人10万円なら迅速になるわけではない。法の執行の円滑さを無視した思い付き制度である。

### （ウ）　借金して金持ちに公金を支給する愚

　そして，金（かね）のなる木があるわけでも，原油が湧き出るわけでも，金（きん）が大量に埋蔵されているわけでもないわが国では，税金によって得た国富は，福祉国家の原理に沿って，生活に困った者にかぎり支給するべきであって，金がある者や新型コロナ苦境でも減収にならない者にも，国債を発行し，約12兆円もの赤字予算を組んで，財政悪化を招きつつ，公金をばらまく公益性はない。いずれ国民が負担するものなのである。本来違憲であろう。

　元大阪府知事の橋下徹氏は，子だくさんなので90万円もらえる，不合理といっている。筆者ももらっても，命短しの運命の下で，外出自粛では使い切れない。

## （エ）　給付金支給公約で当選する市長

　地方公共団体でもこれを真似て，給付金を支給することを公約とした市長などがいた（香川県丸亀市，兵庫県丹波市，愛知県岡崎市，神奈川県座間市）が，こんな施策は公益性がない（むしろ，実質は公金による買収というべきものであるが，自己資金で買収すれば公選法違反で，公金で買収するのは違法ではないというのはいかがか）ので，住民ならだれでも訴えを起こせる住民訴訟（地方自治法242条の２）で違法（同法232条の２）として，知事，市区町村長は賠償義務を負わされるであろう。国にそういう訴訟制度（日弁連が提案する国民訴訟＝公金検査訴訟，国民ならだれでも国の財政上の違法を裁判所で裁断してもらうことができる制度）がないことをいいことに，政府は無茶苦茶やっている。

> 　🔵　市民全員に10万円を支給することを公約に掲げ，21年４月，香川・丸亀市の市長に初当選した松永恭二市長は，当選後予算がないことが分かったとして，５万円支給案を提案した。最終的には予算33億円，市民11万2000人に１人３万円支給することになった。立候補時に調査すべきことだし，明白な公約違反，選挙民を騙して，市長の地位を詐取したといいたいが，騙される選挙民も情けない。市民全員に５万円を一律支給するとして当選した丹波市長は，議会で否決されて，２万円に減額して商品券を配布する案を議会に提案したが，否決され，市民税非課税世帯１万1000人に２万円を配る修正案が可決された。

　なお，この特別定額給付金事業の実施主体は市区町村であるが，事業費・事務費は国が100％補助するとされているので，市区町村には損害なしとして住民訴訟の対象とはならない。市区町村はこの事務を断ることができようが，それでは住民が大反発するから，市区町村は法的な根拠なき事務を押し付けられ，超多忙である。

## （オ）　合理的な施策を工夫せよ

　生活に困ったという者の審査に時間がかかるといっても，失業したが，失業保険金は出ない，収入が激減した，ホームレスなどを基準に，ある程度の支援金なり感謝金（固定経費に多少の生活費）を支給することとすればよい。誤魔化し受給が増えるので，審査は簡単な代わりに，誤魔化しが露呈すれば倍額返還・今後の各種の手当て・給付などと相殺する（法的根拠の整備も必要）と決めればよい。

　会社員・公務員（議員も含め）・年金生活者・生活保護受給者には1円たりとも支給する理由はない。新型コロナ騒ぎでも，減収になるどころか，出かけられないので，貯金できている有様である。使ってもらって，経済活性化に寄与するはずともいうが，貯金するのを止められない。実際にも，この給付金の多くは貯金に回ったようである（毎日21年4月26日電子版）もちろん，困窮家庭は支出に回した。

　21年5月になって，厚労省は，7月から生活困窮20万世帯に最大30万円を支給する方針を発表した（ヤフーニュース5月28日電子版）。やっとまともになった。

　さらに進めれば，新型コロナで減収になった者の救済であるから，昨年の所得は基準にならないので，本年では，いったんは各人の希望に応じて支給し，ただし，確定申告において，その支給額は別枠の所得とし，一定の所得があれば実際上その支給額を納税するシステムを作るべきである（小林慶一郎『コロナ恐慌』を回避せよ」46頁）。

　（カ）　税制で対応せよ

　この10万円は非課税である（「新型コロナウイルス感染症等の影響に対応するための国税関係法律の臨時特例に関する法律」4条，令和2年4月成立）。

　しかし，国からもらった金はおそらくは1時所得である。一時所得は50万円を超えた分に課税される（所得税法34条）。大部分の国民には課税されないから，わざわざ非課税の定めをおいてもらうほどではない。なお，国からの贈与ともいえるが，法人からもらったものは贈与税の対象ではない（相続税法21条の3第1項第1号）。役務の対価ではないので，1時所得であり，雑所得ではない（所得税法35条）。

　むしろ，減収にならないのに受け取った者には100％課税すべきであった。

　せめて，この10万円を雑所得とみなすとの規定をおけば，所得税を課されるので，所得に応じて課税され，高額所得者の取り分は減る。そうすると，高額所得者にも配分する特定定額給付金の不合理は減少する。

　さらに，一定以上の課税所得があれば，定額給付金分を追加徴収する（一定の所得と全額支給を受けるべき低所得との間では，その割合に応じて追加の税分を減額することとすれば（小林慶一郎「コロナ不況を回避せよ」44頁以下のアイデアを修正），一定以上の所得があれば，定額給付金を辞退するであろうから，それなりに低所得者支援の制度になったのである。

（キ）　生活保護では収入認定せよ・差押え禁止は誤り

生活保護では，10万円を収入認定しないとの方針（厚労省，20年4月21日「特別定額給付金の生活保護制度上の取扱い方針について」）であるが，普段，ちょっとでもバイト収入があると，不正受給だとして，保護費を減額しているのに，生活保護家庭が，新型コロナで減収になったわけでもないのに得するのは，無茶苦茶である。このような重大事を通知で済ませてよいのか。法治国家原則に反する。

しかも，これは令和2年4月成立の特別法により差押禁止とされた（「新型コロナウイルス国税臨時特例に関する法律」4条2項，「令和2年度特別定額給付金等に係る差押禁止等に関する法律」）。しかし，生活保護基準を超える金員だから，差押え禁止にする理由がない。又，民事執行法131条3号，同法施行令1条により標準的な世帯の2ヶ月分の生計費として66万円まで差押禁止となっているから，この10万円を特別に差押禁止にする理由もない。

なお，地方公共団体が同様の施策を講じても，国の制度ではないので，それには非課税とか差押え禁止の特権は認められない。一時所得が50万円ある者は，この自治体の給付金分は課税されることになる。これを公約した政治家はこのことをわかっているのだろうか。

（ク）　タイタニックの愚

むしろ，日本が約1200兆円もの巨額の借金と日銀の巨額国債買取りなどのためにいわば倒産し，ハイパーインフレになって，国民が財産をすべて喪失する方がはるかに怖い。筆者には，氷山に激突しそうなのに船の上で踊り狂っているタイタニック号の乗客と日本国民とは同じに見えるのである。新型コロナでも減収にならない者にも支給するために約12兆円もの公金支出を全政党賛成で決めたのであるから，国会議員は全員入れかえたい。

（ケ）　本来の対策

新型コロナ対策としては，全自動PCR検査キットの全国普及，病床の確保，治療薬の開発，看護職・介護職の処遇改善などに優先して公金を投入すべきであった。12兆円もあれば相当できたはずである。アベノマスクとともに天下の愚策である。

（コ）　韓国の多少ましな施策

なお，韓国では，全世帯に家族数に応じた低減方式で災難支援金を支給した。ただし，現金を3ヶ月以内に使用するという条件を付けた。消費の活性化

も目的の一つのようである（崔52頁）。

（サ）　０歳から18歳までみんなに一人10万円の公明党の選挙公約

21年９月21日公明党は所得制限なしのこの給付を未来応援給付金と称して選挙公約に掲げた。しかし，公明党は与党であるだけではなく，先の定額給付金は閣議決定を覆してまで実現する剛腕であるから，選挙公約などではなく，その前に実現すべきものである。臨時国会の召集を拒否して，国会を空洞化して何を言っているのか。

政府与党は，21年11月，18歳以下の子どもに現金10万円を支給する方針を固めた。ただし，今回は困った者を支援するという自民党の方針（上記の岸田首相のもともとの案）で年収960万円の所得制限を設ける。公明党は公約を守れないと，所得制限に不満らしいが，合意した。対象は約2000万人，予算額は約２兆円という。非正規労働者や生活困窮者，学生等への現金給付は，別途行う方針という（読売21年11月５日朝刊１面）。しかし，実は，960万円は世帯主単位なので，夫婦とも960万円を稼げば，1920万円の高額所得者に支給されるという。これに対して，高市早苗自民党政調会長が異論を唱えた。それが正しい。支援されるべきは世帯単位で年収400～500万円までではないのか。

しかも，現金とクーポンに分けて支給する。そのために900億円の経費増と自治体の業務激増を伴う。完全な愚策。ただし，この点は批判を受けて岸田首相も現金10万円支給を認めた。モタモタである。貯金を防ぐような全額換金禁止のクーポンの方がよくないか。

（３）アベノマスクの愚

（ア）　思 い つ き

全世帯に布マスクを２枚供給したアベノマスク政策も同様に愚劣な政策である。

安倍首相は，20年４月１日，全国の家庭に布マスクを配付するという政策を突然発表した。20年３月現在，コロナ感染者激増時，マスクが品薄になったというので，思いついたものであろう。当初予算466億円だったが，260億円に減った（布マスク配布に関する契約額のうち，マスク調達費は約184億円。このほか配送費などで約76億円が見込まれるという https://www.fukuishimbun.co.jp/articles/-/1096453）のでまだましであるが，20年５月29日時点で布マスク約4800万枚が配布されたという。政府はこれまで５月中に約１億３千万枚を配布する目標を掲げていたが，完了時期を６月中旬に延期している。しかし，これ

には多数の不良品があったうえに，この配付された時点では，すでに，マスクは市場で安く大量に入手できるようになっていた。しかも，効果の高い不織布マスクではなく，布（ガーゼマスク）であった。

　本来は，政府が買い上げて配給するのではなく，業者が効果の高いマスクを増産して市場に出回るようにするべきであり，実際にそのようになったのである。

　なお，マスク品薄というので，20年2月，政府は買占めしないように国民に呼びかけたが，それはかえって逆効果であった。マスクの買占め・転売禁止を定めた国民生活安定緊急措置法施行令が20年3月公布施行された（8月に解除，舟田134頁）。

　筆者にも，音沙汰もないので中止したのかと思っていたら，20年5月31日に届いたが，無用の長物である。

（イ）　施策の必要性の吟味なし

　これは大失敗である。その政策を立案したのは，経産省出身の秘書官であったが，これに賛同する安倍首相も情けない。

　施策の実施可能性をどこまで分析したのか，266億円もの壮大な無駄な施策をなぜ途中でやめられないのか。業者が短期間で配付することが可能かを吟味したのか。そうした条件は付けられなかったのか。国民の税金をドブに捨てる。自治体がやれば住民訴訟で賠償させられるのが必定である。アホのマスクと揶揄されるゆえんである。

> ● 現首相岸田文雄「リーダーには『聞く力』が必要だ」（文藝春秋20年7月号148頁）は，困った者に30万円という立派な案を作ったと敬意を表していたが，アベノマスクの配布の遅れを問題としつつ，一刻も早く国民全員に届けてほしいと述べ，本文の問題点を理解していないのは遺憾である。

　しかも，余ったマスクの保管費が月7500万円もかかるという。布マスクでは，新型コロナ対策にならないから無料でも放出するわけにもいかない。早期に廃棄物として処分すべきだが，そうすると，責任問題が起きるので，問題先送りらしい。

## 4　ま　と　め

　このように，これまでの施策は，国家が果たすべきまともな施策を講ぜず，過剰規制をしたり，感染対策や治療法を徹底せず，場当たり的であった。憲法学的にも違憲違法の面が多いし，バラマキで，経済学的にも国家財政的にも不適切である。

# 第6章 幽霊におびえた的外れの過大規制，新型コロナにだけゼロ・リスクを求める視野狭窄症

## 1 過大規制禁止の憲法・行政法原理

　たとえ医療危機が生じようと，エビデンスなき規制は，経済を窒息させ，人々の行動を制限しすぎるだけで，新型コロナ撲滅の効果がないから，目的に適合した手段ではない。憲法学的には，個人の自由を過剰に侵害すると評価され，比例原則（憲法13条）に違反して違憲である。憲法学では，厳格な合理性（表現の自由等），合理性（営業の自由など），明白の原則（社会権の付与）といった違憲審査基準が説かれているが，新型コロナ対策のための営業の自由の規制は，大ナタでおおざっぱに何でも規制することは許されず，合理性が求められるから，きめ細かな施策が求められる。行政法学的にはコロナ規制にはそれなりの裁量はあるが，考慮すべきことを考慮せず，考慮すべきではないことを考慮するのは違法である（最判平成19年12月7日民集61巻9号3290頁，最判平成24年1月16日判例自治356号15頁等。阿部『行政法再入門第2版下』（信山社，2016年）274頁等）。この点では，科学的思考（木村154頁など，木村著が一貫して主張していることである）が不可欠である。グローバルダイニング訴訟におけるフランスの公法学者エマニュエル・オーバンの意見書も，フランスの行政判例は，比例原則に基づき，不必要に自由の行使を制約しないように，厳密に必要不可欠なものに限られなければならないという必要性の観点からコントロールしていることを指摘する。

　安倍首相の全国一斉休校要請は，およそ科学的政策的思考なしで，コロナ感染防止にほとんど寄与せずに，重要な国家活動を停止させる違憲の愚策であった（第3章）。

　違法に規制された業者は国家賠償責任を追及できるはずである。以下，過大規制の被害業種・被害活動を検討する。

## 2　えん罪のパチンコ店

　第1次緊急事態の時は大阪府吉村知事，東京都小池知事から新型コロナ感染の元凶のように指弾されたパチンコ店も，みんなマスク着用，手袋をする，2メートル離れる，入場制限の下に，パチンコ台は2つに一つだけ開ける，たばこ対策で換気は十分に行われている，パチンコの機械などを徹底消毒するなどをしても，なお新型コロナに感染するのか。顧客は，誰とも話せず，黙って前を向いているだけであるから，パチンコ店はクラスターを発生させたことがないのである。したがって，パチンコ店はえん罪であった。

　パチンコ店は全国におよそ1万店あるが，新型コロナの休業要請により，パチンコ店が，全国で85店が倒産や閉店した。休業の要請に応じると，東京都の場合，協力金として最大で100万円が支払われるが，店の家賃だけで月に1000万円以上かかる場合もあり，ほとんどの店で大幅な赤字になるということである。およそ20数万人いるパチンコ業界で働く人の，生活や雇用の確保がどうなるか不安である（20年5月26日，https://www3.nhk.or.jp/news/html/200526/k10012444891000.html）。

　このように考えていたら，1台空けて稼働，無料で手袋配布という記事があった（https://www.msn.com/ja-jp/news/coronavirus/）。

　ところが，20年4月24日，都内のパチンコ店が加入する東京都遊技業協同組合（都遊協）が営業を続ける店舗に対し，休業しない場合は組合から除名するとの"最後通告"を出した（https://web-greenbelt.jp/post-37715/）。多くの店舗がこれに応じた。なお，都の要請に応じない店があるからとして組合の理事長・副理事長が辞任した。

　しかし，このように感染防止に注意している店舗に対しても，休業要請をして，応じなければ公表する，組合から除名するというのは，過大な不利益扱いであり，違法である。また，要請に応ずる義務がないのだから，応じない組合員がいても，理事長以下に責任はなく，行政指導で従わせようという都の姿勢は違法である。

　休業させる理由はないパチンコ店を目の敵にした大阪府知事と都知事は，第3次になったら，何も言わない。反省したのか。小池知事はカイロ大学文学部社会学科の首席という話だから，こういう法律問題は不得手だと推測する（しかし，科学的根拠の必要性はすべての学問に共通である）が，吉村知事は弁護士であるのに，事実の根拠に基づかない政策の愚になぜ気が付かないのだろうか。

## 3　「人流」抑制の巻き添えとなった百貨店・コンサート等など

　第3次緊急事態宣言下では「人流を抑制」することを目的として，百貨店・コンサートなどに休業要請が出された。諸外国で行われているロックダウン（都市封鎖）と同じ発想である（ミニ・ロックダウン）。イギリスの世界感染症研究センターの報告（20年3月）は，ロックダウンの有効性を証明したという（黒木90頁以下）。人が減ると確実に感染は減るといわれる（岩田44頁）。ロックダウンにも，強制型，穏健型があり，その内容は国によって異なる（大林編著）が，日本ほど自主規制に頼って，しかも効果があるとしている国は聞かない。

　たしかに，投網をかければ効果はあるが，日本は，ロックダウンを行っている諸外国とは感染者・死者数が絶対的に違うので，その必要性はどこまであるのかを吟味すべきである。

　大阪，兵庫などの百貨店は臨時休業した。筆者の身近なところでは，神戸市のヤマダ電機，筆者の通うテニスのレッスン会社は21年5月の連休において休業した。しかし，どうせ密集していないのである。

　そこで，繁華街の人出の減少状況が報道される。しかし，街を通る人の流れ自体では，よほどの過密にならなければ，新型コロナを感染させるわけではない。ラッシュアワーの電車の混雑が気になるが，電車の中では，誰も言葉を交わさず，マスクをしており，換気もされているので，クラスターは発生しない（西村151頁）。ただ，それでも，夜になれば酔客が騒いでいることもある。会話をやめてくださいというアナウンスをうるさくするしかないかもしれないが，さらには，電車の乗客数の制限（遅れようと，次の電車にしてという規制）が必要かつ有効かもしれないが，それは本格的な研究に待たなければならない。目下のところ，「人流」自体を問題とする理由がない。

　そして，流れた先で何をするか，感染するような行動をしないことが肝心である。兵庫県井戸知事は，21年5月11日のラジオ関西の生番組に出演し（ラジオ関西トピックス），「人の流れが感染の原因ではない。しかし，人の流れが契機となって，いろいろな会合が生まれる。会食の機会や，人が密になる機会が増え，感染のリスクが高まる。直接的ではないが，特に土日には人の流れを止めることの間接的な効果が大きい」と，理解を求めたようである。分科会の尾身会長も同様の説明をする（「第4波『変異ウイルス』の試練」文芸春秋21年6月号113頁）。

　しかし，人が百貨店に流れようと，会食・会合・密になるとは限らない。単に買い物をして，せいぜいは食事をするだけである。会合や会食・密はそれぞれ別途規制すれば済む。人流抑制という理由による営業規制は，新型コロナだけを見て，大きな投網なら雑魚でも捕まえられるというもので，新型コロナの感染を拡大する営業以外の営業まで捕まえてしまうのである。この投網方式は，外出した後の行動をコントロールできないような異常事態でなければ，営業の自由を合理的根拠なく過大に害する，過剰な，違憲の規制である。諸外国のロックダウンは，このような異常事態かもしれないが，日本もそうだろうか。日本の方式は，自主規制に近く，公権力で強行されることはこれまでなかった（時短命令に従わない飲食店への過料賦課がその例外）ので，投網手法も，人権制限としてあまり問題とはされていないが，国民が実際上従わざるを得ない以上は，その必要性を吟味すべきである。

　21年8月には大阪の百貨店の地下食料品店街でクラスターが発生したが，原因は人流ではなく，換気不十分か，従業員の更衣室・食堂・トイレなどが密になったためではないか。

　　● なお，憲法学者宍戸常寿（東大教授）も（「新型コロナウイルス感染症と立憲主義」法律時報93巻3号82頁以下），広域制圧型（ロックダウンなどを指すのであろう）に代えて，真に必要な私生活の場面をピンポイントで規制する一方で，その必要性の判断については適切な手続で判断し，またそれを事後的に検証するという法制への転換が求められると適切に指摘する。

　緊急事態宣言を発することができるのは，「新型インフルエンザ等が国内で発生し，その全国的かつ急速なまん延により国民生活及び国民経済に甚大な影響を及ぼし，又はそのおそれがあるものとして政令で定める要件に該当する事態が発生したと認めるとき」（特措法32条）であるが，新型コロナによる超過死亡が目下ないのであるから，変異株の脅威があるとはいえ，国民生活に甚大な影響を与えているとは言えない。むしろ，この宣言こそが，国民経済に甚大な影響を与えている。

　そして，百貨店などは，人数が多ければ入店者を制限している。スケープゴートにされたのである。えん罪である。

　第3次緊急事態宣言下では百貨店協会，芸術関係団体などから休業させない

でくれという要望書が提出された。至極当然である。

　なお，郵便局まで時間制限していたが，便乗して仕事をさぼっているのではないか。

## 4　ロックダウンを繰り返す諸国との比較 ━━━━━

　ロックダウンを繰り返すヨーロッパ諸国と，それをしないスウェーデンとの比較が興味を持たれる。人口100万人当たりの死亡者数は，スウェーデンでは1208人，フランスは1215人，イギリス1739人，イタリア1543人より少ない。ヨーロッパ諸国の中では中位である（21年2月14日国際通信社ロイターのデータ。鳥集87頁による）。もっとも，20年3月，ロックダウンを敢行した国としないスウェーデンを比較して，前者は感染者が減少したが，後者は増えたという（黒木93頁）。スウェーデンの政策は，国民の多くが感染すれば，次の感染を防げるという集団免疫政策である。しかし，感染者数，致死者数は他のスカンジナビア諸国と比較して5倍から10倍あった（黒木200頁）。

　そして，20年11月に書かれたスウェーデンの医師の論文が参考になる（木村186頁以下）。これによれば，20年3月病院は新型コロナ患者であふれたが，その数ヶ月後患者は消えた。人口1000万人のスウェーデンでは，新型コロナで亡くなったのは6000人未満で，その70％が80歳以上であり，この国の死者は年間約10万人であるから，6000人の死者のかなりが新型コロナがなければ別の原因で亡くなっており，新型コロナによる死者はとても少ない。ただ，その後冬になって感染者が増え，医療もひっ迫した。スウェーデンは失敗を認め，少し方針を転換した（岩田158頁，大林74頁）。しかし，井上74頁以下は，ロックダウンは効果がなかったと分析している。

　筆者には評価は難しい。データも条件も必ずしも明確ではない。たた，スウェーデンの集団免疫政策は，本書第1章冒頭で述べた3密対策もしないものであるし，ロックダウンをした諸国は，3密対策では間に合わない深刻な状況にあったのである。しかも，ロックダウンをしても，どこまで効果があったのか，感染は再炎している。日本では，何度も述べるが，入国規制，検査拡充，病床拡充などで相当の対策が可能であるし，これまでは，超過死亡もなかったのであるから，ロックダウンを真似る状況にはないと思う。

## 5　飲食店の規制のあり方

### （1）飲食店も新型コロナ対策可能

　飲食店（飲み屋ではない）も，大勢で，マスクなしで談笑することが多いので，新型コロナが伝播しやすいが，どうせお客も減っていることだし，十分な換気措置を講じ，入場制限をし（お客がある程度入っていれば，よその店に行ってくださいという），しかも，大勢ではなく，少人数で席を離して（1つか2つおきに，あるいは，個室で），斜めに座って食べるならば，感染拡大の恐れはなく，禁止する理由はない。ラーメン店や焼き肉屋は十分に換気しているので安全である。ついでに，露天風呂や温泉は換気の優等生である。他方，地下街にある狭くて締め切った店は危険である（西村160頁，180頁）。

　さらに，パリのように歩道にテーブルを並べれば（特例で道路占用許可を出すべきである），あるいは屋上のビヤホール（本書のプロローグのイラスト）であれば，閉鎖空間ではないので，十分に距離をとってもらい，2時間程度に限定すれば，感染リスクはまずない。単に飲食店というだけで一律に休業要請・時間短縮・酒類提供禁止などとするのは，ずさんな違憲の対応である。

　プロローグで述べた神戸市のハーブ園・オクトーバー・フェストについて，神戸市の公園管理課の回答は次のとおりである。国の方針は，「新型コロナウイルス感染症対策の基本的対処方針」（令和3年9月28日変更）の，三　新型コロナウイルス感染症対策の実施に関する重要事項　（3）まん延防止　8）緊急事態措置区域から除外された都道府県（除外後，重点措置区域とされた都道府県を含む。）における取組等1の中で，「法第24条第9項に基づき，路上・公園等における集団での飲酒など，感染リスクが高い行動に対して必要な注意喚起や自粛の要請等を行うとともに，実地の呼びかけ等を強化するものとする。」と記載されている。

　また，上記方針を受け，兵庫県「新型コロナウイルス感染症に係る兵庫県対処方針」（令和3年9月28日改定）において，公園内等での飲酒の禁止・自粛や飲食店での酒類提供について規定されています。

　ハーブ園の当該店舗は，店頭で購入した商品を付近のテーブル等でご飲食いただく形態ですが，こちらは飲食専用エリアでなく，飲食されない方を含めた来園者用の休憩スペースであり，飲食店のようなきめ細かな対応が難しいことから，テイクアウトの取り扱いにしております。

　なお，前述の兵庫県対処方針が10月19日に改定され，公園内での飲酒禁止が

緩和されましたので，10月22日以降，ハーブ園での酒類提供を再開しています。

　しかし，屋外のテーブルでビールを飲んだら，飲食しない者がいようと，なぜ新型コロナの感染を拡大するのか。テーブルを離し，1テーブルに椅子を4つしか置かなければ，いちいちきめ細かな対応をしなくても，感染リスクはゼロではないのか。

　従業員とお客なり従業員同士の接触はあるが，それでクラスターが発生したとは言われていない。距離をおけばよいのではないか。ワクチンの接種は，本当は高齢者よりも従業員を先にすれば，顧客も安心できたのに（第2章6）。

　なお，ホテルも，換気をよくし，接触の距離を遠くして，手洗い，消毒を徹底し，バイキング料理をやめれば十分である（いや，取り箸を別にすれば，人が触ったものを食べるのではないから安全ではないか）。実際，新型コロナの軽症患者の隔離先はホテルである。

### （2）時短は適切か

　これまでは営業時間制限（時短）を求めている。たしかに，夜遅くまで人が出ないようにという効果はある。しかし，営業時間内では伝播するので意味が薄いし，感染対策をきちんとしている店と杜撰な店を一緒にしている不合理がある。

> ● 医師であり民事法・医事法学者である米村慈人東大教授も，時短営業は無意味で，それを違憲として訴訟を起こしたグローバルダイニング社の主張は理解できると述べている（「徹底討論コロナ『緊急事態列島』」文芸春秋21年6月号96頁）。坂和章平弁護士（坂和総合法律事務所事務所だより21年盛夏号）も同じ。

　酒を7時過ぎたら提供しない施策も，7時過ぎたらコロナが動き出すわけではないから理由がない。むしろ，昼に飲み会をする可能性もある。酒を遅くまで提供すると飲み過ぎるかもしれないが，レストランでは飲み屋と違って，長時間飲んでいるわけでもバカ騒ぎしているわけではない。食事をしながらの飲酒で，大騒ぎすることも少ない。飲み放題も時間制限がある。あるいは，飲み放題をやめてもらえばよいのではないか。大きい声での会話自粛を求めればいかがか。

### （3）酒は新型コロナを運ぶか

　フランス料理にはワインがつきものであるが，ワインを飲んだらコロナが伝播するわけではない。それに，フランス料理店は，一般に居酒屋と異なり，相手との距離は離れているし，BGM も静かで，大声ではしゃべらない。夏の暑い時はビールを飲みたくなるが，それもコロナを運ぶわけではない。特に，屋外や屋上のビヤホールで，距離をおいて座るのであれば，リスクはほとんどない。酒のために増加するリスクはほぼゼロである。

### （4）酒もえん罪

　しかし，第 3 次緊急事態宣言地域では，21 年 4 月 25 日から，飲食店は時間を問わず酒の提供禁止となったし，8 時までの時短となった。それは，5 月末まで，さらに 6 月 20 日まで延長された。6 月 21 日からも大阪，兵庫は 7 時から酒提供禁止，飲食店は 8 時までとされた。東京は 8 月 22 日まで第 4 次緊急事態宣言で酒提供禁止である。8 月からも各地で同様である。

　筆者が 21 年 5 月 25 日に東京駅から東海道新幹線に乗車したら，弁当は販売されていたが，酒類は販売されていなかった。しかし，東京駅で酒を買って持ち込んだ（余談だが，「阿部勘」という酒の名前が気にいった）ので，販売停止は無意味。しかも，新幹線の中で酒を飲んだら，新型コロナを飛散させるほどのことはない（おとなしい，寂しい 1 人飲み）。酒が新型コロナを運ぶわけではないので，酒もえん罪。

　酒の販売停止ではなく，会話の自粛要請の方がはるかに効果があるはずだし，感染防止を徹底的にやっている店舗，コロナ陰性者には適用しないこととすべきである。本来違憲の措置である。

## 6　図書館閉館は根拠なし

　第 1 次緊急事態の時は，図書館も閉館しているのが多かった。神戸大学附属図書館も 20 年 5 月末までは閉館していた。しかし，もともと開館していた時でも，結構閑散としていたのであって，自宅でネットで調べた本を借り出す，返す程度のことは，なんら密集作業にはならない。机に座っても，話をせずに黙々と本を読んでメモするだけであるから，距離を確保し，会話しないように要望し，混雑するなら入館制限をすれば，感染源にはならない。学習・研究にとって大変不便である。図書館は使命を忘れ，図書館長は学者であるのに，まっとうな科学的検討をせず，自粛要請に付和雷同しているだけではないか。

学問も大丈夫か。授業料を返せと言いたい。

感染症対策コンサルタント・堀成美も同様の指摘をする（「やり過ぎだらけの感染対策」文藝春秋20年11月号244頁以下）。

神戸市立図書館は，20年5月16日から予約図書の貸出しと電子図書館の利用申込みだけを再開したが，不十分である。

神戸大学図書館は，第3次では，学外者は利用できないが，学内者は利用できる。第1次の図書館閉鎖の誤りを反省したのか。ただし，椅子と検索パソコンのかなりは撤去され，人数制限がなされている。この程度のことは20年5月でも可能なはずであった。なお，名誉教授は学内扱いというので，筆者は助かっている（本書執筆にあたっても，大いに利用させてもらっている）。

しかし，第3次でも，一部の自治体では自主的に休館するところが相次いでいるという。兵庫県立美術館は，休館となった（読売21年4月25日朝刊29面）。しかし，美術館では，大声を出す人はいない。感染対策は徹底している。入館の人数制限と距離確保をすれば十分である。

## 7　最高裁・裁判所の期日取消しの行き過ぎ

### （1）裁判所の休眠

最高裁は，20年5月6日までの期日を全部取り消した。しかし，重要な国家機能を長期間停止する理由があるのか。最高裁の法廷は広いから，入場制限をすればすむはずである。下級審でも5月末日までの期日は緊急性がないとされるとどんどん取り消された。感染者がずっと出ていない旭川地裁でも同じであるという。不要不急の業務と同じにされている。

### （2）およそ合理性を欠く裁判所の判断

しかし，裁判は民事でも緊急のものも少なくない。刑事事件では，刑の確定が遅れるとそれだけ未決勾留期間が長引く。迅速な裁判を受ける権利（憲法37条1項）を侵害する。新型コロナ対策で行われた，店舗に対する休業の指示・命令について多数の訴訟が提起されたら，あるいは入院命令を拒否する者がでたら，裁判所は使命を果たせるのか。

最高裁が自らの業務を不要不急と自認したのでなければよいが。

人権を守るはずの裁判所のあまりにも不合理な判断であるから，国家賠償請求できるというべきであろう。もちろん，その判断を裁判所がするのであるから，泥棒裁判官に，仲間の泥棒を有罪とする裁判を頼むようなもので，結果は

ゼロ回答の可能性が高いが。

　裁判では，裁判官，原告，被告（民事），被告人（刑事），検察官（刑事）は離れて座っているので，傍聴席の人数制限をすれば，問題がない。人の移動を抑制するというが，これも大人数でなければ影響がない。また，可能な範囲で電話会議などにすればすむので，期日延期は最後の手段とすべきであった。

　合理的な判断が要請される法曹がなぜこんなずさんな判断をするのかと思うかもしれないが，裁判官への高度の信頼に反し，日頃の判決にあまりにもずさんなものが多い（阿部『司法改革の挫折』（信山社，21年）第1章第3節，第2章第2節）のであるから，首尾一貫している。悲しい。

### （3）その後の裁判所の状況

　もっとも，20年5月11日以降，やっと裁判一部再開へと動いた。

　裁判所は，20年10月27日に下記の連絡をしてきた。

　「各法廷における一般の傍聴席（ラウンドテーブル法廷を含む。）を概ね3分の1程度の席数に制限しておりますところ，本年10月28日（水）から当面の間，2分の1程度に制限を緩和する。」

　しかし，そもそも，傍聴席は広いし，傍聴人は静粛を求められていて，口角泡を飛ばすこともなく，前を向いているので，マスクをし，消毒をすれば，コロナ感染拡大の危険はない。最初からこのようにすべきだったのである。

### （4）最高裁長官の反省なし

　第3次緊急事態宣言下では，裁判業務は開いているが，第1次の愚劣な判断の反省の弁は聞かれない。

　最高裁大谷直人長官は21年6月16日（共同通信，21年6月16日電子版）全国の高裁長官や地裁，家裁の所長が司法行政の課題を話し合う「長官・所長会同」において，「今年の2回の緊急事態宣言下では，規模を縮小せず業務を継続できている。裁判所内で利用者に感染が拡大した事例は生じていない」と述べた」というが，そんなことは最初からわかりきっていたことである。


## 8　学校・オンライン授業の苦痛

　学校は，オンライン授業に切り替えているところが多い。学生の入校を禁止したところも多い。

　しかし，学生は，1年以上も登校できず，先生とも友人とも接触できない。これでは学生生活とは言えない。通信教育大学と同じである。学内で密になる

活動を避けて，できるだけ交流の機会を作るべきであった。

あえて言えば，一日おきに登校（奇数番号の学生は奇数の日に，偶数番号の学生は偶数の日に）することとして，登校学生数を半減する。登校しない学生はオンライン授業とする。あるいは，2部授業を行う。先生の負担は大変になるが，学生生活の貧弱さは多少解消できる。

密にならない授業は学校で行う。実験は学校でしかできないから，分散して行う。ゼミなど少人数の授業は大きい教室を使う。グランド，校庭などでも，雨天でなければ，少人数授業はできる。

部活も，徹底して密を避ける。

しかし，このような柔軟な発想がない学校が普通のようである。通信教育を超える分の授業料を返せ。筆者はこの現状では，裁判官も大学教授も多くはバカではないかと推定している（反論歓迎）。

そして，学生が登校しないので，学校にある生協などは営業ストップである。破綻するのではないか。

## 9　理髪店・美容室・歯科医院は基本的には安全

理髪店や美容室は，密接であるが，それぞれマスクしていれば，感染可能性はまずない。歯科も同様（西村170頁）。ただ，散髪などは，ひげをそってもらう関係上顧客はマスクをすることはできなし，緊急に必要なものではないので，1，2ヶ月は我慢するというのも合理的な判断だろう。筆者は伸びた分を自分で切っている。以前は家内に刈ってもらっていた。

ある重度障害者の入所施設で，面会謝絶にしているから，理容師も入れない，したがって，髪が伸びても切ってもらえない。施設の職員が髪を刈ろうとしたら，県はそれも理容師法違反になると指導してきたので，入所者の髪は伸びたまま。しかし，理容師法がいくら職業独占を定めているとはいえ，理容師が入れないのであるから，伸びすぎた髪を刈るくらいは，厳格に禁止する理由がないのではないか。

## 10　外出自粛ではなく，外出奨励を：公園散歩，テニス，ゴルフ，ジョギング，登山，水泳，犬の散歩

### （1）「不要不急」外出自粛の愚

政府は「不要不急の外出自粛」（ステイホーム）を呼びかける（「基本的対処方

針」21頁）。第1次緊急事態宣言の際は，神戸市営のテニスコートやゴルフ場，森林公園，離宮公園等は皆閉鎖された。第3次緊急事態宣言の際も，神戸市では同様である。神戸市の須磨海水浴場は20年も21年も閉鎖である（ただし，21年は，水遊びができる親水エリアを設置する）。淡路の海水浴場も同様であるが，日本海側では開設する。

　しかし，何が「不要不急」かもわからないが，公園の散策，ゴルフ，テニス，ジョギング，登山，水泳，犬の散歩などは屋外で他人と離れているので，新型コロナ感染のリスクはゼロである。濃厚接触しないように注意すれば済む。

　それでも，通りすがりの人から新型コロナ感染の可能性があると反論されるが，それなら，何度も書くが，歩道に突っ込む車があるから，歩道も歩くなというのかと反論する。極小リスクとは共存するしかない。首相も知事も市長も歩道は歩いているはずである（それとも，高級公用車に乗っているので，歩道を歩くリスクを理解できないのか。兵庫県井戸知事はセンチュリーに乗っていた）。

　クラブハウスとかシャワー室が気になるかもしれないが，距離を確保して，人数制限をすればすむ。おしゃべりも，離れて行うようにさせればよい。実際，筆者の入っている須磨のテニスクラブは，21年の第3次緊急事態の時はそうしていた。そして，コロナに感染した会員はいない。閉鎖する理由がない。

　神戸市の施設は，税金で運営しているから，収入がなくても，職員が暇でも，市民に迷惑でも気にしないという体質ではないか（筆者は神戸市長にも意見を出したが，反応なしである）。民間のゴルフ場はクラブハウスやレストランを閉鎖しつつ，開いているところが多かった。1人プレーもある。

　筆者の加入している上記のテニスクラブは第1次緊急事態の時は20年5月6日まで閉鎖されて，同月7日から屋外では開放（室内は閉鎖）されたが，屋外なら最初からテニスを禁止する理由がない。テニスクラブは会員制であるが，会員から閉鎖中の分の返金を要求されると，政府の自粛要請を真に受けて従ったばかりに大赤字である。実際，同クラブは半月分返金してきたので，自粛政策の犠牲になった。

　富士山登山道は20年の夏はすべて閉鎖したが，入山料（保全協力金）を値上げして（または入山許可制を導入して），人数を減少させれば済むはずではないか。関係の店舗は大幅減収。賠償請求すべきではないか。

　海水浴場も屋外であるから，海の家で多少人に接することがあっても，そこ

での距離を確保させれば，コロナが伝播する可能性は極めて低いだろう。

## （2）外出は健康によい

かえって，こうした広い空間での散歩や運動は，健康に有用である。筆者の腕は日焼けで黒い。むしろ，外出自粛では，日光に当たらないためにビタミンD不足で免疫力が低下し，かえって，新型コロナに感染しやすくなる。高齢者の「コロナ虚弱」深刻，体力など低下，運動機会を，と指摘されている（日経21年5月3日 電子版）。子どもも家に閉じこもって，テレビやゲーム，スマホに熱中していては，かえって，新型コロナのリスクを上回る不健全な体になる。

## （3）外出先での立寄り先が問題

外出先で何をするかが問題で，単なる外出自粛ではなく，新型コロナ感染の可能性のある所への立寄りを自粛し，会話を自粛して，感染のおそれのないところへは外出奨励すべきである。

なぜ，こんな阿呆な施策が「まん延」しているのか。特措法第45条が「特定都道府県知事は，新型インフルエンザ等緊急事態において，新型インフルエンザ等のまん延を防止し，国民の生命及び健康を保護し，並びに国民生活及び国民経済の混乱を回避するため必要があると認めるときは，当該特定都道府県の住民に対し，新型インフルエンザ等の潜伏期間及び治癒までの期間並びに発生の状況を考慮して当該特定都道府県知事が定める期間及び区域において，生活の維持に必要な場合を除きみだりに当該者の居宅又はこれに相当する場所から外出しないことその他の新型インフルエンザ等の感染の防止に必要な協力を要請することができる。」と定めているためであろう。

しかし，これは，条文の作り方は出来が悪いが，「みだりに」外出しないことといっているので，「みだりに」でなければよいのである。これでは不明確なので，この条文は，「3密を生じ，新型インフルエンザ等の感染が生ずる可能性のある場所に出かけないように」という趣旨に改正すべきである（第4章Ⅲ5）。

むしろ，「不要不急の外出自粛」とか，パチンコ店・百貨店などの休業要請などを「みだりに」発するべきではない。「まん延防止措置」は，こうした阿呆な施策の「まん延防止措置」とすべきである。

なお，ロックダウンを行ったイギリスのジョンソン首相は，20年3月23日，国民は「合理的な理由」なくして家を出てはならない（ステイホーム）と指示

し，警察は違反者に反則金のようなものを科することができるとし，その「合理的な理由」とは，①基本的な必需品を買うこと，②一日一回の運動（ランニング，ウオーキング，サイクリング，一人または同居人とともに），③医療のため，④在宅勤務では済まない業務のための通勤である（西貝小名都「トリヴィアルな自由」法学セミナー21年7月号31頁）。これは，法的な規制であるから，そのルールを明確かつ合理的にする必要があるためであろう。

「不要不急の外出自粛」などという曖昧な要請で，誰とも濃厚接触しない行動まで実際上規制してしまう日本のやり方は無茶苦茶不適当である。そのうえ，警視庁は，外出自粛中の外出者に声掛けを行っていた（警察庁『令和3年警察白書』38頁）。これは，オイコラ警察に近い権力濫用である。

なお，このイギリスのやり方でも，犬の散歩はどうか，今回の散歩は1回目か2回目か，親の死に目にも会えないのかという問題が生じて，納得のいく取締りはできないはずである。

## 11　県を超える移動（往来）自粛も同じく不合理 ■■■■
### （1）他県からコロナを持ってくるな？

県境を越える移動が問題視され，都会から田舎に行くと，新型コロナを運搬しているように言われた。東京ナンバーの車は，江の島では，新型コロナに汚染されていると非難された。21年7月でも沖縄にはよそから来るなといわれている。兵庫県井戸知事は21年7月4日，大阪府との間に壁を造りたいと半分冗談で述べた。

しかし，県外に（兵庫県赤穂市から岡山県備前市へ，三多摩から埼玉へ）行くのと，県内を動く（神戸市から豊岡市へ，三多摩から都心へ）のとで，新型コロナ拡大に違いが生ずるわけがない。県内なら「みだり」でなく，県境を越えると，感染を拡大して，「みだりに」なる科学的根拠はない（片山101頁以下も同方向）。高齢者施設の介護職員が県外に出たら，戻ってから1週間自宅待機させた例があるが，理由がない（西村178頁）。

行先で何をするかが問題で，みんなで宴会やカラオケをしないようにすればよい。孫がおじいちゃん，おばあさんに会いに行くときも，孫が陰性でも新型コロナウイルスが潜伏している可能性があるが，上記の注意をし，十分に距離をおけば問題がない。

人の交流・旅行で新型コロナが流行するといわれているが，広い自然で遊ぶ

のであれば，感染させる可能性は極度に低い。地元の人は新型コロナを持って
こないで，なんて言っているが，接触しなければ，みんな離れて遊んでいるかぎ
り，新型コロナはどこかに飛んでいく。地元の人は感染しない。レストラ
ン・ホテル・美術館などは前記のように利用制限をすればよい。駐車場閉鎖と
報道されているが，車で来て，自然と親しむ人が新型コロナを伝染させるわけ
はない。

　しかし，沖縄では，本土からの旅行者で感染拡大である。その理由は，観光
客がマスクなしで密着して遊びほうけるためらしい（「世界最悪レベル」でコロ
ナ蔓延中の沖縄，ウイルスばらまく無関心観光客に怒りの声）（週刊女性 PRIME
[シュージョプライム] 21年9月8日電子版）。沖縄県は，観光客の行動ルールを
作って，厳格に守るように呼び掛け，沖縄の人は，本土から来た人にできるだ
け接触しないようにしてほしい。さらに，外国からの入国者と同じように空港
で PCR 検査をして，陽性の者に隔離義務付け（違反は処罰）すべきである。さ
らに，感染症法を改正して，空港での検査義務付けをすべきであり，沖縄県は
国にこれを要望すべきである。

　諸外国では交通遮断がなされていると報道されるが，よほどの緊急事態でな
い限り，およそ必要の限度を超えた手段である。

### （2）往来は医療崩壊の原因か

　吉村洋文大阪府知事（「医療崩壊も想定内だ」文芸春秋20年5月134頁以下）
は，医療崩壊が想定されたので，政治家としての判断で往来自粛要請をしたと
いう。確かに施策を行うのに，医療崩壊のおそれを示す科学的データに基づい
ていたようである。しかし，往来が医療崩壊を惹起する因果関係は，風吹けば
桶屋が儲かると同じとは言わないとしても，因果関係が極めて遠く，この点の
科学的根拠が示されていない。むしろ，医療崩壊のおそれがあるならば，一方
で医療体制の整備に努めるが，厳しいこと，したがって，往来に限らず，あら
ゆる場面で，人同士の接触を極力差し控えることを呼びかける方が筋である。

　そして，感染拡大の原因は，県境往来ではなく，国境往来である。入国した
人の最低2～3週間の隔離と行動管理の必要性をなぜ強調しないのか。

## 12　Go to Travel

### （1）後藤さんトラブった？

旅行・宿泊業・飲食店などの不況対策のために安倍首相肝いりで20年7月に

開始された Go to Travel 事業は感染拡大の元凶のように言われて，20年11月に全国的に中止されている。東京発着禁止ともされた。「後藤さん，何かトラブった」(Go to Trouble) というものであるが，実は安倍首相トラブったというものである（筆者の阿部ではない）。

　しかし，東京も広いから，コロナ感染者の少ないところ（三多摩等）もあろうし，隣の神奈川（横浜）発着なら安全という保証もない。

### （2）旅行中の感染防止は不可能か

　問題は，旅行中，旅先のホテル・飲食店などでコロナ感染を防止できるかにある。ホテルでは3密を防ぐことができる（感染症患者さえホテルが隔離場所である）。飲食店でも同じである。宴会やカラオケを厳禁して，離れて食事して，濃厚接触を避ければよい。バスや汽車の中では，混み具合の問題であるが，換気をよくし，人数制限をして，隣の人とも話をしないようにすれば，コロナ感染の可能性は非常に低くなる（西村152頁）。バスガイドの説明は，書面で行い，唾を吐き出す口頭での説明はやめればよい。歌などは歌うべきではない（尾身茂「東京を抑えなければ感染は終わらない」文芸春秋21年2月102頁以下参照）。参加者は PCR 検査と抗原検査で合格した人（これからは，ワクチン証明書保持者）に限ればよい。過剰に自粛したと思う。

　大阪市は中学3年生の修学旅行を，これらの検査で陰性の者に限って行うことにした（21年7月30日関西テレビ）。まともである。

　しかし，大阪府は「第5波」による若年層の感染拡大を受け，2学期から修学旅行を原則延期とした（読売21年8月19日朝刊31面）。

## 13　イベントの自粛の限度

　イベントも，人数制限をして，距離を確保できる範囲では，観客を入れることを認めるべきである。現に大相撲，テニスの全豪オープン，楽天の野球，サッカーなどは観客を入れているが，クラスターが発生したとの報道はない。甲子園の高校野球を20年に中止する理由はなかった（その他，多数のイベントなどが中止されたことは，読売報道特集422頁以下）。さらに，入場者に抗原検査をすればよい（第2章10）。

　堺市の伝統だんじり祭りは，20年は中止されたが，21年は伝統を絶やさないため観客なしで行った。20年も行えたはずである。

　21年夏の甲子園野球は無観客で開催されているが，人数制限の上，抗原検査

で陰性の観客を入れるべきであった。

　米子松陰高校で，選手でもない学校関係者から感染者が出たので，21年7月高校野球選抜への出場を辞退させられた（ただし，批判を浴びて撤回）。選手から感染者が出たとしても，その選手を出場させなければ済む話で，今もって過剰反応しているのには驚くしかない。文科省は学校関係者に感染者が出た場合でも，一律に大会出場を禁止しないように求める通達を出した（読売21年7月21年朝刊35面）。なぜこんなことを通達しなければ，まともな判断ができないのか。

　さらに，宮崎商業と東北学院が参加辞退した。宮崎商業では13人が感染し，8人が濃厚接触者となった集団感染なので，辞退もやむなしであるが，東北学院は1人が陽性，4人が濃厚接触者ということなので，個別感染として参加を認めればよいのに，学校側は出場すれば感染した個人が特定され，その少年の将来を脅かすとして辞退したという（読売21年8月19日朝刊19面）。しかし，感染者が多数いる今日，その事実が人に知られても，それが将来に不利な影響を及ぼすのであろうか。むしろ，感染した少年のためにみんなが参加できなかったと，その少年が恨まれるのではないか。

　聖火ランナーの見物も，大勢が混みあえばリスクがある。ただし，屋外であるから，人数制限と距離確保ができるのであれば，無観客は行き過ぎである（西村168頁は，50cm離せば十分という）。

## 14　非感染者リスク実験

（1）　どの程度混みあえば，コロナに感染するか，本当は科学的な実験をしたい。イギリスでは，非感染証明書を持つ者がサッカーなどのスポーツ観戦，映画鑑賞，ビリヤードに参加させて，感染のリスクを調べる実験をした。観客が2mの社会的距離をとるエリア，何らの距離をとらないエリアなど様々な条件を設けたという。スペイン，オランダでも同様の実験がなされている。これに対し，感染リスクを知りながら大勢の人を集める手法には批判もある（読売21年5月25日朝刊6面）。私見では，クラスターを発生したことがないパチンコ店や百貨店をやり玉に挙げる日本の知事よりはかるかに科学的な態度であろう。

（2）　その実験の報告書が8月20日にまとめられた。「サッカー欧州選手権で6000人超感染　英，決勝など8試合」（日経21年8月21日電子版）。

　6～7月のサッカー欧州選手権で，10カ国11都市を会場とした同選手権のうち，ロンドンの競技場で開催し，6万人以上を収容した決勝，準決勝を含む計8試合分（観客約35万人）を集計したところ，観客計約6400人が感染したとみられる。感染者の多くは，イングランド代表がイタリア代表に屈した決勝の観客。決勝が感染を一気に広げる「スーパースプレッダー」となったらしい。密接状態で「ウイルスがいかに容易に広がるかが示された」と指摘された。

　報告書によると，試合の観戦希望者には陰性かワクチン接種証明の提示を求めていた。しかし陽性確認の時期や潜伏期間などから，3千人超が試合時には既に感染していたとみられ，約6400人に感染を広めた可能性があるという。

　また，政府が大観衆の収容を認めた同時期の他のイベントについても調査。テニスのウィンブルドン選手権では，延べ約30万人を収容したが，感染者は千人に満たなかった。

　研究を率いた英医療当局の医師は，欧州選手権の決勝などで，観客が密状態で叫んだり熱唱したりし，ウィンブルドン選手権の観客と行動面で「差が著しかった」と指摘した。

　屋外でも密状態で叫んでいては，感染させられるが，そのような状態を回避すれば観客入りも可能である。


## 15　ハンドドライヤー

　なお，科学的根拠の不存在の例として，トイレに設置されているハンドドライヤー（全国に100万個以上設置されている）をあげよう，経団連は20年5月に策定した「感染防止策のガイドライン」に感染リスクを理由に利用停止を盛り込んだが，実は科学的な根拠に欠け，感染の確率は1万回に1回に過ぎず，欧米や中国など主要28か国・地域では使用禁止にしていない。そこで，経団連も，ガイドラインを見直して，使用を認めたという（読売21年5月9日朝刊10面）。


## 16　規制できる業種・業態
### （1）宴会，カラオケ，ライブハウス

　宴会，カラオケ，ライブハウス，ロックコンサートなどは，マスクをしないで，大騒ぎするから，コロナを放出するし，クラスターを発生させたこともある。よほど換気をよくし，距離を置くことができる環境以外では，1人の場合

以外は，店でなく，個人宅でも，屋外でも，絶対にやってはならない。しかし，クラシックコンサートなら観客が全員マスクをして，おとなしく音楽を聴いているので，問題がない（西村168頁）。

愛知県常滑市の野外フェスタ（野外音楽祭イベント）で，新型コロナウイルス感染対策が不十分なために21年8月末にクラスターが発生した（経産省はこれへの補助金3000万円の支給停止）。大阪泉南リンク──タウンで21年10月23・24日に開催される音楽フェスは，来場者全員に，①ワクチンの2回接種がわかる証明書，又は入場前72時間以内のPCR検査陰性証明書，又は入場時の抗原検査陰性証明書を提出した者に限り入場できるとした。この方法をオリンピックや各種イベントで使うべきであった。

### （2）単なる飲酒の禁止はえん罪

飲み屋や飲食店は人相互の接触があるためリスクが大きいから，格段の対策が必要である。しかし，前記5で述べたが，酒を飲むのも，1人酒は問題がないし，昼に1人，2人，短時間で少々飲むのは問題がない。換気の良い個室で数人，食事に軽く酒を入れるのも問題ではない。フランス料理にワインがないのも，日本料理に日本酒がないのも，味気ないし，それを飲んだら，コロナに感染するほどにはならないのが普通であろう。したがって，飲酒規制はえん罪である。

### （3）大騒ぎの飲み会は危険

しかし，酒を飲めば騒ぐ人が増える。騒がない酒の飲み方を徹底するのは至難であれば，医療崩壊の緊急事態においては，換気の良い個室や屋外の少人数以外では，一定期間，一律禁止とするのも，やむをえず，それなりのリスク管理であろう。その違反には，過料ではなく，営業禁止，懲役刑とすべきである。しかし，騒がない酒の飲み方をする店を認証して，酒提供を許容すべきではないか（第4章Ⅲ2（4））。

### （4）屋外の飲み会のリスク

飲酒対策は，屋内・店舗内だけではなく，換気が問題とならない屋外でも密着すれば必要である。路上飲み，歩道テラス，花見，屋外バーベキュー，ビヤガーデンなども，近距離であれば飛沫感染のリスクが大きいが，距離を開ければ禁止する理由がない。

# 第7章　第1次緊急事態宣言

## 1　緊急事態宣言

　20年4月7日に発せられた。これは，関東の1都3県，大阪府と兵庫県，福岡県を対象にするもので，安倍首相は，特措法45条1項に基づき，みだりに外出しないように要請した。そして，その具体的な権限は都道府県が行使する。休業要請もなされた。

## 2　延　　長

　政府は，20年5月4日に，第1次緊急事態宣言を1ヶ月程度延長するとともに，感染防止策をとったうえで，社会活動を徐々に再開する出口戦略をとろうとした。具体的には，感染防止策を講じたうえで，比較的少人数のイベントなどはリスクに応じて適切に対応する，クラスター（感染集団）が確認されていない施設は入場制限や消毒，マスク着用で「3つの密」を避ければ使用することを認める，外出自粛要請に関しても，3密やクラスター発生場所ではない外出は，手洗いや人との距離確保などで，感染拡大を予防すれば緩和する（読売20年5月3日朝刊1面）。

　これは筆者が第6章で述べている通りで，最初からこの方針をとるべきだったのである。それでも，自粛のルールがきちんとできていない。もっと，合理的なルールを作るべきであった。

　緊急事態宣言は都道府県単位で考えているが，市区町村内で指定すべきであるし，3密発生しやすい地域と業種・業態に限って規制すべきであった。このことの法的根拠は，第4章Ⅲ5で述べた。

　その後，感染者が減少してきているので，休業していた業種も再開を始めている。この時の感想では，そうすると，巨額の支援金も必要なくなるかもしれない。あるいは感染第2次流行で資金がショートするかもしれない。その見通しをつけた長期的視点から支援計画を立てるべきであるということであった。

## 3　5月14日緊急事態対象県を一部解除

　首相は，第1次緊急事態宣言を39県で解除し，8都道府県では継続すること
とした。そして，解除の基準，再指定の基準を定めた。兵庫県（大阪府，京都
府も基本的に同じ）は，休業要請を大幅に解除する（映画館，劇場，百貨店，図
書館，博物館，ホテル・旅館の宴会場，商業施設，大学はOK）が，キャバレー，
ナイトクラブ，ライブハウス，カラオケ，大型パチンコ店，イベント，体育
館，屋内水泳場，ボーリング場，スポーツジムなどは要請を継続するという。
しかし，この多くは営業の仕方次第のはずであるから，一律は不合理である。
居酒屋の閉店時間を午後8時から10時に延長する。しかし，外出自粛要請は継
続という。県外移動はしないで，などと不合理なことをいっている。

　兵庫県は，県立学校について学区により登校可能日を週1日，2日などとし
ているが，登校可能日が週5日であれば，新型コロナがなぜまん延するのか。
むしろ，分散登校の方がよい。青空教室も活用すべきである。また下校時間を
午後4時までとするが，午後5時であれば新型コロナがなぜまん延するのか。

　京都府は大学を除外しなかった。理由は，人口当たりの大学生の比率が高
く，府外から通う学生も多いという理由らしい。しかし，大学でも密集しない
運営がそれなりには可能であり，府外から通うからウイルスを持ち込むとは言
えず，一律に閉鎖させるべきではない。

　筆者の居住する地域では休業要請が一部解除されたので，人の出が急激に増
えて密集状態のところが出ている（5月17日）。これでは第2波が心配であ
る。3密防止策の徹底を忘れてはならない。

## 4　緊急事態宣言解除

　緊急事態宣言は関西では5月21日に解除されたが，首都圏と北海道は解除さ
れない。しかし，北海道は広く，感染者の多発する札幌の中心部（すすきのな
ど）だけ規制すればよい。都道府県単位で考え，営業の仕方を考慮せず，機械
的に休業要請して従わせる過剰規制である。

　そして，20年4月7日に発令した第一次緊急事態宣言は20年5月25日に約7
週間ぶりに全国的に（首都圏と北海道も）解除された。政府が解除の目安の一
つに挙げた「直近1週間の10万人当たりの感染者が0.5人程度以下」に対し，
25日午後8時時点で東京都は0.34人と下回ったためである。新型コロナウイル
スの感染拡大防止と社会経済活動の両立をめざす「基本的対処方針」も決め

た。全国の移動解禁は6月19日から認める。しかし，7月まで移行期間として段階的に緩和する。それには強制力がないのに国民は従うであろう。しかし，3密を防ぐ手立てを講ずれば，第2波を防げるであろうから，最初から緩和すべきであった。事業者の破綻防止が軽視されている。

　大阪府は，休業要請を全面解除するが，感染予防指針を作った。ライブハウスは原則着席という。しかし，立っても離れていればよいのではないか。

| 首相記者会見のポイント |
|---|
| ▼緊急事態宣言 |
| 世界的に厳しい基準を全国的にクリア |
| 1カ月半で今回の流行はほぼ収束 |
| 最悪の場合は2度目の宣言発令も |
| ▼経済活動の再開 |
| 指針に沿った感染防止対策は100%補助 |
| 移動自粛要請などは感染防止に配慮して段階的に解除 |
| プロ野球は6月19日から無観客で開催 |
| ▼第2次補正予算案 |
| 補正予算は1次と2次あわせて事業規模200兆円超に |
| 店舗の家賃負担軽減へ給付金新設 |
| 地方への交付金を2兆円増額 |
| ▼検査・医療提供体制 |
| 接触確認アプリを6月中旬に導入 |
| 検体採取するPCRセンターを拡充 |
| 医療・介護従事者に最大20万円を給付 |

### 経済活動を段階的に再開する

| | | 外出・観光 | イベント（小さい方が上限） | 施設の使用 | 出勤 |
|---|---|---|---|---|---|
| 移行期間 | 5月25日〜 | 都道府県をまたぐ不要不急の移動を避ける | ■屋内なら100人以下または定員の50％以内 | カラオケやスポーツジムなどクラスターが発生した施設は避ける | 在宅勤務や時差出勤など人との接触を減らす取り組みを継続 |
| | 6月1日〜 | 北海道，東京，千葉，埼玉，神奈川との間の不要不急の移動は慎重に | ■屋外は200人以下。人との距離は2メートル確保 | 接待を伴う飲食業，ライブハウスなどは避ける | |
| | 19日〜 | 都道府県をまたぐ観光振興に取り組む | 屋内，屋外ともに1000人以下または定員の50％以内 | 移行期間中にクラスターが発生すれば使用制限も | |
| | 7月10日〜 | | 屋内，屋外ともに5000人以下または定員の50％以内 | | |
| 移行期間後 | 8月1日〜 | 感染状況など検討し，改めて都道府県に通知 | | | |

(注) 基本的対処方針や都道府県知事への通知に基づく

（日経20年5月25日電子版）。

## 5　20年5月当時の評価

　日本の新型コロナ対策はうまくいったとの評価が多い。その理由は不明である。ファクターXという言い方もある。BCGによる集団免疫，人種の違い，手洗い・マスク・家に入るとき靴を脱ぐことなどの習慣，日本人は世界的に健康だ，肥満者が少ない等種々言われるが，施策が成功したわけではない。

　私見では，ずさんな過剰規制で，防げたはずの多くの破産者・失業者・自殺者を出し，ばらまき政策で巨額の借金を次の世代に残すことになり，コロナ禍を超える政策禍と酷評せざるを得ない。

# 第8章　第2次緊急事態宣言
## (21年1月7日〜3月21日)

## 1　第2次緊急事態宣言の内容

　緊急事態宣言は第1次の20年4月に続き，21年1月に第2次が発せられた。7日に4都県に，13日に7府県を追加した。だが，同じ緊急事態宣言と言っても中身は全くの別物である。20年の第1次宣言は小売店から飲食店，映画館，劇場，スポーツ施設，ジム，パチンコ店など幅広い業種に休業要請の網をかけた。

　しかし，20年4〜6月期の国内総生産（GDP）2次速報値が年率換算で28.1％も減少するなど，経済が大打撃を受けた。

　緊急事態宣言で新規感染者や重症患者は減少したが，第1次宣言解除後に感染の第2波，第3波が起こり，厚生労働省によると，第3波では21年1月8日に全国で7844人とコロナ禍最大の新規感染者を出すことになった。

　そのため，第2次宣言では，業種を飲食業・バー・カラオケに，休業ではなく，酒類は朝5時（以下同じ）から夜7時まで，8時閉店などと，営業時間の短縮（いわゆる時短）を要請する。GO TO Travel（予算1兆円）も20年11月に停止された。20年7月以降，徐々に緩和されてきたビジネス入国も一時停止された。

## 2　目的と手段の不整合

　しかし，これは，目的に沿った手段を講じていない点で，的外れの愚策である（第6章と重複するが，当時のメモである）。そもそも，前にも書いたが（第4章5，第6章11），コロナ対策を県単位で考えるのが間違いである。この考え方は，21年2月の法改正で導入されたまん延防止措置にだけ採用されている。

　飲食店は，第1章で述べたような，換気，消毒，ついたて，マスク等で感染対策を講じているのが普通である。1人離れて食べるのは，もちろん，3，4人が個室で，屋外（歩道のテラス，屋上のビヤガーデン）で離れて，あるいは個室でなくても，他の客と離れて，1時間くらいであれば感染リスクは非常に低

いであろう。マスクをせず，他の顧客と密着して，あるいは大勢が大声をあげて談笑するのは，営業でなく，私的な会合でもやめてもらうのが肝心であり，それは地域を限らず，午後8時まででも同じである。この規制では，宴会を午後8時に終わるようにするだけ，あるいは昼に行うのではないか。極端に言えば，朝5時から宴会できることになる。

酒類提供を朝から夕方までは禁止しても，アル中以外の普通の人は困らないのに，なぜ朝5時から7時までなら許容するのか。

飲食が深夜に及ぶと，自然に，大勢で談笑することになりやすいので，時短が有効であろうが，8時閉店は外食したい者にとって過大な規制である。他方，10時，11時まで外食する必要はない。遅くなれば，大勢で騒ぐことも増えるであろうから，酒類提供は7時か8時まででも，飲食自体の閉店時間は9時か10時にすべきではないだろうか。

バー，ラウンジ等は密着して談笑することが仕事であるので，十分に注意するような営業形態をとれなければ，時短以前に営業自粛をお願いしたいが，カラオケは，1，2人で入室するのであれば，問題がない。

違反店舗の公表は，かえって，開店しているとの宣伝効果もある。違反を処罰するかどうかが論点となるが，8時までという一律の時間制限であれば合理性・必要性が不足するから，処罰の根拠がないと考える。

しかも，阿部説に沿って，処罰を裁判所で争う者が増えれば，警察・検察・行政機関も多忙であり，コロナ蔓延防止として，昨年春には閉廷した裁判所が，今度はどんどん迅速に処理するのだろうか。そうすれば，ずさんな判決であろうから，医療崩壊ならぬ，法治国家崩壊，「裁判所崩壊」である。

ただ，今回は，パチンコ，ジムなどは対象とせず，学校の休校要請もしない。それなら，20年2月安倍首相が学校の休校要請をした誤りは反省したのか。大阪府や都の知事がパチンコ店をやり玉に休業要請をしたのは何だったのか。やることが雑で，一貫性がない。反省のないところでは，過ちを繰り返すのである。

## 3　給付金

時短要請のかわりに，1日6万円，月最大180万円を支給する。欧米と遜色なしというが，規模の大きな店は焼け石に水という（グローバルダイニング社はそのように主張している）。この協力金は関西3府県で2260億円という（読売21

年１月14日朝刊２，33面）。従わないと，店名公表する。医療崩壊防止，コロナ感染拡大防止のためにやむなし，むしろ遅すぎるなどという反応と，飲食店は生活できないという反発がみられる。

しかし，給付金は，店によってはどうせ９時には閉店する。８時で閉店したら，４万円もらえるのではかえって得する店もある。新型コロナ特需である。営業の実態に即した給付金とすべきである。

## ４ 宣言の延長・解除

３月８日，東京都と神奈川，千葉，埼玉の４都県で，緊急事態宣言を３月21日まで再延長した

兵庫では緊急事態宣言は解除されたが，時短要請は３月８日以降，大阪と関連の深い神戸，尼崎，芦屋西宮の４市に限定して続ける。それ以外では解除する。

ただし，飲食店の営業時間は，午後９時まで，酒の提供時間は30分遅らせて，８時半まで延ばす。要請に応ずる飲食店には１日４万円の協力金を支給する（読売21年３月５日朝刊32面）。これも小さな店なら高すぎる。

やっと，県下全域同じではなく，市町村単位に修正された。

第２次は３月21日に解除されたが，結局，心配されたとおり，リバウンドが待っていた。

## ５ 改正法の実施

休業要請・命令違反には過料を科すこととされた。東京都は，飲食店などに対し，営業時間を午後８時までに短縮するよう要請しているが，応じていない1113の店には特措法の45条に基づいて緊急事態宣言下でのみ適用できる，より強い要請を出した。この要請にも応じていない店には，理由を聞くなどの弁明手続（行政手続法13条）を経て，正当な理由がないと判断した27の店に対して，３月18日に改正特措法に基づいて営業時間を短縮するよう命令を出した。命令が出されるのは全国で初めてである（NHK21年３月18日注目の発言集）。これに対抗したのが，はしがきで言及したグローバルダイニング訴訟，MT コーポレーション訴訟である。

宮城県は，午後８時までの時短要請に応じない仙台のキャバクラや居酒屋などの飲食店15店舗に対し，店名を県のホームページに公表し，かつ，全国初の

重点措置に基づく命令を発した（21年5月7日，ヤフーニュース）。応じない場合には20万円以下の過料を科すことができる。

　しかし，公表された飲食店は，家賃が400万円，従業員70人の生活があると反論している。また，時短を装った闇営業があり，売上げと協力金の二重取りが横行しているという（河北新報21年5月8日電子版）。

　店名を公表されたJR仙台駅前の居酒屋の男性店長「何とも思わない。（感染拡大から）1年もたつのに政府は何をやっているんだ」と憤った。要請に応じた場合の協力金では家賃を支払えず，従業員の雇用も守れないと訴えた（共同通信社。21年5月10日電子版）。

　そもそも，処罰するには，必要性が高く，かつ要件が明確で，執行するための警察・検察・裁判所の体制の充実が必要である。しかし，休業要請の必要性は前記のように「？」がつくものが多い。3密防止で十分で，営業禁止はよほどの場合に限るべきである。ロックダウンなどは愚の骨頂である。そして，無数の違反があるので，一罰百戒という不公正な法執行となり，違法となるから，処罰規定は，実質は張り子のトラとなる恐れが多い。しかも，過料20万円や30万円では，違反して営業を続けた方が得である。

　大阪府では，飲食店をつぶすのか，医療崩壊を生じたのは，知事の政策が間違っていたのだとの批判が渦巻いている。

　外出自粛ではなく，外出先の行動について規制すべきである。

　感染者に入院命令は当然である。検査で陽性だったのに，自宅に帰るなどは言語道断である。

# 第9章 21年4月25日第3次緊急事態宣言以後における対策の誤り

## ◆ I 第3次緊急事態宣言の対策の概要

### 1 第3次緊急事態宣言

21年4月25日，第2次緊急事態宣言解除後1ヶ月余りで，大阪，東京は感染拡大，医療崩壊の危機に面し，政府は，東京都，大阪府，兵庫県，さらに京都府の4都府県を対象に，改正特措法に基づいて，4月25日から5月11日までの期間で，第3次緊急事態宣言を発した。まん延防止等重点措置は，多数の道県に適用された。

新型コロナウイルス患者向けの病床使用率（厚労省まとめ，4月28日時点）によると13府県が，政府の対策分科会が示す「ステージ4」（爆発的感染拡大）に相当する50％以上となっている（日経21年5月1日電子版）。

大都市の感染拡大が全国に広がることが危惧されているので，ゴールデンウイークという，多くの人が休みに入る機会をとらえて，人の流れ（人流）を止めることを目指し，短期集中で対策を講ずるということである。

これは飲食店を中心としたこれまでの感染対策から，社会全体の人の流れを封じ込めるという方向へ政策を転換したものという。ミニ都市封鎖（ロックダウン）である。

### 2 休業要請・時短要請

これにより，緊急事態宣言が発せられたそれぞれの都府県は，休業要請等を行い，従わない業者に対して，改正特措法45条3項に基づく命令を発し，さらに，違反には30万円以内の過料を科す。代わりに，一定の協力金を支給する。

緊急事態宣言都府県では，飲食店には，20時までの時間短縮と合わせ，終日酒類の提供の停止を要請する。カラオケの提供停止も要請する。

百貨店やショッピングセンターなどの，床面積が計1000平方メートル超の商

業施設（生活必需物資の小売り関係などは除く）に休業要請を行う。

　テーマパークや映画館なども休業対象とする。

　ディズニーランドは営業を継続する（日経21年4月26日電子版）。

　そこで，大阪府のテーマパーク，USJ（ユニバーサル・スタジオ・ジャパン）は休業する。国立文楽劇場は態度を決めかねていたが，4月公演は少し短縮して行った。上方落語の定席・天満天神繁盛亭，吉本興業も休業する（読売21年4月24日朝刊29面）。

　JR西日本グループが運営する大阪駅の商業施設「ルクア大阪」（大阪市）は25日から当面，飲食店や生活必需サービスを扱う店舗を除いて休業する。食料品や医療品，理美容など生活にかかわるサービスは午前11時～午後8時の時短営業とする。「天王寺ミオ」（大阪市）も同様の対応とする。

　水族館の海遊館（大阪市）や京阪ホールディングス傘下のひらかたパーク（大阪府枚方市）も25日から臨時休園する。ボーリング場やカラオケなどの複合施設を手掛けるラウンドワンも対象地域にある全店舗を休業とする。

　関西を中心に和食・すし店を展開するがんこフードサービス（大阪市）は対象地域で原則として酒類の提供をやめ時短営業とする。大規模商業施設に入る十数店では施設の休業措置に合わせる。同社の担当者は「宴会予約は少なくキャンセルによる損失は少ないだろうが，大型連休は稼ぎ時。固定費ものしかかり苦しい」と話す。

　カニ料理専門店のかに道楽（大阪市）も同市内の4店を休業し，対象地域にあるほかの店舗では酒類の提供をやめ午後8時までの営業とする。

　ユニバーサル・スタジオ・ジャパン（USJ）は，休業期間中の購入済みチケットの返金に応じる。休業期間中に1日でも有効期間のある年間パスについても有効期限を延長する（日経21年4月24日電子版）。筆者の近くのヤマダ電機も休業する。

　路上，公園での集団飲酒に注意喚起を行う。

　人の接触機会を減らす。交通事業者には，平日の終電繰り上げ，週末・休日の減便など必要な協力を依頼する。

　プロ野球やサッカーのJリーグといったスポーツの試合やコンサートなどの大規模イベントは原則無観客とする。公共施設は閉館・閉園する。

　大阪府の施策では，不要不急の外出自粛を呼びかける。

　不要不急の都道府県をまたぐ移動の自粛を要請する。

大学はオンラインを原則とする。クラスを分けた授業や大教室で密を回避する。

学生寮での感染防止について学生への注意喚起

経済界には在宅勤務7割への協力依頼

大阪府は，4月25日から，府内の飲食店約10万店舗を見回り調査して，酒類の提供中止や時短要請などを行い，違反が判明した268店舗に要請を守るように求め，それでも，要請に応じない府内の飲食店33店舗に21年5月10日，要請に応ずるように文書で通知した。それでも応じない店舗には，命令・過料の手続に入る（読売21年5月11日朝刊29面）。

## これまでの緊急事態宣言との違いは？

| | 今回 | 1度目 | 2度目 |
|---|---|---|---|
| 期間 | 21年4月25日～5月11日 | 20年4月7日～5月25日 | 21年1月8日～3月21日 |
| 飲食店 | ●午後8時まで ●酒類提供店は休業 | 午後8時まで | 午後8時まで |
| 百貨店 | 食品売り場除き休業 | 食品売り場除き休業 | 時短営業 |
| テーマパーク | 休業 | 休業 | 入場制限 |
| イベント | 無観客 | 自粛・中止 | 人数制限 |
| 学校 | 休校せず | 休校 | 休校せず |
| 交通 | ●減便 ●終電時間繰り上げ | 運休・減便 | 終電時間繰り上げ |
| 県外移動 | 自粛求める | 自粛求める | 自粛求める |

(注)今回の措置は政府の要請。1度目と2度目は東京の事例

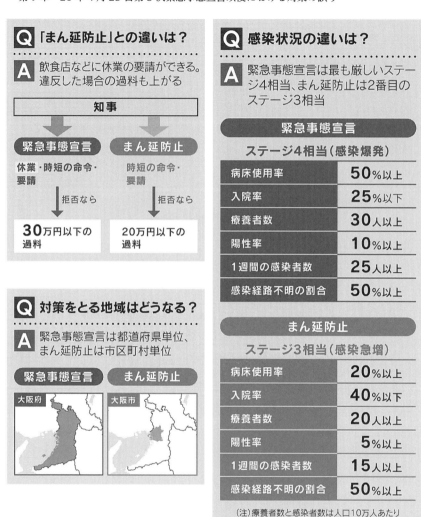

（日経21年4月25日電子版）。

　まん延防止等重点措置の対象地域では，知事の判断で，感染状況に応じ，飲食店へ，酒類の提供を行わないように要請する。

　緊急事態宣言は都道府県単位で出すのに対し，重点措置は知事が市区町村など地域を絞る。繁華街などを対象に集中的に対策をとることを想定する。

　飲食店などが命令に違反した場合の過料も異なる。宣言下では30万円以下，

同措置では20万円以下になる。同措置は時短のみ要請でき，休業要請はできない（第 4 章 3 ）。

　この日本の政策は，都市封鎖を行った諸外国と比較すれば，穏やかなものである。これについて，内閣参与高橋洋一が，「さざ波」「屁みたいなもの」と述べて，辞任した（21年 5 月）。日本の感染者・死者数は，欧米と比較すればはるかに少ないし，「超過死亡」もこれまではなかったのであるから，表現の適切さはともかく，日本の実情を表している。この程度で辞任しなければならないのでは，発言に慎重にならなければならず，内閣参与の適切な見識を活用すべき内閣は損であろう。

## 3　居酒屋の悲鳴，酒の提供等

　居酒屋は，酒類が提供できなければ開店しても採算が取れないので，休業する。悲鳴を上げている。「居酒屋から酒を取るのはいやなので」（居酒屋から酒をとれば，居屋＝いやが残る）という「駄じゃれ」もある。まさに，「酒は涙かため息か」である。ランチなどで対応できるなら，時短営業とするしかない。

　では，酒を提供するのと，新型コロナの感染はどれだけ関係があるのか。

　酒を飲むと，大声で騒ぐので，新型コロナウイルスが飛散しやすいという理由であろう。大勢の宴会は，これまでも新型コロナ発生源であることが知られている。そこで，宴会禁止は不可欠である。

　しかし，1 人酒は，何の問題もない。2 人で酒を飲むのも，間にアクリル板を設置の上，換気の良い個室であって，長時間でなければ問題は少ない（第 4 章Ⅲ 2 （ 4 ）参照）。

　そこで，酒を出してもよいが，4 人以上の宴会禁止，長時間の酒類提供禁止として，せいぜい 2 時間までとすべきである。

　6 月20日緊急事態解除後は，店に入るのは 2 人連れあるいは 4 人連れまで，90分などとして酒の提供を認めることになったのはこの考え方によるであろう。

　第 3 次緊急事態の 6 月20日までの延長に際しては，政府は，時短は要請だけではなく命令を出し，要請に従っている店舗との公平を図れと述べた。兵庫県は，酒類提供禁止・時短要請に従わない21店舗に要請に応ずるようにとの文書を発送した（読売21年 5 月27日朝刊22面神戸明石版）。井戸知事は，5 月26日，時短命令・酒類提供自粛の要請に従わない店は「確信犯」的なところがあると

述べた。

　しかし，感染させないように十分に注意しているにもかかわらず，営業中止に追い込まれ，破綻する店の立場に立てば，新型コロナ感染源であるとの実証的なデータなしに，十分な支援金なしに，一方的に休業・時短を要求する政府や知事こそが「確信犯」だと思うであろう。


## 4　感染状況

　チャートで見る日本の感染状況（https://vdata.nikkei.com/newsgraphics/coronavirus-japan-chart/）は，21年4月25日に国内で新たに確認された新型コロナウイルスの感染者は4607人だった。死者数は51人増え累計9977人となり，1万人に迫ってきたと集計する。そして，国内の感染状況を丁寧に表にまとめている。

　しかし，日本の年間死者は約137万人，コロナ死者は，近く亡くなる高齢者が多いから，社会全体としては，それほど怖いものではない。

　ただし，政府の「新型コロナウイルス感染症対策分科会」による各地の感染状況を判断する指標でみると，関西や沖縄の医療提供体制が逼迫している（https://vdata.nikkei.com/newsgraphics/coronavirus-japan-infection-status/）。

　朝日新聞（21年4月27日電子版）は，「強毒化したウイルス」変異株が拡大，若い世代にも死者と報じている。


## 5　支援策

　雇用調整助成金を活用して，雇用を守り，緊急小口資金などで暮らしを守る。

　休業や時間短縮を伴う飲食店には，事業規模に応じた協力金を支給する。

　大企業は1日20万円を上限に売上高の減少額の4割を協力金として支払う。中小企業なら売上高に応じて4万～10万円を原則支給する。施設には1日20万円，施設内の店舗にも1日2万円。

　兵庫県が21年1～3月に払った時短協力金の総額は641億円にも上った。これは申請件数の約7割。飲食店に協力金として1日4～6万円を払っている。兵庫県は，4月以降もまん延防止等重点措置や3回目の緊急事態宣言を受け，時短や休業要請を受けた各店舗に協力金として，2万5000円～20万円を支給する予定で，6月から受け付ける。三木市は飲食店の取引先を支援する。売上げ

3割減から対象とする（読売21年5月21日朝刊25面）。これでは大規模店舗にとっては焼け石に水である。

　新型コロナウイルスの感染急拡大を受け，21年1〜3月に出された第2次緊急事態宣言の対象11都府県で，営業時間短縮の要請に応じた飲食店などへの協力金の支給率にばらつきが生じている。福岡県が支給をほぼ終える一方で，大阪府は6割強にとどまることが朝日の調査でわかった（朝日21年6月13日電子版）。

## 6　過大な規制で経済損失は膨大

　この17日間の規制で，経済損失は，4都府県で，約7000億円と試算されている。年間のGDPの0.1％。過去2回の緊急事態宣言とまん延防止等重点措置の影響を合わせると，損失額は計13.9兆円となり，名目GDPの2.5％程度になる。さらに，今回の緊急事態宣言が過去2回並みの2ヶ月間に延長され，対象区域に埼玉，千葉，神奈川が加わると，3度目の宣言による損失額は3兆8640億円まで膨らむと試算されている（野村総合研究所の試算。読売21年4月24日朝刊2面）。

　21年6月の緊急事態宣言の延長による経済損失はさらに7000億円との想定も出されている（読売21年5月29日朝刊8面）。

　旅行業界は甚大な被害を受けた。JTBは21年3月期で1051億円の大赤字（読売21年5月29日朝刊1面，9面）。

## 7　学校は休校せず

　荻生田文科相も，緊急事態宣言の発令後も「学習の遅れや心身への影響を考えると，一斉休校を要請する考えは全くない」と言明。感染者が出れば，学級，学校閉鎖で処置すべきだと述べた（日経21年4月23日電子版）。

　兵庫県も学校を休校にしない。その理由は，授業中に感染したという例は確認されておらず，オンライン教育に慣れていないことから，義務教育の場を放棄しないように，対面授業をする。結構である。先の安倍首相の全国一律休校の要請に従ったことが誤りであったことを自認したのか。しかし，反省の弁は聞かれない。

　大阪市立の小中学校では学習用端末を使った自宅でのオンライン学習が始まった。休校とはせず，保護者が希望する場合は学校で授業を受けることもで

きる。登校した児童には給食も提供する。

「マイクをオンにして返事をお願いします」。午前 8 時50分，大阪市立本田小では，6 年生の担任教諭がパソコンに映し出された児童の顔を見ながら出席を確認した。午前 9 時すぎに始まった 1 時間目の授業は算数で，担任が教材を画面に提示。自宅から授業に参加した児童は自分の学習用端末を見ながら学習を進めた（日経21年 4 月26日電子版）。

しかし，21年 4 月にコロナ休校急増，大阪府立137校と報道されている（読売21年 5 月 9 日朝刊32面電子版）。

ところが，大阪市の小中校は子供の重症事例なく，対面授業全面再開である（読売21年 5 月29日朝刊29面）。

児童の自殺が増加していると報じられている（NHK NEWS WEB　20年11月25日）。20年度では小中高生の自殺者が過去最多の415人という（読売21年10月14日朝刊 1 面）。コロナは怖いが，家に閉じ込めているのも怖いのである。

## ◆　II　第 3 次緊急事態宣言の感染防止策への批判

### 1　エビデンス重視から，人流抑制案へは，根拠なし ━━━

第 3 次緊急事態宣言は，人の流れを抑制するという，いわば「ミニ都市封鎖」であると評される。第 6 章 3 で批判したが，追加する。

読売（21年 4 月24日朝刊 3 面）は次のように分析している。

政府は，これまで，酒を伴う飲食が主な感染ルートであるとみて，実証調査などで安全が確認されたスポーツイベントは容認するなど，「エビデンス（証拠）」重視の立場だった。東京都は今回もイベントを中止延期したり，無観客で開いたりすることには難色を示していた。

しかし，西村経済再生相は，イベントが感染拡大をもたらすというエビデンスなしに，吉村大阪府知事の「人流抑制案」に飛びついたという。政府は大阪案「丸のみ」という。これは「エビデンス度外視の『ミニ・ロックダウン（都市封鎖）』だ，それだけ感染状況が深刻だということだ」という。ここで，首相が指導力を発揮したとの形跡は見られないという。

4 月25日に 3 回目の緊急事態宣言が 4 都府県で発令された。菅首相は記者会見で，「効果的な対策を短期間で集中して実施し，ウイルスの勢いを抑え込みたい」と強調した。

　しかし，エビデンスに基づかない施策は，いくら感染状況が深刻であって
も，的外れであるから，経済や社会生活に深刻な打撃を与えるだけで，過剰規
制であり，しかも，満足な効果は生み出さない。

　杢村秀樹：日本総合研究所　調査部長・チーフエコノミストも，「根拠なき
緊急事態宣言はもはや人災でしかない。事業者を圧迫，非正規雇用と婚姻は大
幅な減少，活動制限と感染増減には相関関係がない」と指摘している（東洋経
済21年4月30日電子版）。

　また，「人流」分析で明らか「自粛疲れ」「規制効果なし」，「感染の波」「政
府の政策」「人流」の連動性を分析と報じられている（末廣徹：大和証券　シニ
アエコノミスト，東洋経済21年5月2日電子版）。

　さらに，読売の報道を紹介する。

　厚労省は，2人以上の感染者が出ている施設を集計している。21年4月19日
までに累計6358か所の発生例があった。高齢者施設などの福祉施設（1705
件），企業（1228件），飲食店（1168件）等が主である。大規模イベントの会場
や大型の商業施設などで多数の感染者が確認されたケースは限定的である。

　百貨店業界は，感染防止の指針を定め，手指の消毒液をおき，入店時に検温
を行い，混雑時には入店制限をしているが，最近の店内は混雑しておらず，ま
さか休業要請の対象となるとは思っていなかったという。

　大阪の阪急百貨店は，食料品売り場を除いて休業にするが，同じ大阪にある
大丸心斎橋店や梅田店は，食料品だけではなく，化粧品売り場も営業すること
に決めた。休業要請の対象とならない「生活必需品」の範囲を巡り各社の対応
が分かれたのである（読売21年4月25日朝刊3面）。

　大阪の万博記念公園も休業する。しかし，広い空間で，新型コロナの心配は
ない。

　劇場やホールでも感染対策を徹底しており，現在はクラスターが発生したと
の報告はない。

　東京都では，劇場や演芸場，テーマパークが条件付きで営業を認められたの
に対し，映画館とプラネタリウムは引き続き休業を求められた。映画施設など
の団体でつくる全国興行生活衛生同業組合連合会（東京・港）からは，これま
でクラスターを発生させたことがないと，怒りの声が相次いだ。文化庁長官も
異論を唱えている。休業要請の対象となる業種の線引きが曖昧な上，施設が開
館している隣県に都民が「越境移動」している事例もあり，人の往来を抑える

効果にも疑問が残る。都と国でも判断が異なり，翻弄される現場は疲弊している（日経21年5月15日電子版，読売21年5月21日朝刊11面）。

プロ野球も，感染予防ガイドラインに従っており，感染に伴うクラスターは発生していない。大相撲の本場所でも観客数を制限しながら入れてきたが，感染者は1人も出していないという。

## 2　宣言の効果

第3次緊急事態宣言の後，「宣言地域，進まぬ感染抑制　街なかの人出減らず」（日経21年5月28日電子版）ということである。大規模施設を休業させても，人の交流削減にはほとんど効果がないのである。したがって，何度も書くが，大規模施設の休業要請には，全く根拠がなく，広い政策裁量を前提としても，営業の自由（憲法22条）を制限する理由がなく，違憲・違法である。

なお，その施設自体では感染者を出さなくても，そこへ行くために人が流れることで感染者が発生するのか。この点も何らエビデンスはない。人が行きかって，すれ違いざま新型コロナに感染するのか。それほどの強い感染力だとは，一般には言われていない。マイカーで行くなら，窓を開けていれば，まず感染しないし，公共交通機関でも，みんなマスクをして，話をしていない。混雑しているのであれば，感染の可能性はあるから，乗車人数を制限すればよい。

大阪府は，公道での聖火リレーを中止した。代替措置として，吹田市にある万博記念公園で走る。聖火リレー自体は広い空間を走るので，新型コロナを伝播させるわけがない。ただ，沿道の見物客が密になればリスクがある。距離をとってと呼びかけるだけで済まないのであれば，無観客とするしかない。

## 3　図書館他

図書館は，第3次では休業の対象となっていない。会話をする人も少なく，間隔を開ければすむ。

第1次の図書館閉鎖が誤りであったが，反省はない。しかし，一部の自治体では自主的に休館するところが相次いでいるという（読売21年4月25日朝刊29面）。

兵庫県立美術館は，休館となった（以上の読売21年4月25日朝刊29面）。しかし，美術館では，大声を出す人はいない。感染対策は徹底している。

## ◆　Ⅲ　大阪の医療崩壊対策

　この施策の原因は大阪の医療崩壊である。コロナ病床が不足して，命の選別をしなければならない状態である。その解決こそが肝心である。明石市の泉房穂市長は，病床を確保していないのに，重大な私権制限をするのは責任放棄だ，この1年何をしていたのかと大阪府の吉村知事を批判している（産経21年4月26日電子版）。

　経済財政諮問会議は，4月26日感染者の急増に備え，病床を急増することを提言している。コロナ患者を受け入れる病院に対して減収を穴埋めすることを提言している（読売21年4月25日朝刊2面）。

　さらに，民間病院の協力を求めるだけではなく，全国の病院の協力，それへの資金援助が肝心である（第1章4）

## ◆　Ⅳ　企業の対応

　在宅勤務の拡大が肝心である（日経21年4月27日　電子版）。

　新型コロナウイルスの感染が急増する東京や大阪など4都府県で緊急事態宣言が発令されたのを受け，企業が対応を急いでいる。NTTは従業員の出社比率を3割から2割に下げる。日本郵船は原則，在宅勤務とする。大手企業ではテレワークの運営ノウハウの蓄積が進んだが，中央官庁や中小企業は活用しきれていない。

　NTTは4都府県の間接部門の出社比率を下げる。20年4月の1回目の宣言下は5割，21年1月の2回目の宣言下は3割だった。「重大局面ととらえ，感染拡大を防ぐために高い目標にした」という。

　日本郵船は原則，在宅勤務に移行。三菱自動車も対象地域の社員に在宅勤務を指示した。日本製紙は全国で在宅比率の目安を従来の5割から7割に上げる。日本通運や三菱地所も在宅勤務者を増やす。

　企業が対応を急ぐ背景には感染力が強いとされる変異ウイルスが広がり，第4波が深刻なことがある。東京都では英国型などが感染者の3割以上を占めるとの調査もある。

　従業員の業務外の行動に注意を促す企業も目立つ。NECや東芝は私用の会

食を見合わせるよう注意喚起した。日立製作所は従業員に大型連休中の旅行や帰省を自粛するよう求めた。

　対策の軸となるテレワーク拡大を巡っては，野村総合研究所の調べで，20年末時点で何らかの支障があると感じていた働き手は43％と5月の6割弱から減った。デジタル機器やソフトウエアが普及し，働き手のオンライン業務の習熟度が高まったとみられる。

　製造業や建設などの現場業務は続ける企業が多い。感染予防と事業継続の両立を図っている。

　ただ，産業界全体ではテレワークの拡大に頭打ち感もある。日本生産性本部によると足元の実施率は2割前後で推移している。5割を超える米国やイタリア，ドイツに水をあけられている。

　都内で人出が減っていないのは中央官庁が集う霞が関である。国会に近い西側の朝の人出は感染拡大前の昨年初めに比べ5％しか減っていない。政府は今回の宣言で出勤者の7割減を推奨しているが，人の流れを見る限り霞が関での実現は遠い。

　背景には，国会で質問する議員から趣旨や内容を事前に聞き取る「質問取り」や提出法案などを事前に議員に説明する慣習がある。ある省庁の中堅職員は「テレワークが進まない要因は政治側にもある」と漏らす（阿部『日本列島法改造論』（第一法規，平成30年）7頁は，「国会質問は間1日開けて通告すべし」との与野党間の協定を締結せよと主張する）。

　中小企業には導入コストがネックである。

　しかし，4月23日の1日の新規感染者の数は，兵庫県下全部で567人，うち，神戸市が227人，尼崎市42人，西宮市51人と結構多いが，県内では新規感染者がこの日はゼロの市町村も多い。県下全域で厳しい規制をするほどの理由はないはずである。

## ◆　V　第3次緊急事態宣言の延長における対応

### 1　延長の合唱とバラバラの施策

　21年5月7日には，変異株が猛威を振るい，感染者が増え，若者も重篤化するようになり，病床使用率に余裕がなく，病院の医療危機解消が重大な課題となった（読売21年5月3日朝刊3面）ので，第3次緊急事態宣言の延長というの

が関係都道府県知事の合唱となり，政府もこれに応じ，東京都，大阪府，京都府，兵庫県の4都府県のほかに，さらに福岡，愛知両県を加えて，同月31日までの延長を決めた。沖縄県も5月23日に追加された。しかし，感染源に焦点を合わせた施策ではないので，効果があるのか。

　なお，大阪府では，英国株の割合は，3月上旬には新規感染者の25％程度であったが，4月上旬には75％，5月にはほぼ100％に上昇した。東京都では，4月上旬に25％程度，5月上旬に約75％で，関西は約1ヶ月早く変異株に置き換わったという（読売21年5月29日朝刊29面）。

　しかし，この延長の際には，政府は，休業要請の対象は緩和し，飲食店の営業は午後8時までとした。ただし，酒とカラオケの提供は認めない。利用客が酒を持ち込むのも認めない。路上や公園での集団による飲酒は強く自粛を求める。

　大型商業施設については，生活必需品以外でも，平日の午後8時までの営業を認める。無観客が求められていたスポーツなどの大規模イベントは5000人かつ収容定員の50％以下，開催時間を午後9時までとして，観客を入れることを認めることになった。「人流」の抑制に重点を置いた第3次緊急事態宣言を修正し，飲食店の対策に軸足を戻す。

　延長前にこれら休業要請をしたのは理由があったのか。科学的根拠なし，失敗を認めたのではないか。

　感染防止のためには，前記の3密防止対策，入国者の徹底的監視，PCR検査・抗原検査の活用の啓発，早期の医療体制の整備，ワクチンの早期接種が肝心であるが，緊急事態宣言ではこれらの対応はないか，遅れている。

　しかし，東京都も大阪府も，感染は拡大しているし，医療体制は崩壊しているので，酒・カラオケなしの飲食店の午後8時までの営業は認めるが，百貨店・ショッピングセンターなどの大型商業施設への休業要請，イベントの無観客要請を継続するという。

　これに対し，京都府，兵庫県は，大型商業施設について，平日は午後7時までの時短，土日は休業，美術館・博物館は，兵庫は午後7時まで，京都は午後8時までの時短，テーマパークは，兵庫は午後9時まで，京都は午後8時までの時短，かつともに上限5000人まで，収容率50％までなどとしている。

　猫の目行政である上に，国と都・大阪府，近隣府県の施策がまちまちで混乱する。それぞれ理由があるのか。ただ，兵庫，京都は，この時短のために大阪

からの人流は抑えられるという。

## 2　まん延防止等重点措置の延長

　緊急事態宣言に準ずる「まん延防止等重点措置」も5月末まで延長する。そして，多数の道県を追加した。

　しかし，感染源を叩く施策を講じないのであるから，「人流」を減らしても，大きな効果がないのは当たり前なのである。感染者数が多少減少しているのは，緊急事態宣言により「人流」を減らしたためではなく，国民の意識に訴えて行動変容を求める心理効果ではないのか。

　政府は，5月7日緊急事態宣言延長に伴い，休業要請に応じた百貨店やショッピングセンターなどの大型商業施設への協力金を拡充する。

　それまでは本館や別館などの建物ごとに1日20万円だったのを，床面積1000平方メートルごとに，1日20万円とする。1店舗につき同2万円だった施設内のテナントへの協力金も，100平方メートルごとに同2万円とする。営業時間の短縮の場合もその時間に応じた額を払う。これは第3次宣言が開始された4月25日に遡る。

　酒類販売業者にも現在は売上高の減少に応じて月額最大20万円を支給しているが，さらに支援の方向である（読売21年5月8日朝刊1面）。しかし，酒は，宅飲みが増えているから，援助するほどの必要性があるのだろうか。

## 3　6月20日までの延長

　5月末までだった第3次緊急事態宣言は，さらに6月20日まで延長される。それまでは，大型商業施設への休業要請では，大阪は全面的な休業を求めているが，兵庫と京都は，土日は休業要請し，平日は午後7時までの時短営業を要請する対応をとっていた。

　6月1日からの対応は次の通り。東京・大阪，映画館や美術館を再開へ（日経21年5月28日電子版）

　東京都は，百貨店など大型商業施設への休業要請を緩和し，平日は午後8時までの全館営業を容認する。土日は引き続き休業を要請する。映画館への要請は，休業から営業時間短縮に切り替える。

　酒類やカラオケを提供する飲食店への休業要請は継続する。これらを提供しない場合は午後8時までの時短営業を求める。全面的に協力した事業者に事業

規模に応じた協力金を支給する。第3波の到来とともに20年11月下旬から始まった都の飲食店への要請は半年以上も続き，飲食業の苦境は深まっている。小池知事は会見で「ここがこらえどころ」と理解を求めた。

　大阪も，大型商業施設は平日に限って午後8時までの営業を容認し，兵庫県と京都府の要請とほぼ足並みをそろえる。スポーツなどのイベントやテーマパークは，土日は無観客や休業の要請を続け，平日は5千人かつ収容率50％以内での開催・営業を認めるとした。吉村洋文大阪府知事は，「医療提供体制が極めて厳しい」と強調した。

　酒類やカラオケを提供する飲食店への休業要請，提供しない店への午後8時までの時短要請は継続する。

　現在，休業要請している美術館や映画館は，5千人かつ収容率50％以内の人数を上限に平日は午後8〜9時までの時短営業を容認する。土日は延べ床面積1千平方メートル超の施設には休業要請する。イベントやテーマパークの平日開催は，5千人かつ収容率50％以内の人数制限が条件となり，午後9時までの開催を認める。

　大型店やイベントの休業要請は誤りであることを認めたのではないか。

　まん延防止措置は，千葉，埼玉，神奈川，岐阜，三重の5県への適用を延長する。これまで重点措置が解除されたのは宮城県と愛媛県である。

## 4　休業・時短命令の執行と反発

　大阪府は，休業・時短要請を拒否した16の飲食店に命令を発し，応じなければ，過料手続きに入る。特措法上は命令に従わない店舗名の公表もできるが，府は集客につながる恐れがあるとして行わない方針という。吉村知事は，このほかにも約40店舗が要請に応じていないことを確認していると説明した。

　2月に改正特措法が施行されて以降，命令に違反する店舗に過料を科す自治体が相次いでいる。東京都は2回目の緊急事態宣言下で，午後8時までの時短営業要請に応じなかった32店舗に全国初となる命令を出し，うち4店舗について過料を科す手続きを裁判所に申し立てた。今回の宣言下でも5月31日時点で42店舗に命令を出した。東京都は7月6日，特措法に基づき時短命令を出した飲食店の4事業者に，裁判所からそれぞれ25万円の過料決定が出ていたと発表した。命令が出された施設の過料金額が明らかになるのは全国で初めてとみられる（朝日21年7月6日電子版）。

　4〜5月に「まん延防止等重点措置」が適用された愛媛県と宮城県も，時短営業に応じない飲食店に対して20万円以下の過料を科すよう裁判所に求めた。（日経21年5月31日電子版）。

　ただし，石川，熊本県ではまん延防止重点措置は6月13日までで解除された。

　緊急事態宣言を解除する基準について，枝野立憲民主党党首は，6月9日の党首討論で，東京の1日感染者数が50人までは解除すべきではないと主張したが，他の施策の提案，リスクマネジメントと社会活動を無視している。立憲民主党も，名称に反して，憲法無視の無策なのである。

## ◆　Ⅵ　6月20日，第3次緊急事態宣言（沖縄県を除く）解除後

### 1　7月11日まで

　6月20日で緊急事態宣言は，沖縄県を除く9都道府県（北海道，東京，愛知，大阪，兵庫，京都，岡山，広島，福岡）で解除された。しかし，このうち，一部はまん延防止重点措置に移行する。

　政府は，飲食店は営業8時まで，酒類提供は7時までの方針を示した（下記政府方針に準拠はこのことである）。これ受けて，都道府県は次の対応を行った。

　まん延防止措置は，緊急事態宣言と異なり，市町村単位で行われている。

　大阪府は，府内の10町村を除く33市全部に適用する。

　東京都や千葉県は，飲食店に入るのは2人まで，90分という条件を付ける。これはそれなりの合理的な施策である。しかし，酒提供が7時までなら，開店してもすぐ閉店せざるを得ないので，商売にならない。すでに宣言下で要請に従わない店は増えており（東京都の目視確認によると，都内約12万店のうち，時短要請に従っていない飲食店は約2％の2400店ほどに上る。上記日経），「どれほど効果があるのか」と疑問視する声もある。この規制に違反した業者に過料を科すなどということはあまりに無茶苦茶な警察国家である。

　これは感染源の主犯は，酒，飲食店という考え方である。しかし，きちんと感染対策をとっている店は除外すべきである。上記の表の中で，県認証店に限るのはその趣旨であるが，そうした対応をしている都道府県は少ない。大阪府は，飲食店の酒類提供について迷っていたが，府が6月16日から始めた「ゴールドステッカー」認証店となることを条件に容認した。アクリル板設置など43

## まん延防止等重点措置に伴う6月21日以降の対策

| 自治体 | 対象地域 | 酒類提供の主な条件 |
|---|---|---|
| 北海道 | 札幌市 | 滞在時間2時間程度を目安 |
| 埼玉県 | さいたま市, 川口市 | 県認証店。1人か同居家族のみ |
| 千葉県 | 千葉市, 船橋市, 市川市など11市 | 1組2人以内, 滞在時間90分以内 |
| 東京都 | 23区, 檜原村と奥多摩町を除く多摩地域の市町 | 都発行のステッカー提示店。1組2人以内, 滞在時間90分以内 |
| 神奈川県 | 横浜市, 川崎市, 相模原市など6市 | 滞在時間90分以内 |
| 愛知県 | 名古屋市, 豊橋市, 岡崎市など14市町 | 政府方針に準拠 |
| 京都府 | 京都市 | 政府方針に準拠 |
| 大阪府 | 町村を除く全市 | 府認証申請店。同居家族を除き1組2人以内 |
| 兵庫県 | 神戸市, 尼崎市, 姫路市など15市町 | 平日は午後7時まで, 土日祝日は禁止 |
| 福岡県 | 北九州市, 福岡市, 久留米市 | 県発行のステッカー提示店 |

（注）政府方針は1組4人以内, アクリル板の設置など

| 東京都が酒類提供を認める条件 |
|---|
| ・同一グループ2人以内 |
| ・午前11時〜午後7時 |
| ・滞在は90分以内 |
| ・都発行の「感染防止徹底宣言ステッカー」提示 |
| ・「コロナ対策リーダー」を登録, 研修修了 |

（注）重点措置の対象区域。都資料より作成
（日経21年6月19日電子版による）

のチェック項目があり, 申請があれば府が委託した民間事業者が店舗を訪れて調査し, 基準を満たすか確認してステッカーを発行する。認証を得る前でも申請済みであれば酒類提供を認める。しかし, 急にこのような方針が出されても認証の申請をする手続だけで大きな負担であるし, この実効性にも疑問がだされている（読売21年6月19日朝刊31面）。

　この点都道府県の判断は細かく分かれる。地方自治といえば聞こえがよいが, それぞれ合理的な理由があるのか。

　イベントの上限はまん延防止措置が延長された地域ではこれまで通り5000人, それを解除した地域で1万人とする（読売21年6月17日朝刊1面）。その他詳細は, 日経21年6月19日電子版。

　大阪府内のテーマパークや水族館, 鉄道では, 土日の営業再開などを決める動きが相次いでいる。

　唯一緊急事態宣言が7月11日まで延長された沖縄県（日経21年6月19日電子

## 緊急事態宣言解除に伴う5府県の飲食店への主な要請

| 地域<br>（▨まん延防止重点措置の区域） | | 営業時間 | 酒類提供の時間や主な条件 |
|---|---|---|---|
| 大阪府 | 大阪・堺・東大阪・豊中・枚方・吹田など全33市 | 午後8時まで | 原則自粛。府の認証などがあれば午前11時〜午後7時。1グループ原則2人以内 |
| | 島本・豊能・能勢・忠岡・熊取・田尻・岬・太子・河南の各町，千早赤阪村（10町村） | 午後9時まで | 原則自粛。府の認証などがあれば午前11時〜午後8時。1グループ原則2人以内 |
| 兵庫県 | 神戸・尼崎・西宮・芦屋・伊丹・宝塚・川西・三田・明石・加古川・高砂・姫路の各市，猪野川・稲美・播磨の各町（15市町） | 午前5時〜午後8時 | 午後11時〜午後7時。1グループ4人以内。土日は終日禁止 |
| | 豊岡・三木・小野・丹波の各市など（26市町） | 午前5時〜午後9時 | 午前11時〜午後8時 |
| 京都府 | 京都市 | 午前5時〜午後8時 | 午前11時〜午後7時。1グループ原則4人以内 |
| | 上記以外 | 午前5時〜午後9時 | 午前11時〜午後8時半。1グループ原則4人以内 |
| 岡山県 | 岡山市 | 午前5時〜午後9時 | 午前11時〜午後8時 |
| 広島県 | 広島・東広島・廿日市の3市 | 午前5時〜午後8時（酒類提供店） | 午前11時〜午後7時 |

（日経21年6月19日電子版）

版）では，期間中は酒類を提供する飲食店への休業要請と，酒類を提供しない飲食店への午後8時までの営業時間短縮要請を続ける。県立高校などの休校措置や大型商業施設への土日の休業要請は20日までで解除する。

　玉城デニー知事は17日の記者会見で，新規感染者数が高水準で，医療提供体制の回復に時間がかかるとし，「今後も効果の高い措置を継続し，感染防止に取り組むことが重要」と述べた。休校措置の解除については「小中高生の感染は一定の減少が確認されている」と説明した。

　しかし，沖縄の感染源も，酒類の提供が中心なのか。沖縄県では（沖縄タイムズ21年6月18日電子版），那覇市内の飲食店で50〜70代の従業員5人のクラスターが判明した。休憩中のマスクの着用が不十分だったことなどが要因。那覇市内の社会福祉施設では30〜90代の職員1人，利用者5人の計6人が感染。施設内の物品の使い回しが原因とみられる。別の那覇市内の社会福祉施設では50

～90代の男女９人，那覇市内の事業所では10～60代の男性10人が感染。職場内の換気が悪かった。家族内でも５人感染した。那覇市内の運動施設のクラスターは合計17人になった。

　これは，第１章冒頭に述べた３密対策の不備による。感染防止に十分に配慮した飲食店の酒の提供が巻き添えにされる理由はない。

## ２　７月末まで

まん延防止措置は，東京都，千葉，埼玉，神奈川，大阪府で延長された

　大阪府では，病床使用率が17％と下がっているが，20，30代の感染者が増加しており，高齢者のワクチン接種が完了するまで措置を続ける必要があるという（読売21年７月７日朝刊１面）。若者が感染しても，高齢者のワクチン接種が完了すれば，死者・重症者は減るということであろうか。しかし，繰り返し述べるが，高齢者施設のワクチン接種を優先すれば，家にいる高齢者は，他人との接触を控えれば済むのだから，そのワクチン接種完了を待つ必要はない。

　兵庫県は，１日当たり感染者数が４月下旬500人超，７月になって，27人程度になったので，７月17日以降は土日の酒提供を容認する（読売21年７月７日朝刊１面）。若者には，感染すれば軽症ですますし，後遺症もあると脅しても，若者の行動変化を求めることが肝心である。

## ３　都内の第４次緊急事態宣言（８月22日まで）

東京都については「まん延防止等重点措置」の延長ではなく，４度目の「緊急事態宣言」が発令された。７月12日から酒提供全面禁止。酒類提供しない飲食店では，午後８時までの時短。イベントの参加人数は，上限5000人，収容定員の50％。分科会尾身会長の主張によるらしい。期限は沖縄と同じく８月22日までに。７月７日時点で新規感染者は920人。900人を超えたのは，５月13日の1010人以来約２ヶ月ぶりで，６月30日の714人から206人増えたことが根拠である（マイクロソフトニュース21年７月８日電子版）。しかも，オリンピックの都内会場は無観客とされた。

　しかし，第１章で述べた富岳の調査では，観客を入れても感染拡大しない。都内の観光客１日最大の約22万人の「人流」が心配らしいが，大東京での22万人の人流自体で感染をそれほど拡散させるわけではないだろう。

　しかも，飲食店にばかり犠牲を強いて，感染源・感染拡大ルートをきちんと

叩かないから，効果は不十分であろう。

　飲食店は，過料など糞くらえと，反乱を起こすことは目に見えている。

## 4　まん延防止等重点措置の延長

　各地のまん延防止等重点措置は，一部を除き8月22日まで延長された。

　大阪府は，府内の33市域の飲食店に対し酒類提供は午後7時までとのこれまでの方針を維持するが，1グループ4人までに緩和する。百貨店や映画館の営業時間は午後9時までに延長する。

## 5　7月末の感染拡大による緊急事態宣言とまん延防止重点措置

　7月末に国内感染者が1日で1万人を超えて，病床使用率もひっ迫が想定されるので，東京，沖縄のほか，千葉，埼玉，神奈川，大阪に8月末まで緊急事態宣言が発せられ，各地にまん延防止重点措置が適用されることになった。期間は8日から31日まで。まさに，まん延防止措置が，ほとんど効果もないのに，まん延している。そして，その内容は，飲食店への酒提供禁止が中心である。飲食店にだけ犠牲を強いている。しかも，認証を得た飲食店も，ワクチン接種を2回受けて，抗体検査で陰性の者でも，酒提供禁止とされるのでは無茶苦茶であることは，はしがきで述べた。

## 6　21年8月　感染大爆発

（1）　21年8月，感染大爆発，東京は重症患者でも入院できるのは一握り，自宅療養者が6万人と激増，重症病床の使用率は100%が続く。全国レベルでも，病床使用率が50%以上の病床ひっ迫が半数，危機的状況になった（読売21年8月19日朝刊1面，3面）。

　政府は，コロナ感染の指標を，重症者数を重視する方向へと見直す（同1面）。

　政府は8月17日，緊急事態宣言の対象地域を追加した。宣言地域は13都府県になった。

　「まん延防止等重点措置」は合わせて12道県と，大きく追加された。

　なお，奈良県知事は，緊急事態宣言を国に要望せよとの奈良市や医師会の意見に対して，効果がなく，経済に大きな影響を与えるとして拒否し，医療体制の整備やワクチン接種に力を入れると述べた（8月25日）。立派な見識である。

（2）　政府は混雑した場所への外出機会の半減を求める。百貨店やショッピングセンターなど大型商業施設に入場制限を要請する。

飲食店は引き続き，営業時間を午後8時までに短縮するよう求め，酒類提供は宣言地域で一律停止する。

重点措置地域でも原則停止とする。一方で地域の感染が「下降傾向にある」と知事が判断すれば感染対策を徹底する条件で午後7時まで提供可能とする。

テレワークの拡充で出勤者数の7割減を目指す。まだ取り組んでいない企業や事業所にも週に数日の導入を促す。

（3）　酒類や飲食店規制の画一性の不合理は繰り返されている。筆者が8月23日行ったゴルフ場ではノンアルコールビールしか出さないが，汗かいてビールを飲みたいだろうに。ゴルフの合間の昼のわずか1時間，ビールが新型コロナ感染を拡大するわけがない。

そして，密になる営業も，食っていけないと，闇営業が行われている。これまで述べたように感染対策をしっかりやっている営業は許容し，それ以外は固定費程度の協力金を払う代わりに，営業を刑罰を以って禁止すべきである。

（4）　年代を問わず感染力の強いインド型（デルタ型）の拡大とともに，子どもの感染も急増している。厚生労働省のまとめでは，8月25日までの1週間に確認された10代以下の感染者は3万427人に上る。子どもを介して家庭に感染が広がる事例もあり，夏休みの延長や分散登校を決める自治体が目立つ。

新型コロナの感染拡大を受けた休校は学校保健安全法に基づき，自治体など学校設置者の権限で実施するものであり，加藤官房長官，夏休み延長巡り，一斉休校を「国は要請しない」。もっともであるが，20年2月の安倍首相の全国一斉休校要請の愚を反省すべきだ。

文科省は，「複数感染なら学級閉鎖，保健所待たず判断」との指針をまとめた（日経21年8月27日電子版）。複数の子どもの感染が判明すれば5〜7日程度の学級閉鎖とし，複数学級に広がった場合は学年閉鎖，複数学年にわたれば休校を検討するよう求めた。

学級閉鎖は▽同一の学級で複数（2，3人以上）の子どもの感染が判明▽感染者は1人だが周囲に風邪などの症状がある子どもが複数いる▽感染者は1人だが複数の濃厚接触者がいる――場合などを想定する。

これまで同省は，学校の新型コロナ対応をまとめた通知で，保健所による濃厚接触者の調査などを踏まえて休校を判断するよう自治体などに求めてきた

が，学校側に保健所の判断を待たずに対応するよう促した。

　各地では夏休みを延長する，感染防止に留意して，授業を行うなど，分かれている。

## 7　21年10月，感染者激減・緊急事態宣言解後の対応
### （1）相変わらずの法的根拠なき自粛要請

　感染者がなぜか急に激減したので，21年9月30日限りで，緊急事態宣言もまん延防止重点措置も全国的に解除された。しかし，かなりの都道府県では，特措法24条9項による協力要請で，酒の提供の解禁には慎重である。これは国の基本的対処方針（令和3年9月28日変更）に倣っている。

　NHK（21年9月28日18時51分）の報道を借りると，制限の段階的な緩和を促す方針である。緊急事態宣言が解除された地域では，酒の提供を認めたうえで，今後1か月をめどに，自治体などから感染対策の認証を受けた飲食店は，午後9時までの営業を基本とすることなど，日常生活の制限について，段階的な緩和を促すよう求めている。そして，東京都，大阪府は10月25日から認証を受けた店での酒類提供制限なし（非認証の店では午後9時までの自粛要請）となった。来客数も，非認証店では1組4人以内，認証店では人数は制限しないが，1卓につき4人以内，利用は2時間程度とするように求める（読売21年10月22日朝刊1面）。

　そして，自粛要請をして，新型コロナ特需といえる過大な協力金を払っている（第10章Ⅳ12）。

　医療提供体制をもう一段整備して感染拡大に対する社会の耐性を高めながら，感染対策と日常生活の両立を基本として政策を展開していくとしている。

　そして，日常生活の制限についても，段階的な緩和を促すよう求めている。

　具体的には，緊急事態宣言が解除された地域での取り組みとして，外出は混雑している場所や時間を避け少人数で行動することや，テレワークの推進など柔軟な働き方を求める。

　また，帰省や旅行，出張など，県をまたぐ移動については，ワクチン接種が完了していないなど，リスクの高い人に対して検査を勧奨する。

　そして，行動制限の見直しをめぐっては，ワクチンの接種証明書や検査の陰性証明を用いて感染対策の効果を実証するとともに，国民的議論を通して具体化を進める。

　さらに，飲食店に対する営業時間の短縮要請については，酒の提供を認めたうえで，今後1か月をめどに，自治体などから感染対策の認証を受けた店舗は午後9時まで，それ以外の店舗は午後8時までを基本とし，地域の感染状況に応じて知事が適切に判断することとする。

　カラオケを提供する飲食店については，今後1か月をめどに設備の利用自粛を要請し，地域の感染状況や店の感染防止策を踏まえ，知事の判断で緩和を検討する。

　また，イベントの開催について，今後1か月をめどに，収容人数の上限を5000人，または定員の50％以内に制限する。ただし，大規模施設については上限を1万人としている。

　一方，学校現場の対応をめぐっては，高校や大学の入試などは，実施者が感染防止策や受験機会の確保に万全を期したうえで，予定どおり実施する。

　これは，緊急事態措置が解除された都道府県においても，「対策の緩和は段階的に行い，必要な施策はステージⅡ相当以下に下がるまで」行うというものである。

　しかし，飲食店などへの規制の根拠は特措法24条9項であるが，この規定はもともと国民への協力要請には使えないものである（第3章7）し，行政指導として行うとしても，自粛警察に期待するもので，不適当である。それに，この規定は抽象的で，営業の時短や酒の提供禁止の法的根拠とはならない。しかも，そもそも，飲食店を夜10時まで営業しても，宴会ではなく，少人数の普通の飲食に酒が入っても，新型コロナが湧き出るわけではなく，時短や酒提供禁止が新型コロナ感染を効果的に防止できるとの証明も乏しい。新型コロナ対策をきちんとしている営業はすべて解禁すべきである。少なくとも2回のワクチン接種の上抗体検査で合格した者の行動は制限すべきではない。

　冒頭のプロローグでも述べたが，屋外のビール祭りでビールを出さないのだから，異常である。換気は100％十分であるから，密にならないように間隔を開ければ十分である。

　兵庫県は県内旅行に補助金を出す。県の施策だから県外移動を支援しないのは理解できるが，新型コロナは，県内なら出てこないわけではない。

　イベントも制限付き（上限5000人または収容人員の50％以内）解禁とされるが，換気がよく，密にならなければすべて解禁すべきである。ワクチン接種済み証や，陰性の検査結果も活用すべきである。

行動は少人数でといわれ，帰省や旅行の際，感染防止対策を徹底するようにという。それは当然のことである。

### （2）今後の対策

はしがきにも述べたが，緊急事態宣言が解除されると，人々の気は緩むし，ワクチンの効果も低減するし，寒くなるとウイルスが活性化するとか，新たな変異株が出現する（現にオミクロン株が侵入）等により感染者が激増する可能性がある。

その時は，これまでの飲食店に焦点を当てた施策ではなく，本書で述べたように，感染症法，特措法を改正して，感染拡大防止に焦点を当てた施策と，医療体制の充実を行うべきである。

## 8　行動制限緩和（21年10月）

新型コロナは21年9月10月急激にほぼ消えて，緊急事態宣言・まん延防止措置も解除された。そこで，日経（21年11月13日電子版）の報道によれば，政府はイベントや飲食，旅行に関する新型コロナウイルス対策の行動制限について上記の緩和案をまとめた（さらに，読売21年11月13日朝刊13面が詳しい）。柱となるのはイベント参加や飲食店の利用に接種証明書か陰性証明書の提示を条件とする仕組み「ワクチン・検査パッケージ」である。感染していない可能性が高い人だけを入れることで，大勢の人が集まっても感染が拡大しにくい環境を整える。

飲食店は現在，政府が5人以上での会食を控えるよう要請している。緩和後は緊急事態宣言やまん延防止等重点措置の対象地域にならない限り人数制限を求めない。宣言や重点措置が発令された場合でもワクチン・検査パッケージを使えば人数制限は不要とする。感染拡大下で5人以上の会食をできるようにする。

重点措置や宣言が出ると酒を提供できなくなる現行制度も改め，都道府県が感染対策を確認した認証店は提供可能にする。営業時間の短縮要請は宣言地域のみ，認証店で午後9時までとする。

スポーツ観戦や音楽ライブなどの大規模イベントは参加しやすくなる。現在は参加人数に「定員の50％以下か5千人のいずれか大きい方」との上限がある。定員が3万人の施設なら1万5000人しか入れない。

緩和後は大声をあげないなどの感染防止安全計画を主催者がつくれば，参加

### 政府の行動制限緩和案の概要

| | 分野 | | 感染少ない地域 | 重点措置地域 | 緊急事態宣言地域 |
|---|---|---|---|---|---|
| 現在 | 飲食店 | 酒の提供 | 提供可 | 不可 | |
| | | 人数制限 | 5人以上を避けるよう要請 | | |
| | | 時短要請 | なし | 夜8時まで | |
| | イベントの上限人数 | | 「5000人」または「定員50%」の多い方 | 5000人 | 「5000人」または「定員50%」の少ない方 |
| | 都道府県をまたぐ移動 | | 宣言発令地域との移動など自粛要請 | | |
| 緩和後 | 飲食店 | 酒の提供 | 提供可 | 認証店は可 | |
| | | 人数制限 | 制限なし | ★5人以上を避けるよう要請 | |
| | | 時短要請 | なし | 認証店はなし | 認証店は夜9時まで |
| | イベントの上限人数 | | 安全計画策定で定員100% | ★2万人 | ★1万人 |
| | 都道府県をまたぐ移動 | | 宣言発令時もワクチンや検査を受けた人は自粛要請せず | | |

ワクチン・検査パッケージを使うと★の制限も撤廃

「ワクチン・検査パッケージ」はワクチンの2回接種か検査での陰性を証明すれば行動制限を緩める措置

人数の上限をなくす。宣言地域と重点措置地域はそれぞれ 1 万人，2 万人までとするが，ワクチン・検査パッケージを活用すれば定員100％の収容を認める。

宣言下で控えるよう求めてきた都道府県をまたぐ移動も自粛要請の対象から外す。ワクチン接種や検査による陰性が確認できれば移動して構わないとの見解を示す方向だ。旅行や出張がしやすくなる。

もっともであるが，これまでも，この程度のことは行われるべきであった。

## 9　新型コロナ第 6 波に向けて

（1）　政府の規制も上記のように緩和される。もとの生活に戻りそう。しかし，そうすると，新型コロナが再び活動して，第 6 波が襲来すると危惧されている。

政府は，今後の「第 6 波」では，第 5 波のピーク時に比べ約 3 割増しの 3 万7000人分の入院を受け入れられる体制を整備する。しかし，受け入れに限界のある地域も多い（読売21年11月13日朝刊 1 面，37面）。新型コロナの飲み薬はア

メリカのメルク社が開発した。すでに英国では承認され，日本でも近く承認申請される見込みである。160万人分が確保されるという（同12日朝刊29面）。

そのほか，次の対策が必要である。

（2）　帰国者・入国者の行動制限も緩和されたが，そうすると，新型コロナを輸入する可能性が大きくなる。元々，日本の水際作戦は，行動経歴をきちんと把握せず，感染者が自由に行動しても捕まえられなかった。処罰規定もない。まるで，水道の栓を閉めずに，家中水浸しになって，バケツで水をすくっていたようなものである。台湾では入国者の行動をきちんとスマホで確認し，違反者を処罰している（第1章5）。

そこで，入国者・感染者の行動経歴をきちんと把握し，違反者を処罰するように法改正すべきである。この程度ではプライバシーの侵害に当たらない。

（3）　新型コロナがおとなしくなっても，カラオケや宴会では，クラスターの可能性がある。自粛要請では徹底しない。

そこで，これらの営業の仕方について規制するルールを作るべきである。そして，それにより重大な打撃を受ける業者にはある程度の協力金を払う。

ただし，宴会禁止だけでは，他の営業ができるから補償は不要。カラオケ専門店なら，多少の協力金がいる。しかし，それも，2人や3人までなら認めるとか，ワクチン接種2回に抗体検査合格の者の入場を認めれば，協力金もあまり必要ではない

（4）　家賃を払えないとして家賃給付金が支給される。しかし，家主は新型コロナ禍でもあまり困っていない。家主にだけ全額収入を保証するのは不適切である。特措法58条の家賃徳政令を参照して，コロナで減収となった店子を入れている家主に家賃減額努力義務を課すべきである。そうすれば，店子の家賃減額要求に対して，かなりの家主は応ずるであろうし，裁判所も家賃減額訴訟を認める可能性が大きくなる（第10章Ⅳ4）。

（5）　第3回のワクチン接種が行われそうである。そのときの接種順位が問題である。もともと高齢者は感染すると重篤化しやすいとして，一番先であったが，在宅老人は人と接しなくてもよいので，感染リスクが低い。また，田舎はコロナが少ない。そこで，都会で働く，学ぶ者を優先すべきである（第2章6）。

（6）　政府は，第6波対策として，PCR検査費用について，これまでは，発熱の症状や濃厚接触者など，医師や保健所は必要と判断した際には無料だっ

たが，自主検査の場合は有料であったところ，無症状者のPCRと抗原検査を無料とする方針とする。軽症者でも自宅ではなく待機施設を準備する（読売21年11月8日朝刊1頁）。

　（7）　第6波が襲来すると，またまた人流抑制，時短・休業要請が頭をもたげるであろうが，そもそも立法事実に基づかず，違憲の考え方である。

# 第10章　救済方法：賠償・補償・支援金

　第1次緊急宣言に際して，各種の規制や行政指導，代わりに給付金・支援金の支給が行われた。行政指導に過剰に従う国民の異常性に感心しつつ，過剰自粛による景気悪化（官製不況）防止のためにも，権力的手法をよりきめ細かく比例原則に合致するように整備することが不可欠である。そして，それとともに給付金手法（国家の支援策）を，資金を適正に配分できるよう全体計画を立てて，それぞれの合理性を吟味すべきである。これは別々ではなく，併用することによって，権力的手法を有効・適切に活用すべきである（それへの訴訟を防ぐ）。

## ◆　I　新型コロナ感染防止は国民の行動の自由・営業の自由・財産権の内在的制約，補償ではなく，困窮の度合いを考慮した支援策の充実で

### 1　休業要請と補償はセット？

　新型コロナまん延防止対策として，特措法45条による休業の要請，指示，公表が行われた。21年2月改正で休業命令・処罰の制度が導入された。国は補償しない方針であるが，各種の協力金等を支給している。

　公表（改正後は命令・処罰）の圧力による財産権制限だ，休業要請は補償とセットだ，補償なき休業要請には応じられない，経営が困難なので補償せよという主張も少なくない。

　この意味は曖昧であり，補償という語を法的に吟味したのかも不明である。阪神・淡路大震災の時，住宅再建を支援しないのは人間の国か，「個人補償」せよとの大合唱が起きたときと同じ感じである（阿部『大災害対策法制における発想の転換』（信山社，21年）177頁以下）。まず混乱する議論を整理する。

## 2　新型コロナ禍は天災，国家に補償・賠償義務はないのが原則 ━━━

　今日の新型コロナ苦境は，もともと国家が引き起こしたものではなく，台風，地震などと同じく，自然現象（天災）によるものであり，国民は誰でもそれを他人に広げるとか，広がるような行動，事業運営をしてはならないという義務，つまりは自由権（行動の自由，営業権），財産権に当然に含まれるいわゆる内在的制約（いわゆる公共の福祉による制限，憲法13，22，29条）を負っている。しかも，新型コロナウイルスは，潜伏期間が長く，感染したが自覚症状がない段階で他人にうつす（検査で陰性でも確実ではない）（まさに見えない敵）ので，うつされた者の自己責任ではすまず，しかも，ある程度は重篤化・死亡する（2〜3％は重篤化する。黒木63頁。変異株はさらに悪性が強い）。それは高齢者に限らない（大阪府では，第4波21年3月1日〜6月7日時点の死者1265人中50代以下が6.2％，読売21年6月20日24面）ので，そのまん延を防止する必要がある。さらには，医療崩壊・社会活動の停止・破綻も食い止めなければならない（第5章1）。それは各人の義務であり，第1章で述べたように，人相互の接触を可及的に防止することが基本である。

　補償（憲法29条）・賠償（憲法17条）は国家起因性の被害（国家が惹起した被害）を救済する（その場合には，逸失利益も含めた全損害の補塡）制度である。補償は財産権に特別の犠牲を強要した場合（土地収用など），賠償は，国家の行為に違法・過失がある場合を要件とする。特別の犠牲とは言えない，それほどではない不利益や，適法行為からは，国家に対する請求権は生じない。したがって，休業要請，さらには営業停止命令によりやむなく営業を停止した場合でも，それが各人の上記の義務の範囲内であるかぎり，国家賠償の要件である違法に当たらないし，補償の要件である「特別の犠牲」にも当たらないから，このような前提では，補償・賠償はありえない（大橋洋一「感染予防のための行動制限と補償」論究ジュリスト35号53頁も同旨。大林編・145頁）。

　特措法（62条，29，49，55条）も，補償としては，施設の強制使用や物資の売渡請求などの場合を定めているだけである。

## ◆　Ⅱ　賠償責任

### 1　基本的な考え方 ━━━

　まず，国家賠償責任について述べる。先に，コロナ被害は国家起因性の被害

ではないので，国家賠償は成り立たないと述べた。しかし，政府・知事が国民にコロナまん延防止のため必要の限度を超えて自粛要請・休業指示・命令したので，顧客が減った，廃業に追い込まれた場合には国家賠償を請求できる（山下清兵衛弁護士『行政手続実務体系』（民事法研究会，21年）690頁も同旨）。

　第6章で扱ったようなパチンコ店，百貨店・コンサートホールなどの過大規制は明白に何の根拠もないから，違法であるだけではなく，知事に過失があり，国家賠償を請求できると解する。

　今行われているような一律規制であれば，どうしても過大規制になる。たとえば，飲食店には酒を出すことを禁止するという施策がとられている。しかし，大騒ぎをする店ならともかく，フランス料理店でワイン，日本料理店で日本酒，屋外のビヤガーデンでビール，戸外のテラスでの酒類の提供を禁止する理由がない。焼き肉屋やラーメン店，焼き鳥店は換気がよいので，新型コロナウイルスも漂っていない。したがって，これらを除外すべきである。これらを除外しない今の施策は違法であり，過失もある。時短・休業要請も行き過ぎが多い。

　ただ，予測・判断が難しいので，微妙な境界線では違法・有過失とはならないだろう。

　なお，過剰規制により休業した商売でも，持続化給付金や家賃支援給付金などをもらっているならば，国家賠償金からその分を差し引くべきである。


## 2　裁判激増対策

　そのために国家賠償訴訟が続出すれば，裁判所も行政機関も大変な負担である。

　本来は，国家の支援を受けた者は，それに国家賠償金が含まれているとして国家賠償訴訟を提起しないという条件を付すべきではないだろうか。そうすれば，国家の運営は円滑になる。


## 3　補償は活用できるか

　なお，類型化して営業中止命令を発する場合には──類型化の宿命であるが─財産権の内在的制約を超えた，不必要な部分に規制が及んでしまうが，国家賠償では，個別に損害を算定しなければならないので事務処理上も大変な負担であるとして，事業者に感染拡大を防ぐという「公共の福祉」のために「特

別の犠牲」を強いるので，収用類似の財産権の制約を課したものとして，損失
補償を法定すべきであるとの提案がある（板垣 7 頁）。

　しかし，いずれにせよ，営業損失の範囲を一律にみなすことは無理であるか
ら，国家賠償の難点を克服できないであろう。

　さらに，上記 1 の私見を踏まえつつ，科学的・医学的知見が不十分な状況下
で，かつ執行のための人員等も限られる中で，緊急に対策を講じなければなら
ないこと，特定業種の一律の休業要請も，人々の接触機会を減らして，社会全
体の感染者数を抑制する効果があることから，それ自体は適法であると考える
と，当該業種に属する事業者は社会全体の感染者数の抑制のために特別の犠牲
を被ったものとして補償を必要とする余地があると考えられるとの見解（中
原・337 頁）がある。

　筆者は，これまでのパチンコ店，百貨店の休業要請は完全にえん罪であり，
飲食店も，営業形態次第では，新型コロナを伝播しないので，過大規制であ
り，違法と解している。それは科学的知識が不十分なためではなく，科学的に
検討しようとする姿勢がないためである。緊急にというが，新型コロナが我が
国に進入してから，中原論文の時点でも 1 年たっているから，まともな対応が
可能であったはずである。そして，社会全体の感染者数を抑制するからといっ
て，投網手法・過大な規制手法が許されるわけではない。

　むしろ，特定業種の一律の休業要請で，補償を出すとなれば，新型コロナを
伝播させるような杜撰な業者にも補償することになる不合理がある。

## 4　危険防止責任

　他方，国家・地方公共団体のコロナ汚染防止策にきわめて重大な失態があれ
ば，危険を防止すべき義務（危険防止責任，危険管理責任，不作為責任などとい
われる）に違反したとして国家賠償責任を問われることがありうる（この問題
は阿部『国家補償法の研究Ⅱ』（信山社，2019 年）全体）。

　病床がひっ迫だとして入院できず救急車の中や自宅で重篤化して死亡した場
合，その間に早期に治療薬を投与すれば助かったとして，医療体制整備のミス
を理由として，国家賠償責任を認めるべき場合がありそうである。はしがきに
も述べたが，入院患者は重症化するおそれのある者に限るとされると，その判
断ミスで医師が責任を問われることもありうる。

　神奈川県は，新型コロナウイルスに感染し，20 年 12 月に宿泊療養施設で，血

液中の酸素飽和度が低かったにもかかわらず経過観察としており，連絡が取れなくなってから心肺停止状態で発見されるまで 4 時間近くかかったために死亡した50代男性に関し，早期に医療施設に搬送できなかったとして，遺族に575万円を支払い，裁判外で和解する方針を明らかにした。県によると，コロナ療養者の死亡事案で，県が和解金を支払うケースは県内で初めて（共同通信21年 9 月 7 日）。

## 5　民間企業の責任

　次に，民間の賠償責任について述べる。勤務先がコロナ感染対策を怠ったために感染したとして，損害賠償責任が提起された（読売21年 9 月16日朝刊30面）。雇用主は，最初の発熱者が37・ 5 度 4 日以上の基準を満たさず出勤を禁止できなかったと主張しているが，それは国の基準であるので，職場の管理の基準とは異なる。

## ◆　III　国家の支援策のあり方

### 1　政策的支援の必要性

　しかし，原因が自然災害であれ，自業自得であれ，国民が苦境に陥った時に救済するのは国家の任務である。それは営業の売上げや利益，給料を補塡する，全損害を補塡するというものではなく，倒産・破綻しないように支援することである。それは憲法29条，17条による義務ではなく，憲法25条（生存権）を背景とする政策的なもの，あるいは国家・国民が破綻しないようにするという国家の存在理由自体である。

　一般には，この国家補償と国家の支援の区別がついていないので，休業と補償はセットと主張されているが，休業とセットであるべきは，倒産・破綻しないような政策的支援である。改正特措法63条の 2 の事業者に対する財政支援はこのような考え方によるものと思われる。これは補償ではなく所得再分配の問題とも指摘されている（藤谷武史「コロナ危機と財政法」法律時報92巻12号85頁以下）。

　なお，感染症は，災害対策基本法でいう自然災害などとは異なるが，しかし，天災であることには変わりはないので，その対策は自然災害対策と共通で，これを応用するところが少なくない（津久井進「感染症と災害法制」法律時

報93巻 3 号78頁以下参照）。

## 2　支援の範囲・仕方

　政府は多様な支援策を講じている（これについては，碓井が詳しい分析をしている）。経済産業省関係では持続化給付金をはじめ多数ある（https://www.meti.go.jp/covid-19/index.html）。厚生労働関係では，雇用調整金，新型コロナウイルス感染症対応休業支援金その他がある（https://www.mhlw.go.jp/stf/covid-19/kurashiyashigoto.html#h2_2）。

　どの業種を支援するかという問題では，広い政策裁量があり，国家として，再起が必要な業種に重点をおくべきであるから，反社会的集団や性風俗業者（風営法 2 条 5 ～10項）まで支援する必要も理由もない。そうした業種に従事する者は生活困難になるが，この機会に転業してもらえばよい。

　新型コロナで売上げが減少したのに，持続化給付金を受給できないのは，職業による差別で，憲法が保障する「法の下の平等」に反するとして，関西地方の無店舗型性風俗店（デリバリーヘルス）の運営会社が国に計約450万円の損害賠償を求めて訴訟を提起したが，国側は「性風俗営業は社会一般の道徳観念に反するもので，国庫からの支出は国民の理解を得られない」と反論した（毎日21年 4 月15日電子版）。筆者は，国民の理解という説明ではなく，規制するのではなく，支援するのであるから，国家として存続が必要といえなければ，差をつけることには合理性があり，違憲ではないと考える（新井誠「風俗業者への持続化給付金等の支給除外 —— 憲法的視点からの検討」法学セミナー20年12月号（791号）50頁以下はこれを検討する）。

　航空産業，公共交通産業，旅行業，ホテル・旅館，百貨店・スーパーなどの小売業，飲食店などは早急に救済すべきである。漁民・農民も，生産物によっては，売れずに捨てるしかないので苦境に陥っている。製造業でも商品が売れずに苦労している。筆者はクルーズ船ピースボートで20年の12月から 3 ヶ月世界一周する予定であったが，キャンセルしたら，全額返金の契約であったのに，年利 2 ％つき 3 年間の分割払いがなされている。倒産したら，パー。なんとか持続できるように支援すべきである。以下に，支援のカタログを挙げる。

## 3　失業対策

### （1）雇用調整助成金

　企業は余っている従業員を解雇してあるいは一時帰休させて人件費を節約すればかなり助かる。ただし，解雇には，整理解雇の4要件（解雇しなければ経営を維持できない，解雇回避努力義務の履行，被解雇者選定の合理性，手続の妥当性）を満たさなければならない。解雇するとしても，景気が回復したら再雇用する契約を締結すべきである。従業員は失業保険で当面生活できる。もっとも，雇用を維持するほうが望ましく，解雇を回避するために事業主に対して支給される「雇用調整助成金」（雇用保険法第62条第1項）の活用が推奨される。これは，「新型コロナウイルス感染症の影響」により，「事業活動の縮小」を余儀なくされた場合に，従業員の雇用維持を図るために，「労使間の協定」に基づき，「雇用調整（休業）」を実施する事業主に対して，休業手当などの一部を助成するものである。特例として，日額8330円の上限が1万5000円程度に引きあげられた（https://www.mhlw.go.jp/stf/seisakunitsuite/bunya/koyou_roudou/koyou/kyufukin/pageL07.html）特例措置は，21年年末まで延長される（読売21年朝刊35面）。

　雇用調整助成金の支給総額は21年8月末には4.3兆円になり，雇用安定事業の積立金はほぼ尽きたことから，失業事業の積立金から1.7兆円，一般会計から1.1兆円を借り入れているが，財源が秋にも枯渇するので，22年から保険料値上げをする検討を行う（読売21年9月5日朝刊27面）。

### （2）みなし失業

　しかし，この制度は企業に支給される。そこで，休業させられた労働者から直接請求できる制度として，「みなし失業」の制度が創設された。

　東日本大震災で激甚災害法（激甚災害に対処するための特別の財政援助等に関する法律25条）により導入された「みなし失業」（会社が休業しているときに解雇されなくても解雇されたと同じく雇用保険の適用を受けることができる制度）がコロナ禍にも応用されたのである。

　すなわち，みなし失業手当は，対象が中小企業に限定されるが，新型コロナウイルスの影響から休業させられたが休業手当が支払われなかった労働者（雇用保険の被保険者でない労働者も含まれる）に対して，休業前賃金の80％（月額上限33万円）を休業実績に応じて直接支給するというものである。また基本手当（いわゆる“失業手当”である）の給付日数も求職活動の長期化から60日（一

部30日）の延長が可能となる。

　雇用調整助成金を活用して休業手当を支払うように労働者が求めても，事業主がこれに応じなければ，休業補償の枠組みから漏れてしまう。こうして，職場で弱い立場に置かれやすい非正規労働者をはじめ，多くの労働者に施策の効果が行き届いていなかった。このため，人々から，より簡単で確実な仕組みが求められていた。そこで，現場の実態を知る支援団体などが要望してきたのが「みなし失業」の適用である。

　「みなし失業」は，労働者が自ら手続を行い，労働者に直接支給される仕組みであるため，迅速かつ確実に手当を受け取ることができる。根拠は，新型コロナウイルス感染症等の影響に対応するための雇用保険法の臨時特例等に関する法律（令和2年法律第54号，令和3年2月13日施行）https://www.pmp.co.jp/200612-2/）である。

## 4　家賃支援給付金──家賃負担の軽減のあり方

### （1）家賃支援給付金の導入

　家賃負担が重いので，家賃支援給付金が20年5月の緊急事態宣言の延長等により，売上の減少に直面する事業者の事業継続を下支えするため，地代・家賃（賃料）の負担を軽減する給付金を支給する制度として導入された。

　根拠は，「新型コロナウイルス感染症対策中小企業等家賃支援給付金の支払いの臨時特例に関する政令」（令和2年政令196号）である。

　申請期間は20年7月14日〜21年2月15日で，申請件数は約108万，3月31日までに約104万件，累計で約9000億円の給付を行って，現在は給付事業を終了している。給付額の細目は，家賃支援給付金給付規程（中小法人等向け（https://www.meti.go.jp/covid-19/yachin-kyufu/pdf/kyuhukitei_hojin.pdf?0114)，家賃支援給付金給付規程（個人事業者等向け（https://www.meti.go.jp/covid-19/yachin-kyufu/pdf/kyuhukitei_kojin.pdf?0114)に記載されている。

### （2）期　　限

　しかし，第一に，コロナ不況は現在も継続しているのになぜ事業が終了するのか。

### （3）家主の家賃減額義務は？

　逆に，テナントは，家賃を払えなければ即刻追い出されるのか。この不況では，家主としても，家賃不払い者を追い出しても，代わりの入居は望めないか

ら，景気が回復するまで家賃の支払いを減免・猶予することにすることも少なくないだろう。テナントの方から減額交渉をして家主が応ずる例もあるようである。家主が家賃不払いを理由に賃貸借契約を解除するとしても，原因が新型コロナ苦境によるなら，借主としては不可抗力であるから，裁判をやっても，家主には，借地借家法の賃貸借契約を解除するだけの正当な理由がないと解釈されることが多いだろう。そうすると，家賃を払わなくても，追い出されないので，家賃支援給付金は，実質は借家人保護ではなく，家主保護になる。

### （4）借地借家法・民法の解釈

借賃の増減請求権を定める借地借家法32条は租税の負担の増減，価格の増減その他経済事情の変動を理由としており，新型コロナ禍による顧客の減少は想定していない。民法611条1項の賃料減額請求も，建物の一部の使用収益不能が賃借人の過失によらない場合の規定であり，同様である。民法609条の減収による賃料減額請求権は建物賃貸借には適用されないと解されている（改正法はその旨明示）。

しかし，改正民法611条1項は，賃料減額の理由について建物滅失のほか「その他の事由」を挙げている。

そして，新型コロナ禍による減収は不可抗力であるから，借家人だけがその危険を負担すべきか。単に顧客が減ったというだけではなく，休業命令，営業時間の短縮命令を受けた場合でも，目的物が使用収益できる状態にある以上はその不利益は賃借人が負うとの説がある（吉政和広「新型コロナウイルス感染症の契約関係への影響と契約法」法学教室486号19頁（2021年））。しかし，少なくとも命令を受けた場合には，法的にも強制されるが，その原因は借家人にはないのであるから，社会防衛のための負担であり，法の根本にある公平と正義の観点からも，家主には家賃の減額義務があるというべきではないか（この点，松井和彦「コロナ禍における家賃問題」法律時報92巻10号2頁が検討しているが，多少曖昧である）。

### （5）家賃支援給付金は家主保護の不合理

家賃給付金は，家賃の減免がなされないことを前提とするが，家主をそんなに保護すべきか。家主はある程度の期間家賃収入がなくても，経費もそんなにたくさんかかる商売ではないので，借金しているにしても，しばらくは，持ちこたえるだろう。それに，この苦境では，家主だけが減収なしというのは不公平であり，ある程度は我慢すべきである。

### （６）特措法58条の家賃徳政令的法律を制定せよ

　さらに，特措法58条は，「内閣は，新型インフルエンザ等緊急事態におい
て，新型インフルエンザ等の急速かつ広範囲なまん延により経済活動が著しく
停滞し，かつ，国の経済の秩序を維持し及び公共の福祉を確保するため緊急の
必要がある場合において，国会が閉会中又は衆議院が解散中であり，かつ，臨
時会の召集を決定し，又は参議院の緊急集会を求めてその措置を待ついとまが
ないときは，金銭債務の支払（賃金その他の労働関係に基づく金銭債務の支払及
びその支払のためにする銀行その他の金融機関の預金等の支払を除く。）の延期及び
権利の保存期間の延長について必要な措置を講ずるため，政令を制定すること
ができる。」と定めている。これは家賃徳政令である。この趣旨の法律を制定
すべきではないのか。国民民主党玉木雄一郎代表は，家賃支払いモラトリアム
法案を提案していた。

### （７）家賃支援給付金には反対

　しかし，自民党は借り手を直接支援することとした（この辺の経緯について
は，竹中242頁以下参照）。

　私見では，家主の救済策としては，家賃の不払いが大量に発生し，家主の経
営も厳しくなったケースに限り，国家が運転資金として無利子無担保融資をす
るのが適切である。それは地域差があるので，都道府県・市区町村にある程度
の裁量を与えて制度化すべきである。一部自治体は家主に家賃減収補助を考え
ているようである。

　したがって，この家賃補助制度には賛成できない。

## 5　学生支援の仕方

　学生のバイト口がなくなって，生活に困窮する学生に授業料を減免せよとい
う声もあるが，授業をオンラインであれやっていれば授業料を徴収する理由は
ある。そこで，一律減免ではなく，生活困難な学生に与える授業料減免の枠を
拡大し，生活支援策を講ずるのが妥当である。ただし，通信教育並みで，大学
の施設を利用できないのであるから，施設利用料は返還すべきではないか。

　政府は，20年5月19日に，「学びの継続」のための『学生支援緊急給付金』
の創設（https://www.mext.go.jp/content/200520_mxt_gakushi01_000007254_01.
pdf）を決定した。特に家庭から自立した学生等において，新型コロナウイル
ス感染症の影響によりアルバイトの減・解雇等突然の収入減による「学びの継

続」の危機を抱える状況を踏まえ，より早く現金が手元に届くスピード重視の
制度設計という。

　◇対象者：約43万人

　◇給付額：住民税非課税世帯の学生　20万円

　上記以外の学生　10万円

　◇所要額：約531億円

　さらに，

　文科省関係の学生支援の現状は

　○大学生・高等専門学校生・専門学校生への支援

　　　低所得世帯の学生幅広い世帯の学生

　　　家計が急変した世帯の学生

　　　アルバイト収入減の学生

　　　返還が不安な学生

　　　入学時・再入学時の支援が必要な学生

　○高校生への支援

　　　高等学校等就学支援金高校生等奨学給付金

　　　家計急変への支援

　その他の修学支援と盛りだくさんである

　　（https://www.mext.go.jp/a_menu/coronavirus/benefit/index.html）。

　しかし，この事業は，20年度に約51万人の利用を見込んでいたが，実際には
半数の利用にとどまり，約2100億円が余った（読売21年11月 6 日朝刊31面）。

　沖縄国際大学（宜野湾市）は，学生 1 人当たり 5 万円を支給する「特例授業
修学支援奨学金」を20年度に実施，21年度も本年度に実施すると発表した（沖
縄タイムズ21年 6 月 6 日電子版）。

## 6　持続化給付金の工夫 ━━━

### （1）制度のシステム

　新型コロナの感染拡大の影響で売上げが前年から半減した中小企業などを対
象に20年 5 月 8 日から「持続化給付金」の支給が始まった。給付金の対象は
1 ヶ月の売上げ高が前年同月比で半分以上に減った中小企業やフリーランスな
どを含む個人事業主，昨年の年間売上高と減少した月の売上げ高が 1 年続いた
と仮定した金額との差額を上限に，最大200万円支給する。根拠は「新型コロ

ナウイルス感染症対策中小企業等持続化給付金の支払いの臨時特例に関する政令（令和2年政令第158号，ただし，経済産業省大臣のこの業務担当業者の指定権限だけを定めている）である。

　持続化給付金制度は20年5月の運用開始から既に380万件の申請があった。売上げが大きく減った中小企業などに最大200万円を支給しており，補正予算などで計上した給付原資約5兆円のうち，これまでに4兆8000億円を充てた。21年1月15日の申請期限までにさらに30万件程度が見込まれるという。経済産業省は予算を3140億円増額する（20年11月4日現在。https://www.komei.or.jp/komeinews/p127009/）。

　この基準もあまりに過大支給である。本来は年間の赤字の一定額を補填すべきであり，商売によっては収入には変動があるから，1か月分が前年同期と比較して半額以下というだけで，年間同じく赤字とみなすのは行き過ぎであり，せめて，3箇月は前年比大幅減収といった基準をおくべきであった。そして，これは休業要請とは関係がないようであるが，休業要請を実効性あらしめるためには，休業要請に応じてある程度の期間閉店したことを要件とするか，それを割増し事由とすべきである（さらには，本来休業要請が過大規制であっても，それによる損害賠償をこれに含めるように決めるべきである）。

　これは非課税にすべきだという主張があるが，これは営業収入の補填であるから，この給付金を含めて黒字になれば課税されるのは当然である。財務省もその方針をとっている。さもなければ，コロナ焼け太りになりかねない。

### （2）今回の減収を補填するにふさわしい制度の提案

　これは本年の減収補填である。税務当局に補足されているのは昨年の所得である。そこで，本年の所得を考慮した制度を工夫すべきである。

　たとえば，申請に基づき一定の金銭を貸与する。翌年は，税務申告を見て，黒字になるまで返済を猶予する。黒字になれば，その程度に応じて返済してもらう（小林慶一郎「コロナ不況を回避せよ」44頁以下）。

　首相は単純に定額給付金12000円の先例に倣うのではなく，このように工夫すべきである。

## 7　一時支援金

　一時支援金は中小法人・個人事業者のための制度である。21年3月8日から5月末まで申請する。

その要件は次のようである。

① 緊急事態宣言に伴う飲食店時短営業又は外出自粛などの影響を受けていること

② 2019年又は20年比で，21年の1月，2月，又は3月の売上げが50％以上減少していること

給付額は中小法人が60万円，個人事業者が30万円を上限とし，給付額は，2019年又は20年の1～3月の合計売上げから，21年の対象月の売上げの3ヶ月分を控除したものである（https://ichijishienkin.go.jp/assets/files/leaflet.pdf）。

## 8　日本政策金融公庫のコロナ特別貸付（新型コロナウイルス感染症特別貸付）

限度額は，小規模事業者（個人・法人）（卸・小売・サービス業で「常時使用する従業員が5名以下の企業」，それ以外の業種は「同20名以下の企業」のこと）：最大融資額は6000万円

中小企業（個人・法人）（上記の小規模事業者に当てはまらない中小企業のこと）：最大融資額は3億円

この日本政策金融公庫は，日本の政府系金融機関の一つで，財務省が管轄している特殊会社である。同じ金融機関でも民間とは違い営利目的はなく，復興支援や経済発展を目的としています。

コロナ特別貸付の対象になる小規模事業者と中小企業は，新型コロナウイルス感染症の影響を受け，一時的な業況悪化を来している方であって，次の1または2のいずれかに該当し，かつ中長期的に業況が回復し，発展することが見込まれる方

最近1ヶ月の売上高が前年または前々年の同期と比較して5％以上減少している方

業歴3ヶ月以上1年1ヶ月未満の場合等は，最近1ヶ月の売上高が次のいずれかと比較して5％以上減少している方

（1）　過去3ヶ月（最近1ヶ月を含みます。）の平均売上高

（2）　令和元年12月の売上高

（3）　令和元年10月から12月の平均売上高

大判振る舞いである。コロナにかこつけて多額の借金をして，返済不能で倒産する手もありそうである。

## 9　農家向け交付金 ◀━━━━

　農家向けのコロナ交付金，正式には「高収益作物次期作支援交付金」
（https://www.maff.go.jp/j/seisan/ryutu/engei/210331.html）は，コロナの影響
で作物の売上げが減少した農家に，農地10アール当たり5万円，施設栽培の花
などには同80万円払うもので，20年度の第1次補正予算で約242億円を計上し
た。最初に要件を簡素化したところ，申請数が予想を大幅に超え，コロナの影
響が軽微な農家の申請も多かった。そこで，10月に，対象を減収となった作物
に限定し，実際の減収額を交付金の上限とするように，支給要件を厳格化した
ところ，批判が殺到，急遽救済措置を設けた。10月末までに農機具などの購入
契約を済ませた農家には，その代金分などを支給するなどとしたのである。し
かし，これにも，交付金の受給後に農機具の購入を予定していた農家は対象外
となる，「不公平」との声が上がった（読売20年11月4日朝刊8面）。

## 10　コロナ特例貸付・新型コロナ生活困窮者自立支援金 ◀━━━━

　（1）　コロナの影響で収入が減った人に生活資金を貸し出す「特例貸付制
度」がある。

　これには当面の資金を貸し出す「緊急小口資金」（最大20万円）と，生活再建
までの資金を貸し出す「総合支援資金」（最大月20万円を3ヶ月間）の2種類が
ある。後者は期限が2度延長され，両資金で最大200万円借りられた。全額国
費で，無利子，返済は1年猶予され，返済時住民税非課税世帯は免除される。

　これを上限まで利用して，新たな貸し付けを受けられない世帯が約31万にも
上る。利用しているのは120万世帯以上，総額1兆円を超えている（読売21年
7月14日朝刊39面）。

　（2）　公明党は21年5月27日，生活保護に近い困窮世帯に3箇月で最大30万
円（月額単身者6万円，2人で8万円，3人以上の世帯で10万円）を支給すること
を政府に提言し，政府は応じた。「新型コロナ生活困窮者自立支援金」。預貯金
が100万円以下，3人以上の世帯はで月収24万1000円以下である。それが真っ
当である。先の全国民への10万円特定定額給付金の愚を反省したのか。しか
し，3人を超えると同じく月10万円では，少子化対策をしている子だくさんは
やっていけない。爺さんばあさんと一緒の世帯では世帯分離をして，2世帯に
するだろう。4人目からも，1人につき月2万円を上積みすべきである。

　しかし，生活費を無利子で借りられる「特例貸付制度」を上限まで利用す

る，求職活動をするなどの要件が厳しく，対象世帯の１，２割しか申請していない（読売21年８月24日）。

　なお，結局は返済しない者から取り立てるのは至難で借りたもの勝ちであろう。阪神・淡路大震災の災害援護金，神戸市は，未返済の709世帯11億5000万円を免除した（読売21年８月26日朝刊31面）。


## 11　GO TO補てん

　観光支援策「GO TO トラベル」が中断されて，キャンセル料を国が負担することとなった。それは21年２月から７月までで，旅行代金の約35〜50％を旅行会社や宿泊施設に支出した。総額は1157億円。その際，影響を受けたリネン業者や食材の卸売業者などにも公平に配分するように求め，旅行会社と誓約書を交わした。しかし，その支払い状況が把握されていない。リネン業者や食材卸業者は泣き寝入りのようである（読売21年11月６日朝刊31面）。


## 12　時短協力金のばらまき

（１）　プロローグでも述べたが，時短に協力すると，ぼろ儲け。協力金はこれまでの緊急事態・まん延防止措置の際も杜撰に支給されていたが，新型コロナが激減して緊急事態宣言が全国的に解除された21年10月でも，まだまた自粛を要請していて，協力金を払っている。兵庫県の新型コロナウイルス感染症拡大防止協力金（飲食店向け）（第９期：10月１日〜10月21日の時短要請分）（https://web.pref.hyogo.lg.jp/sr07/jitankyouryokukin9.html）の要点は次のようである。

（２）　認証店では，通常，午後９時を超えて営業する店舗が，営業時間を午後９時までに短縮すること（非認証店では，通常，午後８時を超えて営業する店舗が，営業時間を午後８時までに短縮すること）。

　・酒類の提供（利用者による酒類の店内持ち込みを含む。）を，午前11時から午後８時半までとすること（非認証店では，午前11時から午後７時半までとすること）

　・カラオケ設備の利用を自粛すること。（カラオケボックス等を除く）

（３）　支給額は，これに対して，下記により算出した１日当たり額／店舗×時短営業日数（最大21日間）

〈中小企業〉

前年又は前々年の 1 日当たり売上高に応じて単価決定

・83,333円以下の店舗：2.5万円

・83,334円〜25万円の店舗：（前年等の 1 日当たり売上高）×0.3の額

・25万円超の店舗：7.5万円

　〈大企業〉　＊中小企業もこの方式を選択可

前年等からの 1 日当たりの売上高の減少額×0.4（1 千円から千円単位）

（上限：20万円又は前年等の 1 日当たり売上高×0.3のいずれか低い額）

　（4）　これによれば，これまで午後 9 時半に閉店していた中小の認証店が 9 時に閉店すると，前年又は全前年度の売上げがゼロでも（83,334円以下となっている）1 日当たり 2 万 5 千円もらえる。

　大企業では，この「以下」という基準はないが，それでも，30分でも時短すれば，売上げの30％が支給される。これでは，新型コロナ特需である。無茶苦茶ばらまきである。

　税金をこのようにな無駄遣いしてはならない。本来は，前年度の 1 日当たりの売上に対して，短縮時間を営業時間で割った割合を乗じたものを基準に，そこから原価を控除したものを支給するように算定すべきである。

　また，朝 5 時からの営業が基準となっているが，その時間は営業しなくても，協力金の対象とするべきではなく，夕方 6 時からの本来の営業時間をどれだけ短縮したかが基準とされるべきであるし，もともと何時まで営業していたのが何時までに短縮したかを店舗前に掲示して，誤魔化しがばれるようにすべきである。

## 13　支援策の長期計画の必要性

　支援策は大慌てで，場当たり的・思い込み的に個々に提案されているように見える。しかし，国家の資金も底をつく。感染が諸外国のように深刻化・長期化すれば，破綻する企業を救えずに恐慌をきたす可能性がある。新型コロナ禍がいつまで続くのか，予測できないので，そのことも念頭において，それなりに将来の見通しを立てて，国家資金の投入は計画的にすべきである。その意味でも前記の家賃補助，全国民10万円支給，アベノマスクなどは天下の愚策である。筆者は，20年 5 月時点でこのように述べていたが，実際，その後もコロナは収束せず，変異株の第 4 波が来ている。21年10月現在では新型コロナはかなり収束しているが，第 6 波の心配は絶えない。

# 第11章　支援・給付金などの支給に おける不正受給対策

## ◆　I　不正受給続出

### 1　コロナ持続化給付金　■━━━━

　持続化給付金（https://www.meti.go.jp/covid-19/jizokuka-kyufukin.html）
は，新型コロナウイルス感染症拡大により影響を受け，昨年と比べて月単位で
売上げが半減している月があれば，その減額分の12ヶ月分を，法人事業主は
200万円，個人事業主は100万円を限度として支給される。法律によらない予算
措置であり，しかも，国庫補助金でもないので，単なる贈与契約による（碓
井。これは給付金制度について詳しい分析をしている）。

　持続化給付金の受給対象は事業者であり，給与所得者や主婦，学生は給付金
を受けられないが，昨年事業をしていたこととして，昨年の売上げをでっち上
げて，インチキの確定申告をして，今年は売上げなしとして申告するなどの手
口が横行している。そのインチキ申告を請け負う悪党も結構いるらしい。

　広島県警は20年11月4日持続化給付金詐欺の疑いで5人を再逮捕した。押収
した資料や通話記録から，県内の学生や会社員ら100人以上が申請名義人とし
て関与した疑いが判明した（共同通信社20年11月4日電子版）。「コロナ給付金
国税局OBの税理士が詐取，100人に不正受給を指南か」（読売20年12月1日電
子版）。コロナ給付金，700件，一人あたり15万円，総額1億円の関与という
（沖縄タイムズ20年12月1日電子版）。47人検挙，立件総額は2800万円に上る（時
事通信，20年10月15日電子版）と報道されている。その後も逮捕事案が続出して
いる。岐阜県警は税理士ら30人を検挙，詐取総額は2400万円という（Yニュー
ス21年7月16日）。不正は1万件になりそうだといわれる。

　騒ぎが大きくなり，不正に受給した人から，「軽い気持ちで不正をしてし
まった」と自首する相談などが，全国の警察に約1600件寄せられているとい
う。

そこで，経産省は，自主返還には加算金などを求めないこととした。20年11月19日現在の返還状況は，返還件数3,798件，返還金額4,062百万円，返還申出件数（返還完了分を除く）4,832件という（https://www.meti.go.jp/covid-19/jizokuka-henkan.html）。

別の報道では，21年2月までで，給付総額約5・5兆円のうち不正受給は約5億9000万円，そのうち，約2億2000万円が未返還であった（読売21年11月6日31面）。

## 2　家賃支援給付金

家賃支援給付金とは，新型コロナウイルス感染症の拡大の影響を受けて，20年5月から20年12月までの間の任意の期間の収入（売上）が，前年同期と比べて大幅に減少した中小法人，個人事業者等に対して，家賃の負担を軽減する目的で，支払った家賃や収入の減少幅に応じて支給される給付金（法人は最大600万円，個人事業者は最大300万円）である。7月から実施された。これも予算措置によるもので，単なる贈与契約である（https://mirasapo-plus.go.jp/infomation/6447/）。

家賃支援給付金は11月1日（日）までに，約66万件の申請があり，中小企業・個人事業者に約43万7000件の給付をしている（https://kkpartners.jp/oshirase/17211/）。これにも結構不正があるようである。

「コロナ対策給付金を詐取容疑，経産省キャリア2人逮捕」（朝日21年6月25日電子版）という衝撃的な報道がもたらされた。

コロナ禍で売上げが減った中小企業の関係者を装い，国の「家賃支援給付金」を詐取したという容疑である。

迅速な給付を優先するあまり，申請方法や審査が簡素化され，各地で不正受給が続発。逮捕者も相次いだ。同省はこれまでに3法人と5個人事業主の不正を認定し，計約1083万円を返納させたという（朝日21年6月25日電子版）。

そのような不正受給はこれまでもたくさんある。いくつか，挙げよう。

## 3　雇用調整助成金

雇用調整助成金（雇調金）は，経営が悪化した事業者が従業員を休ませる際，休業手当に要した費用を助成する制度である。通常時ならひとり当たりの支給上限額は日額8330円であるが，コロナ不況に伴う特例措置として，上限額

が日額 1 万5000円に引き上げられた。これは，持続化給付金と異なり法律に基づく制度である（雇用保険法62条 1 項 1 号，同法施行規則102条の 3 ）。

　これは20年 4 月以降，申請が急増し，支給件数は約73万件，支給額は累計8600億円超まで膨れ上がっている。

　厚労省のホームページ（https://jsite.mhlw.go.jp/yamaguchi-roudoukyoku/var/rev0/0110/0768/201525155332.pdf）は不正があることを認めている。たとえわずかな日数であっても，休業等を水増ししたり，教育訓練中に通常業務を行ったことを隠して申請することなどは不正受給にあたり，返還額は水増しなどを行った額にとどまりませんという。

　「他の事業所もやっている」「どうせ見つからないだろう」という安易な気持ちは禁物です。その不正受給が，会社や従業員の将来に重大な影響を与える可能性があります！と警告している。

　給付業務を担う厚生労働省の担当者がこう漏らす（https://news.yahoo.co.jp/articles/6d4168a946dcfabae4a77268d7412108b4fa33d5）。

　「 4 月以降は特例措置として審査を簡素化し，スピード重視で給付を行なっているため，不正受給の恐れが高まっています。現時点で不正は確認されていませんが， 7 月頃から『〇〇社が不正受給している』といったタレコミは日に日に増えています。

　ただ，今は受給申請を処理するだけで現場は手いっぱいで，疑わしい事業者への調査にまで手が回らないのが実情。昨年度の不正受給は11件でしたが，今年度は爆発的に増える可能性もあり，現場は戦々恐々としています」。

　全国に店舗を展開する居酒屋チェーンの社員は，「ウチはグレーです」としつつ，こんな内情を明かした。

　「弊社では 4 月に 9 割の店を一時閉店し，大半の社員を休ませたタイミングで雇調金の給付を受けることになりました。休業していた店は 6 月上旬に営業再開しましたが，全社員の 3 分の 1 ほどは現在も表向きは休業扱いで，休業手当を満額でもらっている。

　しかし，実際は彼らも休んでいるわけではなく，人手が足りない店へのヘルプや清掃作業，撤退が決まった店の食器の梱包（こんぽう）や設備の搬出といった作業に従事しています。

　そんな社員たちは，会社から『君たちはあくまでボランティアだ』と言われ，直属の上司からは『このことは家族にも絶対に言うな』とクギを刺されて

います。ヤバい感じはしているのですが……」

　21年11月には，日本旅行業協会の会長が代表取締役を務める「ワールド航空サービス」が社員を休ませているとの偽りの書類を提出して雇用調整助成金1億7000万円を不正に受給したと報じられている。

　西部ホールディング参加のタクシー会社でも過大な調整金を受け取っていた。会計検査院は抽出調査でも12億円のもらいすぎと指摘している（読売21年12月7日朝刊37面）。

## 4　公営住宅の不正入居

　新型コロナとは関係がないが，公営住宅は，家族が多いと入居しやすいし，広い家に入居する資格があるので，田舎の父母と同居することとして，当選して，実は父母は来なかったとする例がある。筆者の経験では公務員住宅でも，そのような不正があった。

## 5　生活保護の不正受給

　厚労省によれば（日経2018年1月24日電子版），生活保護費の不正受給は，2016年では過去最多の4万4千件になった。前年度と比べ1.2%増えた。2014年施行の改正生活保護法で，福祉事務所の調査権限を拡大し，受給者の収入調査が徹底して行われている効果が出ていると，厚労省は分析している。

　生活保護費は，国が定める最低生活費から収入を引いた額が毎月支給される。不正内容の内訳をみると，働いて得た収入の無申告が2万800件（46.8%）で最多。年金などの無申告が7632件（17.2%），働いて得た収入の過少申告が5632件（12.7%）という順だった。一方，不正受給の合計額は167億円で前年度と比べ1.3%減った。1件当たりの金額は1万円減の37万7千円で，厚労省が把握する1997年度以降で最低となった。福祉事務所が受給者への収入調査を強化し，早期に不正が見つかることで，1件当たりの金額の減少が続いている。

　ウイキペディアによれば，不正受給の典型は所得隠しである。所得税の源泉徴収による申告をしない雇用主の下での現金払いによる就労や，友人の名義を借りた不正就労による賃金の受給，ネットオークション，フリマアプリ，中古リサイクル店への売却金，仕送りの受け取り，質屋からの借入金，世帯主ではない未成年受給者（主に高等学校在学生）のアルバイト収入，生命保険解約返戻金や事故などによる賠償金，犯罪被害者給付金，公営競技による配当金，株

取引や先物取引，外国為替証拠金取引などは本来，生活保護法の規定によって，全て「収入」として福祉事務所に申告するべきものである。

## 6　雇用保険の不正受給

雇用保険は雇用保険法に基づく。失業の時基本手当等を支給されるが，働いたことを申告しなかったり，偽った申告をするなど，不正な行為により基本手当等を受ける者も少なくない。

## 7　GO to TRAVEL の不正

新型コロナ対策の需要喚起策である「GO to TRAVEL」で，宿泊予約をして，クーポン券を取得し，宿泊予約をキャンセルし，クーポン券だけ取得する不正取得が多数発生している。栃木県那須塩原市塩原温泉が，宿泊を無断キャンセルされて，8施設がキャバクラ経営者らに対し280万円の賠償請求をしているという報道があった（宇都宮地裁大田原支部）（読売20年10月30日朝刊30面）。

ホテルにも長期間宿泊して無断で逃げるケースが報道されている。その詐欺犯が全国初摘発という（読売20年11月29日朝刊32面）。

## ◆　II　これまでの不正対策

### 1　持続化給付金，家賃支援給付金

持続化給付金や家賃支援給付金を不正受給した際の罰則は3点であると警告されている。持続化給付金については，https://www.meti.go.jp/covid-19/pdf/jizokuka-kyufukin_fusei.pdf。家賃支援給付金については，その給付規程（中小法人等向け）に次の定めがある。

（file:///C:/Users/yasut/AppData/Local/Microsoft/Windows/INetCache/IE/TIQ113MD/kyuhukitei_hojin%20（1）.pdf）。

（1）　年3％の延滞金及び不正受給した金額の合計の2割を加算して返還

（2）　屋号・雅号・氏名等の公表

（3）　悪質な不正受給者は刑事告発

特に公表の制度は脱税とは比較して厳しい。しかし，制裁金は2割加算だけである。

ただし，補助金の不正受給なら補助金適正化法により行政徴収されるが，こ

れは同法上の補助金ではなく，民事上の贈与であるので，返還させるには刑事罰と公表の圧力のほかは民事訴訟によらなければならない。

　なお，この２割の返還命令，公表は，実体法上の権利を左右するから，単なる省令ではなく，法律に規定すべきではないか。

## ２　雇用調整助成金

　厚労省のホームページ（https://jsite.mhlw.go.jp/yamaguchi-roudoukyoku/var/rev0/0110/0768/201525155332.pdf）によれば，不正受給が判明した場合…

① 　不正発生日を含む判定基礎期間以降に受けた助成金は，全額返還を命じます

② 　一度でも不正受給すると，以後３年間は雇用保険２事業を財源とする助成金（ハローワークで扱うほぼすべての助成金）が受給できません

③ 　平成22年11月以降の申請に不正があった場合事業主・事業所の名称などを公表しています

④ 　特に悪質な場合などは，刑事告発を行います

> 　　実際には教育訓練をおこなっていないにもかかわらず，実施したように偽り，中小企業緊急雇用安定助成金約370万円を不正に受け取った事業主が，詐欺罪で懲役１年６か月（執行猶予３年）の有罪判決を受けたケースもあります。

　雇用保険法施行規則140条の３は「偽りその他不正の行為により雇用調整助成金その他の……給付金の支給を受けた事業主……に対して，支給した給付金の全部又は一部を返還することを命ずることができ，また，…当該返還を命ずる額の２割に相当する額以下の金額を納付することを命ずることができる。」

　同140条の４は，「偽りその他不正の行為により，雇用調整助成金……支給を受け，又は受けようとした場合」事業主の公表を定めている。

## ３　雇用保険法

　雇用保険法の不正受給に対する返還命令の条文（10条の４）は，

「偽りその他不正の行為により失業等給付の支給を受けた者がある場合には，政府は，その者に対して，支給した失業等給付の全部又は一部を返還する

ことを命ずることができ，また，厚生労働大臣の定める基準により，当該偽り
その他不正の行為により支給を受けた失業等給付の額の２倍に相当する額以下
の金額を納付することを命ずることができる。」と規定されている。

　これは不正受給額の３倍の返還を求められる厳しい規定である。

### 4　生活保護法

　生活保護法78条は，「不実の申請その他不正な手段により保護を受け，又は
他人をして受けさせた者があるときは，保護費を支弁した都道府県又は市町村
の長は，その費用の額の全部又は一部を，その者から徴収するほか，その徴収
する額に100分の40を乗じて得た額以下の金額を徴収することができる。」と定
める。４割の加算は税金の重加算税（国税通則法68条）と同じである。

　第85条は「不実の申請その他不正な手段により保護を受け，又は他人をして
受けさせた者は，３年以下の懲役又は100万円以下の罰金に処する。ただし，
刑法に正条があるときは，刑法による。」と定める。

### 5　健康保険法

　健康保険法58条３項も４割加算の規定である。

### 6　国民年金法

　国民年金法23条は，「偽りその他不正の手段により給付を受けた者があると
きは，厚生労働大臣は，受給額に相当する金額の全部又は一部をその者から徴
収することができる。」と定める。加算はない。

　同法111条は，「偽りその他不正な手段により給付を受けた者は，３年以下の
懲役又は100万円以下の罰金に処する。ただし，刑法に正条があるときは，刑
法による。」と定める。

　もし詐欺罪の構成要件に該当するのであれば，詐欺罪が適用されるというこ
とになり，不正受給罪は適用されないことになる。

### 7　大災害の場合の仮設住宅

　新型コロナではないが，南三陸町の仮設住宅入居申込書には，「なお，申請
書に虚偽の記入があったときは，退去していただく場合があります」との記載
がある（http://www.town.minamisanriku.miyagi.jp/index.cfm/17,255,c,

html/255/2072.pdf）。

## ◆　Ⅲ　筆者の不正対策

### 1　性善説ではなく，悪用を前提に ━━━

持続化給付金は，急いだから，性善説で等と言い訳されているが，日本人にも多数の不正者がいることは最初から明らかであるから，制度は性悪説で作るべきである。

### 2　参考にすべきノースリッジ大震災対策 ━━━

新型コロナではないが，参考にすべきこととして，アメリカのノースリッジ大震災対策としては次のような迅速な支援が行われた（阿部「生活再建へ迅速に個人支援－アメリカ連邦政府・ノースリッジ被災者支援策から学ぶもの」ウェルフェア26号（1997年，全労済協会発行）＝『大災害対策法制における発想の転換』第5部第2章第1節所収（信山社，21年）。

保険及びローンで対応できない者には住宅修繕費が支給される。被災の状況を地域ごとに判定して，被害の調査なしに迅速に支給した（被災家屋援助の特急路線）。27万人以上の持ち家所有者が補修費の連邦助成金を受けた。これは軽微な補修への助成で，750億円，1世帯あたり平均で30万円くらいである。最高126万円である。

しかし，中小企業庁は，各申請者の住居及びビジネスの被害を調査する調査官を派遣して損害の調査を行った。そして，要件を満たさなければ，返還させ，詐欺で立件した。中小企業庁は，国税局と協力して，申請者の許可を得て，国税局から直接に納税申告書を譲渡して貰うようにして，虚偽の申告書の提出を減少させた。

50万人以上の被災者が，荒廃した家屋に対する連邦の助成金または低利融資を受けた。手続は簡略化されたが，担保は必要である。

これは日本では考えられない迅速な手法である。仮に払っておいて，間違っていればあとで取り返す，事後返還命令付きの支給など，本当にうまく行くのか。日本では，あとで返せといわれても，もめるだけなので，調査をきちんとしないで支給するなど無理というのが本当のところであろう。しかし，そうすると，迅速な支援もできなくなってしまう。迅速に支給する以上は，誤魔化し

にきちんと対処するべきである。

## 3　旅館・飲食店の予約は，カードで違約金の支払いを

GO to Travel のクーポン券は予約の段階で発行するから不正利用される。実際に宿泊後に発行すれば済むことである。急ぐからという言い訳があるが，いくら急いでも不正対策は不可欠である。まさに，「後藤さん，トラブったの」というものである。

そして，予約キャンセルで，準備した旅館・飲食店は大損害を被るが，それは予約を電話だけで済ませ，何の担保も取らず，予約者の存在さえ確認していないからである。電話で予約して無断キャンセルでも違約金を徴収する方法がない無防備な日本のやり方はあまりにも性善説に偏りすぎている。

予約の段階で，キャンセルの時は違約金をとれるように，カードで事前に払ってもらうべきである。筆者の経験ではアメリカではそうなっているし，多くの国ではそうであろう。

## 4　不正の制裁を明示して

災害の際の仮設住宅のうち，民間住宅を借りる，いわゆるみなし仮設では，当然家主が間に入るので契約するが，行政が直接供給する仮設住宅では契約書を交わす余裕もないからか，契約書をきちんと交わさないようである。

不正入居には退去を求めるほかに，条例を制定して，公表，違約金を過料，延滞金として定めるべきである。そうすれば，裁判を経ずに，行政徴収できる（地方自治法231条の3）。

それとも，仮設住宅の無償使用貸借契約を交わし，不正入居1日当たりいくらの（たとえば2000円）制裁金を入れるべきかと思う。そうすれば，不正入居は多少は減るし，追い出しやすくなるだろう。

## 5　庶民が不正したいと思う法システムをなくせ

生活保護なら，稼げばすべて没収（生活保護費の減額，いわば100%課税システム。鵜飼の鵜より悪い）であるから，働く気はしないで，遊んでしまう。真面目に働くのは阿呆である。そこで，働いた場合，申告する気が起きない。

これは人間の心理に反する。余分に働いたら，それを自己の収入とすることができるようにすれば，このような行為は不正ではなくなる。制度を変えるこ

とが肝心である（阿部「生活保護制度改革における発想の転換」自治研究88巻10，11号，89巻 1 号（2012年）＝『政策法学の理論と実践』所収（信山社，近刊））。

　持続化給付金も，確定申告の時期がコロナのために延期され，その間に持続化給付金が導入されたので，さっそく昨年は商売していたとして，インチキ確定申告をすることが可能となったのである。

　確定申告だけではなく，昨年実際に商売をしていたという証拠（売上台帳，銀行の入金記録，領収書など）を提出させるべきではなかったか。迅速さに反するというが，100万円，200万円をもらうのであるから，誤魔化せない証拠の提出を求めることとすべきであった。

　それとも，違法行為には厳しい制裁があることを申請書に大きな赤字で教示すべきである。


## 6　制裁の統一を

　3 倍取る（雇用保険）のと， 4 割の加算金（生活保護，健康保険）， 2 割の加算金（持続化給付金，家賃支援給付金）を取るのと，制裁金を取らない（国民年金法）のと不統一である。

　これにはそれぞれ理由があるのか。雇用保険の 3 倍はきついだろうし，偽りその他不正をした者への制裁であるから，一般的には 4 割加算として統一すべきではないか。

　公表は持続化給付金，家賃支援給付金，雇用調整金にはあるが，一般にはない。生活保護や年金には公表は不適当か。


## 7　違約金を簡単に徴収できるように，行政処分として構成せよ

　持続化給付金，家賃支援給付金は民事上の贈与と構成されている。不正受給には公表，刑事罰のほかに，返還を求める方法は民事訴訟しかない。返還を求めるために，いちいち訴訟を提起する必要がないように，法律の根拠をおいて，国庫補助と同じく行政処分として構成し，補助金適正化法を準用して，不正受給には返還命令，行政徴収を導入し，給料や売上げの差押えもできるようにすべきである。


## 8　密告奨励金

不正を告発した者には高額の奨励金を出す。他人や他の会社の不正なら，そ

の不正金額の３割でも与える。自分の会社なら，不正を告発すれば実際上は辞職するしかないだろうが，退職金を倍出す。この費用は上記の各種給付制度主体が負担する。そういう制度を作れば，不正告発が激増するので，不正に手を染めた者はいつ売られるかわからないと，戦々恐々で不正は激減するはずである。アメリカでは，密告した人に大きな払戻しがあるので，不正抑止に大きな効果がある。医師が診療報酬を誤魔化し，会社が脱税などをするとき，事務員や奥さんを使ってやると，あとで，告発するぞと脅されるので，不正は抑止される。奥さんと相談してやった場合，愛は永遠でなければ，リスクが大きい。愛は永遠と信ずるのは，ど阿呆であり，愛はいずれ破綻すると思っていなければならないのである。

　そうすれば，行政側も，不正金額回収事務の負担を大幅に免れる。無駄な行政経費を削減できる。

　加算金を定めたが，不正があまり多いので自主返還すれば，すべて勘弁してやるという持続化給付金の制度は，泥棒してもばれたら返せばよいと同じで，感心しない。

　日本では，密告奨励は日本の国民性になじまないとかいう，不正をしている企業の反対で，中途半端な公益通報者保護法しかできていない（その最新の解説書が山本隆司ほか『解説　改正公益通報者保護法』（弘文堂，21年）が，その結果，相変わらず不正は防げないし，通報した人が逆に復讐にあっている例もある。これでは，内部告発抑制法である。日本でもこの経済的手法を真似るべきであり，国民性などと訳の分からないことをいうべきではない（阿部『日本列島法改造論』（第一法規，2018年）126頁。『内部告発（ホイッスルブロウワァー）の法的設計』（信山社，2003年），『行政の組織的腐敗と行政訴訟最貧国：放置国家を克服する司法改革を』（現代人文社，2016年，130頁）。

## ◆　Ⅳ　業務委託・受託過程における不正

　持続化給付金事業の受け皿となった「サービスデザイン推進協議会」は事務作業費として769億円で受託し，電通に丸投げして20億円も中抜きした幽霊・トンネル会社である。経済産業省出身の官邸官僚と経産省と電通の癒着が原因である（森功「持続化給付金と経産省の暗闘」文藝春秋20年８月号152頁以下）。この問題については，野田崇「緊急かつ大規模な事業の民間委託」法律時報93巻

5号58頁以下，「トラブル続出　コロナ『持続化給付金』を769億円で受注したのは"幽霊法人"だった」（週刊文春　20年6月4日号）参照。

東京新聞（20年6月26日電子版）は，4つの論点を指摘している。

論点①　給付金事業を受注した法人の実体の乏しさ

論点②　何層にも重ねられた外注

論点③　入札が「出来レース」だった疑いも

論点④　経産省と電通の蜜月ぶり

別の報道では，持続化給付金では，委託先は延べ約720業者に膨らみ，総額668億円の96％が再委託された一方で，再委託の必要性を検討した記録はなかった（読売21年11月6日朝刊31面）。

これについては独禁法上の問題もありうることが指摘されている（舟田136頁以下）。

アベノマスクの発注も同様といわれる。予算の執行も法律に基づいて丁寧に行うような監視が必要である。

# 第12章　新型コロナ予防接種の
## 副作用と補償

## 1　副作用のリスク

　新型コロナワクチンは，これまで経験のない遺伝子ワクチンであるから，治験を経ているとはいえ，重大な副作用の恐れは，高い確率ではないにしても，想定されている。長期的な安全性はわかっていない（木村154頁以下，天笠著全体）。ローリスクの人は受ける必要がない。国民全員に接種するほどのものではないとの主張もある（鳥集124頁，203頁以下。240頁以下）。

　実際接種直後の死亡例，若い男性の心筋炎が結構多発していることは前記した（第2章2）。

## 2　予防接種補償制度
### （1）根　拠　法

　新型インフルエンザ予防接種による健康被害の救済に関する特別措置法（平成24年法律第31号）により予防接種法の特例がある。その第2条では，「この法律において「新型インフルエンザ」とは，インフルエンザであって，感染症の予防及び感染症の患者に対する医療に関する法律第6条第7項第1号に掲げる新型インフルエンザに該当するもの」規定されているので，この特別措置法が適用されるのかと思った。

　しかし，厚労省「新型コロナウイルス感染症に係る予防接種の実施に関する手引き（3.1版）（12頁，84頁以下）

　（https://www.mhlw.go.jp/content/000788636.pdf）によれば，伝染のおそれがある疾病の発生及びまん延を予防するための予防接種については，予防接種法や新型インフルエンザ等対策特別措置法にその枠組みが規定されているが，新型コロナウイルス感染症については，その流行及びその長期化により，国民の生命・健康はもとより，社会経済にも極めて大きな被害を及ぼしている状況にあることから，新型コロナワクチンの接種については，予防接種法附則第7条の特例規定に基づき実施するもので，同法第6条第1項の予防接種とみなして

同法の各規定（……）が適用されることとなるというのである。

　予防接種には，予防接種法で規定されている「定期接種」「臨時接種」「新臨時接種」に加えて，インフルエンザ特別措置法で規定されている「特定接種」「住民接種」がある。このほか，予防接種法に規定されていない「任意接種」というものもある。

　いずれの種類についても，ワクチン政策上の目的に応じて，「実施主体をどこにするか」「対象者は誰が決めるか」「接種を強く勧めるか（接種勧奨）否か」「国民に接種するように努めることを課すか（努力義務）」「誰が費用を負担するのか」「健康被害が出たときの補償水準」などが決められている。

　COVID-19のための予防接種は，「まん延を予防する上で緊急性が高く，病原性が低い疾病と評価するのは難しい」と判断され，20年12月2日に成立した「予防接種法及び検疫法の一部を改正する法律（改正予防接種法）」で，「臨時接種の特例」と位置付けられた（予防接種法附則7条1項）。

　補償は，ワクチン製造業者を免責し，政府が行うこととされた（衆議院法制局「予防接種法及び検疫法の一部を改正する法律」自由と正義21年7月号103頁以下）。ワクチンを要する政府としては背に腹は代えられないところであるが，不平等条約並みで，製造物責任を免除すると，どんな杜撰な医薬品が販売されるのか，気になる（原子力発電所の事故でも，製造業者GEは責任を負わないことになっているため，杜撰な製品を供給したのではないか）。

### （2）補償額の不合理

　予防接種法（2条）では，A類とB類がある。「A類疾病」は，人から人に伝染することによるその発生及びまん延を予防するため，又はかかった場合の病状の程度が重篤になり，若しくは重篤になるおそれがあることからその発生及びまん延を予防するため特に予防接種を行う必要があると認められる疾病である（四種混合，麻しん・風しん，日本脳炎，BCG等）。「B類疾病」とは，インフルエンザのほか，個人の発病又はその重症化を防止し，併せてこれによりそのまん延の予防に資するため特に予防接種を行う必要があると認められる疾病として政令で定める疾病（肺炎球菌感染症（高齢者がかかるものに限る。））である。

　新型コロナはA類として扱われている（予防接種法附則7条2項，同法6条1項）。

　要するに，A類は社会防衛，B類は個人防衛である。そこで，補償額に差が

出ている。補償額は予防接種法施行令で規定されている。

　例えば，ワクチン接種後に障害状態になった場合に給付される障害年金（年額）の 1 級は，定期接種の A 類疾病と臨時接種は約506万円であるが，定期接種の B 類疾病は約281万円と，かなりの差がある。

　死亡一時金は，A 類では（生計維持者かどうかで差を設けず），4,420万円
　B 類では，
　・生計維持者でない場合，遺族一時金7,372,800円
　・生計維持者である場合，遺族年金（年額）2,457,600円（10年を限度）である。

　遺族年金が10年を限度とされるのは，死亡した若者の遺族でも，いつまでも遺族年金に頼るのではなく，自ら自立生活すべきであるというのであろうが，一般の遺族年金ではそのような制限はない。これでは，10年以上長生きするはずの若年者の遺族に不利である。

　死亡一時金が生計維持者かどうかを問わず，4420万もあるのは，余命が幾ばくもない高齢者・病弱者の遺族に不当に有利である。この点で，当局が執筆した最も詳しいと思われる『予防接種法詳解』（中央法規，平成19年）112頁には何らの記載もない。

　筆者は，予防接種禍の場合，遺族年金はせいぜいは死者の平均余命まで，むしろ，稼得能力がなくなると算定されるときまでの平均収入とすべきではないか，そして，稼得能力のない者が亡くなった場合の遺族には，見舞金で済ませるべきではないか。その額は，交通事故の賠償，せいぜい災害弔慰金法の500万円（生計維持者），250万円（それ以外）が参照されるべきである。

　なお，その金額に不満であれば（年間金額が安いとか，特に10年分を超えた分は），差額を国家賠償請求することになる。それについては，予防接種禍訴訟の成果（詳しくは，阿部『国家補償法 I』（信山社，2019年）93頁以下）が参照されるべきである。

　損害賠償との重複禁止条項はある（18条）が，他の遺族年金との併給禁止はないので，重複支給されるのか。この点も，上記の『予防接種法詳解』には記載は見つからない。

　給付金は非課税である（予防接種法21条）。

# 第13章　政策決定組織の基本

## I　経産省出身の官邸官僚の的外れ・官僚の劣化

　元厚生労働大臣・元都知事・国際政治学者舛添要一（142～143頁）は次の指摘をしている。国内で最初の感染が確認されたのが20年1月16日であるが，政府が専門家会議の設置を打ち出したのは1ヶ月後の2月14日，基本方針を策定したのが同月25日。中国の状況を見ればやばいとわかるはずなのに，初動が1ヶ月遅れた。その背景には行政の質が落ちていることがある。専門的な知見を備えた優秀な官僚が，安倍政権になって次々に枢要なポストから外された。そして，菅官房長官と今井尚哉補佐官ら官邸官僚が人事権を完全に掌握したことで，霞が関全体に官邸ばかり見てゴマする役人が増えたと指摘している。

　これは，縦割り行政の打破を名目に，内閣人事局が各省庁の幹部人事権を掌握した（国家公務員法61条の2）ことの副作用である。

　大失敗のアベノマスクも，経産省出身の秘書官のアイデアである。新型コロナ対策も，経産省出身の官邸官僚が取り仕切っている（森功（ノンフィクション作家）『官邸官僚』の自爆）文芸春秋20年7月号136頁以下，さらに，同「霞が関を踏み潰した3人の官邸官僚」文芸春秋2019年12月号176頁以下）。トンネル法人に20億円も中抜きされた持続化給付金も同様である（森功「持続化給付金と経産省の暗闘」文藝春秋20年8月号152頁以下）。

　首相自身が合理的な政策判断ができないうえに，それに助言する官邸官僚も同じ。これでは政治が劣化するばかりである。

　片山杜秀（菅『敗戦処理内閣』の自爆」文藝春秋21年2月98頁）は，従来は各省庁から提出されたものを官邸が調整するという力関係であったが，現在は官邸から各省庁へ指示するという逆の流れになっている。各省庁は幹部の人事権も握られているので，官邸に委縮している。日本の官僚は一流といわれていた（霞が関は一流のシンクタンク）のにイエスマンばかりになり，指示待ち，無責任になったと指摘している。

　21年7月，飲食店に圧力をかけるために銀行と酒の卸業者に依頼をした愚策

（第4章Ⅲ（11））も，公務員が抵抗できないような雰囲気になっているためではないか。

　21年8月，首相が根回しもなしに突然入院は重症者に限ると宣言して大混乱を招いた（はしがき）のも，厚労省と官邸の劣化のためであろう。

　官邸主導は官邸が有能であることを前提とするが，現実にはそうでもないので，内閣人事局を廃止して，各省が創意工夫をしたものを内閣が調整する元の制度に戻すべきではないか。


## 2　専門家会議・分科会の人選の偏り

　本庶99頁は，医学には大きく分けて，社会医学的な公衆衛生学，患者の治療に当たる臨床医学，病気の原因を研究する基礎医学の3分野がある。今回は感染症対策だからとして，専門家会議のメンバーは公衆衛生学専門家に偏っていた。その結果，PCR検査を進めれば患者が増え，医療崩壊を招くので，適切ではないという社会医学的考え方が優先されたと指摘している。

　医療崩壊を防ぐために医療体制の整備こそが肝心であったが，それが忘られた原因はここにあったのかとびっくりする。

　舛添（145頁）も，専門家会議に臨床現場を知る医師がほとんどいないことの問題を指摘する。

　木村は，分科会は飲食店にばかり命令して医療機関には何もしていない，重症化しない若者を入院させているから医療キャパシティがいつでも崩壊する，それを解決せず，行動制限ばかり言うのはおかしい，分科会の罪は大きいと批判している（中日スポーツ21年7月17日電子版）。

　私見では，ワクチン接種の順番（第2章6）でも，オリンピックの無観客開催でも，分科会の感染症専門家はリスクマネジメントを理解していないし，過剰規制回避という憲法問題を理解していないと思う。

　しかも，厚労省の責任者は感染症については何の知識もない法文系が「専門家のふりをした素人集団」である（作家橘玲『狡猾なウイルス』に試されている）文藝春秋20年5月号166頁以下）。

　民間臨時調査会の小林喜光委員長も，「文理融合による先を見据えた政策立案」を求めている（同報告書9頁）。

　さらに，議事録が作成されず，発言者名を伏せた概要だけが公表された（読売報道特集213頁。笠貫宏・民間臨時調査会13頁）。

専門家の科学的発言と政治の領域の線引きは難しい。政府との役割分担と責任主体が不明確になっている。民間臨時調査会326頁以下も，その果たした役割を分析している。

なお，山本隆司「パンデミックにおける国の意思決定組織」（論究ジュリスト35号14頁以下。20年），手塚洋輔「危機対応における組織編成とその作動」（法律時報93巻5号71頁以下，21年），武藤香織「Covid-19の専門助言組織の課題」（法律時報93巻3号69頁以下，21年）はこの点に関する高度の法律学的・政治学的考察である。

## 3　新型インフルエンザ等対策推進会議の人選 ■■■■

特措法改正法で導入された新型インフルエンザ等対策推進会議（70条の2以下）は，政府行動計画（6条），基本的対処方針（18条）に関して，内閣総理大臣などに意見を述べるほか，新型インフルエンザ対策について調査審議し，必要があると認めるときは意見を述べる重要な機関であるが，その委員は「感染症に関して高い識見を有する者その他の学識経験者のうちから，内閣総理大臣が任命する，となっていて，感染症医が中心である。都道府県行動計画に関しても同様である（7条2項）。

しかし，筆者は，これは政府の政策について意見を述べるのであるから，感染症医だけではなく，臨床医も入れるべきだし，リスクマネジメント，公共政策，法政策（政策法学）に通じている者も入れるべきであると思う。

## 4　危機管理センター ■■■■

「新型コロナウイルス感染症に対する提言21　新型コロナウイルス感染症（COVID-19）」（http://toshio-hirano.sakura.ne.jp/Hirano/Home.html，平野俊夫のコーナー）（読売21年6月9日朝刊9面）は，長期的には，国家レベルであらゆるリスク管理を一元化する危機管理センターを設置して，そのもとに，感染症の研究や調査，対策を担う感染症センターを設置して，政府に対して医学的見地から政策助言するアドバイザーを常設することを提言している。政府の迷走ぶりを見るにつけ，同感するところであるが，政策は感染症専門医だけでは適切には作れない。

## 5　尾身分科会長の五輪発言と菅首相 ▪━━━

　新型コロナウイルス感染症対策分科会（20年6月専門家会議を廃止して設置）の尾身茂会長が，21年6月2日の衆院厚労委員会で，「今の状況で（五輪を）やるというのは普通はない」と述べたところ，「五輪は尾身会長の所管ではない」といった批判が相次いでいる。菅義偉首相が激怒しているという（アエラ21年6月4日電子版）。

　「『黙らせろ。専門家の立場を踏み越え勘違いしている。首相にでもなったつもりなんじゃないか』などと怒りを爆発させています。尾身会長を菅首相が最近，ひどく疎んじているのは間違いありません。もともと御用学者として側においていた尾身会長が謀反を起こし，自分の敵になったという意識が日に日に強くなっています」（政府関係者）

　菅首相と尾身会長の対立が深まったのは5月14日，延長される緊急事態宣言に北海道などを追加で含めるか否かを協議した時だという。

　「自らの決定を尾身会長にひっくり返され，顔を潰された感が強いです。今回の緊急事態宣言延長でも日本ショッピングセンター協会などから陳情を受け，百貨店などの休業措置等の緩和を狙う菅首相と，集中的な強い措置継続が必要と主張する尾身会長ら専門家との間で攻防がありました。結果的に今回は菅首相が押し切る形となりましたが，緊急事態宣言期間は延長しながらも措置は緩和する，というチグハグな判断となりました」（同前）

　筆者の感想では，これだけでは，尾身会長も，五輪開催が重大事態を招くことの実証的な説明をしていない。権力闘争ととられてはならない。感染が拡大するかどうかは，オリンピック開催に際して，どんな検査体制，感染防止体制，医療体制をとるか次第であるし，観客を入れたら，その体制が崩れるのか（科学的根拠では富岳は大丈夫と証明，第1章），体制を十分にとっても，インド株などが，オリンピックを契機に暴発するのか，インド株が暴発しても，オリンピックと関係ない事柄なのか，わからない。むしろ，インド株も，国産ではないのだから，入国管理を徹底（入国者は3週間監視）すべきだという提言をしてもらう方がよい。

　百貨店の休業要請も，「人流」抑制というが，本稿の立場（第6章，第9章）では，それはえん罪で，新型コロナ再炎とは関係ないから，菅首相の方が妥当な見解である（実際，8月には百貨店は入場制限だけになった）。しかし，報道を見ると，いずれもまっとうな理由をつけていない。菅首相も，まっとうな理屈

をつけて国民に問いかけるべきである。

　7 月には，東京に第 4 次緊急事態宣言を発し，オリンピックを都内では無観客にしたのには尾身会長の意見が大きく影響しているのであろうが，上記の検討をしたのであろうか。

　首相は，専門家の意見に対して，口出し過ぎだというのではなく，その科学的根拠を説明させ，視野狭窄症に陥らずに，感染拡大を防止する総合的な方法を工夫させるのが任務と思う。

　なお，次の報道があるのは，日本国民として，誠に残念である。菅総理の"迷走"答弁…「書いてあることも読めない」，官邸スタッフは愚痴とため息（yahoo　21 年 6 月 7 日（月）配信）。

　「国会では前日までに野党から質問内容が伝えられるので，官邸のスタッフがそれを総理に説明し，『御意向』を汲んで答弁書を作ります。でも，その答弁書がまともに読まれた例がないんです」「菅さん，あなたに総理はムリだったね」

　「いくら答弁を練っても読むのは最初の一部だけで，きちんと読んでくれない。『老眼で読めないのか』と思い，気を使って字を大きくしたり，読みやすいよう縦書きを横書きにしたりして工夫したのですが，すべて無駄でした」（官邸スタッフ）。

　総理を支える者たちの間には徒労感が漂い，ドッチラケという雰囲気が広がっているという。しかも答弁が炎上すると，周囲に当たり散らすというから厄介だ。

　「各大臣がコロナ対策やワクチン接種の進捗状況を報告に来ても，1 時間後には電話をかけて『あれはどうなってる！』としつこく問い詰める。

　総理は『読めない』だけじゃなく，他人の話を『聞けない』状態にも陥っていて，みんな辟易しています」（前出・官邸関係者）（『週刊現代』21 年 6 月 5 日号より）。

# 補論 1　オリンピック・パラリンピックは新型コロナに負けるな

　すでにオリンピックは開催され，さらに終わっているので，今更といわれるが，論点を整理しておくことは今後のためでもある。

## 1　開催への疑問の声

　新型コロナの感染拡大を心配して，オリンピック（パラリンピックを含む。以下，同じ）の開催に懐疑的な声が大きい。国民の命を犠牲にして，金にまみれたお祭りを強行するのかという抗議の声もある。元日弁連宇都宮会長を代表に，オリンピック中止の要望の署名が35万人分も提出されたと報道されている。楽天の三木谷社長もソフトバンクの孫正義社長も疑問を呈している。

## 2　そもそも，オリンピックを招致すべきではなかった

　もともと，筆者はオリンピック誘致に懐疑的であった（阿部『日本列島法改造論』（第一法規，平成30年）53頁）。開催都市が巨額の負担をして，それに見合うものがあるのか。巨額の公共事業やオリンピック会場建設，それに伴う民間のホテル建設などの投資が回収できるのか。こうした需要による景気向上は一過性のもので，それが終わったら，「兵どもが夢のあと」のように，かえって，遊休設備ばかりで，不景気の原因になるのではないか。

　しかも，石原元都知事が，東日本大震災は天罰だといったと思うと，復興を見せたいからオリンピックを誘致するという。被災者をダシに持論のオリンピック誘致を正当化する。無茶苦茶。そもそも，福島，宮城，岩手県は，インフラはある程度復興したが，無駄遣いの巨大土木事業が行われただけで，被災者の人生は復興していない。原発被災地は住民の10年の人生を翻弄したままである（阿部『大災害対策法制の発想の転換』（信山社，21年）全般）。しかも，オリンピックで来日した外国人に「復興」の姿を見せる余裕はない。

　筆者から言えば，オリンピックのために負担する巨額の費用で，首都直下型地震対策，長時間のラッシュアワー通勤対策を講ずる方が，都民の幸せにな

る。ひどい言い方だが，もし首都直下型地震が発生したときに，都の対応不備で犠牲者が多数出たら，それこそ，都民のことを考えていない者を知事として選出した都民に天罰が下ったのだとさえ言いたい。

> 　　筆者は，通勤地獄こそが勤労者人生の苦難の主因であると考える。そこで，これを解消する方法として，主要路線の地下に大深度地下鉄を造る。そうすれば，各車両の乗車人員は半分になるから，通勤時間は，座って，寝あるいは読書して，有意義に過ごせる。それだけで，余暇時間は倍増する。本来の余暇は，通勤時間，仕事，睡眠，家庭の仕事などを除くと，1日1，2時間もあるかどうか，通勤時間3時間くらい座れれば余暇時間は倍増以上となる。人生倍増計画である。阿部『日本列島法改造論』（第1法規，平成30年）54頁。

　さらに，国際オリンピック委員会（IOC）は巨額の金に汚染されているとの批判も多い。

　諸外国では，住民投票でオリンピックを辞退したところもある（阿部『地方自治法制の工夫』（信山社，2018年）409頁以下の文献）。東京もそうすべきであった。

　筆者も，白地＝ゼロから考えるならば，「こんなもの要らない。オリンピック」といいたい（小笠原博機＝山本敦久『やっぱりいらない東京オリンピック』（岩波ブックレット，2019年）はコロナ禍前に，タイトル通りの主張をする）。

## 3　すでに招致決定・延期した段階での意見

　しかし，すでに招致しているところか，1年延期して，ここで開催をしないという選択をすることは，巨額の賠償金なり違約金を取られる可能性があり，また，国立競技場その他の巨額の投資が無駄になり，公共投資・ホテルなどの損害を考慮すると，避けたいところである。したがって，可能であれば，オリンピックを開催する方向で工夫すべきである。

　しかも，国際親善に寄与する世界最大の平和の祭典であり，スポーツ界にとっては最大のイベントであり，選手はこの日に向けて練習に専念し，4年後には参加の機会のない者も多い。日本は国力を挙げて準備しているのである。感染対策が徹底できれば，ここまで来た以上は，今更やめる理由はない。

## 4　スポーツでは基本的には新型コロナ感染なし ▬

　新型コロナの感染の原因は，第1章で述べたように，密になるからである。新型コロナは人の吐く息やつば，触ったところから，他人の鼻や口，目，手足へ侵入する。広い空間では，新型コロナがいても，密度が低いから，感染するほどではない。

　オリンピックは，基本的には屋外，屋内でも広い空間で，他の選手とは距離を開けて行われる。テニスの全豪オープンも国技の大相撲もプロ野球も，観客を入れて行われた。オリンピックの開催中止を求める三木谷社長が率いる楽天の野球やサッカーも観客を入れてやっているが，クラスターは発生していない。

　柔道など密着する競技もあるが，毎日PCR検査と抗原検査を行い陰性であれば大丈夫だろう。

## 5　選手や付き添いの感染対策 ▬

　気になるのは，選手やその付き添い（元々20万人の予定であったが，6.9万人に絞り込むという。読売21年5月20日朝刊2面），観客の宿泊所などである。もちろん，換気をよくし，手の消毒，マスクを励行し，密になる集まりを避け，食事も対面ではなく，遮蔽アクリル板のあるところとすれば，心配がない。仮に選手の中で感染者が出ても，国民には影響がないようにすることができる。選手や関係者は，宿泊所と練習場・競技場の行き来しかできないこととし，気晴らしに飲み屋やカラオケ店に大勢で行く，宴会を開くなどは禁止すべきである。そのことは特別の制度を作って，行動履歴をスマホで確認するなど，徹底的に監視されるべきである。菅首相は，行動制限に協力しなかった人には「強制的に退去できることも含めて検討している」と発言したという（日経21年5月15日電子版）。このように考えていたら，IOCは，選手向け「新型コロナウイルス感染対策指針──プレーブック」第3版を公表した，感染防止の規則を守らない選手や関係者に対し違反内容に応じ，大会からの除外や制裁金を取る，帰国後14日間の発症には報告義務を課す。選手は自国を出発する14日前から検温などで体調を管理し，出発前の96時間以内に2回，来日後は毎日ウイルス検査を義務づけられる（読売21年6月11日朝刊1面，16日朝刊1面）。ただ，外国人がノーマスクでタクシーに乗って繁華街に繰り出しているようであり（弁護士ドットコムニュース21年7月22日電子版），行動制限が実効性を持たないらし

い。徹底すべきである。

　そのうえ，選手や付き人，観客には，入国する前に母国で PCR 検査を済ま
せ，日本への入国の際も同じく PCR 検査を行い，陰性以外はしばらく隔離し
てもらう。ワクチンの接種を受けていればなお安心である。IOC によれば，
選手ら75％接種（読売21年 5 月20日朝刊 1 面），中国製ワクチンの他，ファイ
ザー社製のワクチンを提供する方針である。選手接種各国で進む（読売21年 5
月20日朝刊19面）。

　ただ，選手村でコロナ陽性者が出ている（中日スポーツ21年 7 月17日電子
版）。上記の規制が甘すぎる。五輪閉幕時の報道では，「コロナ対策　機能」。
ブレーブックの適用により，約62万件検査で陽性者は138人，海外からの来日
者 4 万人強のうち陽性者 3 人，入院者 3 人，重傷者はゼロ，アスリートの感染
は29人，ブレーブック違反で資格認定証の剥奪が 8 人，一時停止が 8 人，厳重
注意は16人，ブレーブックは機能していたと評価されている（読売21年 8 月 9
日朝刊 3 面）。

## 6　観　　客

（ 1 ）　オリンピックの観客についても，建物の内部でも，換気をよくし，密
にならない程度に，政府が今（ 4 月19日から）国内イベントについて求めてい
る50％の人数制限をする。さらには，PCR，抗体検査をすればすむ。本来は，
昨年も観客を入れて開催できたはずである。

> ●　富岳は，国立競技場に観客 1 万人（うち感染者10人と仮定）を入れた
> 場合の新型コロナの感染リスクを解析した（第 1 章 2 ）。リスクは 0 に近
> い。人の命よりもオリンピックが大切かといった批判が多いが，科学的思
> 考が大切である。

　観客を認めれば，「人流」が激増するといわれるが，バー・居酒屋やカラオ
ケは遠慮してもらって，ホテルと飲食店で，3 蜜回避で，気を付けて行動して
もらえば，感染拡大するのだろうか。

（ 2 ）　しかし，東京五輪・パラリンピック委員会は，3 月20日，海外からの
一般観客の受入れを断念した。日本の新型コロナの状況を見て，国民やアス
リートの安全と安心を確保するためという。海外在住者が購入したチケット約

63万枚は払い戻す。航空業界，ホテルも大損害である。2000億円単位と報道される。

　これには疑問がないではないが，ただ，国内でも変異株などが異常に感染拡大している状況で，多数の外国人観光客が感染しているかどうかを徹底的に検査すること，オリンピック観戦だけにとどめ，国内見物をすることを禁止して，それを監視することは至難であるから，感染防止のためには海外観光客を受け入れないとの判断はそれなりに合理的であると理解する。

　選手やその付き人も同じか。徹底監視は無理なのかが課題である。

　（3）　国内の観客については，観客の上限を1万人とするという。これで，密がどれだけ防止できるのか，筆者には不明であるし，チケット購入者のどのくらいが観戦できるのか，わからないが，人流は大幅に減らせるだろう。

　観客がついでに東京見物する場合でも，都民の数からみて，そんなに大きなものであろうか。

　（4）　ところが，東京の感染者が増えているとして，7月8日，東京に第4次緊急事態宣言を発し，首都圏1都3県内ではオリンピックを無観客にする。しかし，オリンピック会場では感染しないというのが富岳の分析であるから，約22万人という観光客の人流を抑制すべきだというのであろうが，大東京の22万人はそんなに影響が大きいのか。東京の感染者が増えている原因は何か，感染源を解明しないで，人流を減らせばよいという対策は大きな効果はない。観客のいないスポーツは祭典としての意義を大きく減殺するし，むしろ，交通業界，ホテルや飲食店の破綻，さらにはそれによる死者が心配である。命が大事とばかり叫ばれるが，これまた，新型コロナ死者しか見ない視野狭窄症である。

　パラリンピックを無観客にするのも同様である。

## 7　大会の医療体制

　今，心配されているのは，大会の医療体制である。1万人もの医療従事者を動員するという話がある。国内での医療体制は，これが論じられたときは崩壊に瀕していないので，その余裕もあったかもしれない（しかし，21年8月には感染再拡大で，国内の病床がひっ迫するので，その余裕はないだろう）。

　しかし，上記のように，外国人選手を徹底的に検査し感染防止策を講じても，多数の医療従事者の動員が必要なのか。選手派遣国からも応援を頼むべき

である（日本の医師資格がなければ日本での医療行為はできないのが原則であるが，自国の選手の医療は特例として認めれば済む）。

むしろ，オリンピック関連業者はある程度保険に入っているらしいが，しかし，オリンピックをやめれば，保険会社も大赤字だろうし，オリンピックのために建設されたホテルが倒産して，不動産不況を引き起こし，それが引き金となって，日本発恐慌，少なくとも，円が急落し，インフレになって，国民経済が崩壊し，その結果，多数の自殺者が出ることのほうが心配である（小林慶一郎「『コロナ恐慌』を回避せよ」38頁以下も同意見）。

## 8　聖火ランナー

聖火ランナーを辞退するという動きがある（しかも，大阪府知事は，大阪市内で聖火リレーを中止すると決定。21年4月2日）が，オープンスペースの街道を走っている限り，コロナの心配はない。そもそも，今年，箱根駅伝，琵琶湖マラソンもやったではないか。沿道の観客がお互いにコロナ感染源となる可能性については，密にならないように，距離をおいてもらえばよい。それが無理なら無観客とする。

## 9　財政負担

オリンピック・パラリンピック組織委員会は，チケット収入900億円を含め，7210億円の均衡予算を組んでいるという。スポンサー収入などに頼っており，大会中止の場合には，資金不足に陥る。その際は都が補填し都が補填できない場合は国が補填すると定められているとのことである。丸川大臣は都が補填できない場合は想定できないというが，都は想定外の事態であるから，IOC，政府，組織委員会の協議によるべきであるという（毎日21年5月21日電子版）。筆者は，想定外，不可抗力であるから，都の責任だけにすることは不合理と思う。いずれにしても大変な負担であるし，面倒な紛争が起きる。

さらに，IOCと日本側が結んだ「開催都市契約」に注目が集まっている。大会中止に関する権利や手続などが定められており，その中身は圧倒的にIOCに有利なものである（幕末の不平等条約と同じ）。日本側が中止を要望した場合，IOCが多額の賠償金を請求してもおかしくないと専門家は指摘する（日経21年5月27日電子版）。

何事もリスクはある。オリンピック反対論はこのリスクを考慮しているのだ

ろうか。

## 10　舛添要一の意見

　舛添（149頁）は，次の指摘をする。もともと，20年にオリンピックを延期するべきであったか。オリンピック開催のために国，東京都，組織委員会が負担する経費は約3兆円である。延期すれば巨額の追加費用が発生する。また，多くの競技会場はすでに埋まっている。しかも，前記のように東京都がIOCと締結した開催都市契約では，不可抗力で資金不足が生じた場合，組織委員会と都が負担することになっている。IOCは損しない。最大の問題は感染症が1年後に収束しているのか。21年夏に再開を断念せざるを得ないとき，IOCや安倍氏は責任をとるのか。小林慶一郎「『コロナ恐慌』を回避せよ」（43頁）も延期決定で数千億のコストが発生すると指摘する。

## 11　五輪開催で増える感染者の試算

　五輪開催で感染者がどう増えるか。試算がある。前提の取りかた次第でかなり異なる。

　東京新聞（21年6月11日電子版）によれば，五輪開催で感染者が急増，8月下旬に，東京1日1000人に，中止や延期など開催しなかった場合よりも約200人増える…政府が試算　パラリンピック開幕を直撃。

　これは，6月以降，都内で人出が毎週5％ずつ増加すると仮定。大会を開催するケースではこれに，五輪時に1割，パラリンピック時に5％の人出増を加味した。

　ただ，ワクチン接種は5月末までの接種分しか考慮していないといい，実際には接種が進み，感染者数が試算より抑えられる可能性もある。

　また都の試算で，海外から入国する選手・関係者の新規陽性者は1日当たり最大で7.7人，ピーク時の入院者数は11.7人になることも判明した。

　組織委は大会期間中，都内の競技会場を訪れる観客が，最大で1日当たり約22万5000人になると見込んだ。販売済みチケットが全体の約42％で，この観客数を基に計算した。

　筑波大推計では，「宣言」全面解除して五輪で感染者数6％増，一定規制下では五輪影響ほぼなし（読売21年6月14日朝刊37面）

　緊急事態宣言を全面解除せず一定の規制を続けることによって，東京都の新

型コロナウイルス感染者数が，東京五輪開催の影響をほぼ受けずに済むとする推計結果を，筑波大の倉橋節也教授（人工知能）がまとめた。

　試算では，五輪期間中，国内外からの関係者や観客などによって1日34万人の人の流れが新たに生じると想定。ワクチン接種率は1日あたり人口の0.8％ずつ増え，英国型（アルファ型）の変異ウイルスが流行している場合の感染者数を，人工知能（AI）などを使って推計した。

　その結果，緊急事態宣言が7月20日の期限で全面解除され，五輪を開催した場合，新規感染者数は8月上旬に1日最大1659人となり，五輪を中止か延期した場合の同1566人よりも約6％増加した。

　一方，飲食店に午後8時までの時短営業要請などを行った今年1月の緊急事態宣言並みの規制を続けた場合，五輪開催，中止のいずれでも新規感染者数のピークは792人で，五輪による影響はみられなかったという。都内では今年5月上旬，約1100人の感染者が報告されている。

　ただ，感染力が英国型より強いとされるインド型（デルタ型）がまん延すると，宣言の全面解除によって新規感染者数は，9月に5500人超と爆発的に増加するという。

　倉橋教授は「五輪期間中もしっかりした対策をとることで，五輪による影響を最小限にできる」と話している。

　ただ，実際には21年7月31日，都内の新規感染者は過去最高の4058人（重症者は95人）となった。予測は全く当てにならない。


## 12　会場での酒の提供

　組織委は，会場内で飲酒を認める意向を示したら，大反対を受けたので，一転認めないこととした。組織委は大手ビールメーカー「アサヒビール」と1業種1社のスポンサー契約を結んでおり，同社が会場内でビールなどを独占販売できることになっていたため，飲酒を認めないと契約違反になることを心配したらしい。しかし，コロナ禍は想定外の不可抗力であり，オリンピックを無事終えるためには，感染拡大の原因ともなり得る飲酒（による大騒ぎ）は控えるべきであるから，スポンサーを説得すべきである。あるいは，スポンサーから受け取った金員は一部返還すべきかもしれない）。

## 13　開催直前のごたごた

　大会組織委員会は，東京五輪の開会式でショーディレクターを務める元お笑い芸人の小林賢太郎を開会前日に解任した。小林氏は，ユダヤ人の大量虐殺（ホロコースト）をコントの題材にしていたとみられる動画が拡散し，SNS（交流サイト）などで批判が上がり，米ユダヤ系団体「サイモン・ウィーゼンタール・センター」が非難していた。小林氏はお笑いのためといっているが，ユダヤ人虐殺をお笑いのネタにすること自体人間性に欠ける。なぜ，こんな非常識な人をこれまで各方面で重用してきたのか。小林氏は不適切と反省しているが，その程度の認識自体不適切である。昔のことだから勘弁せよという意見もあるが，通常の社会生活では勘弁しても，オリンピックのような国際社会の花の舞台の中心にいることは一生許されない。

　さらに，楽曲制作を担当したミュージシャンの小山田圭吾氏が雑誌で告白した学生時代のいじめが問題となり，辞任した。

　組織委員会は，これらは調査不可能というような言い方であるが，日本の副大臣がアメリカのユダヤ系団体に通報したというのであるから，調べればわかることではなかったか。大失態である。それなりにいわゆる身体検査をするほか，大会の信用を傷つけるような行為をしたことはなく，あればすぐ辞任するほか，何千万円の賠償金を払いますという契約書を交わせば，過去のことが気になる者の多くは，降りるはずである。やることが甘いというしかない。

## 14　経　済　効　果

　2017年みずほフィナンシャルグループの試算（https://www.mizuho-fg.co.jp/company/activity/onethinktank/pdf/vol008.pdf）では，経済効果は付随的効果を含めて30兆円と試算されていた。

　東洋経済オンライン（https://finance.yahoo.co.jp/news/detail/210820-00449300-toyo-column）は，五輪経済効果「ここまでアテが外れた」残念な総括，「おもしろうてやがて悲しき五輪かな。」もとになるのは松尾芭蕉が長良川の鵜飼いを見て詠んだ句「おもしろうてやがて悲しき鵜舟かな」という。

　東京オリンピック組織委員会が20年12月に発表していた組織委員会予算（バージョン5）では東京五輪開催に関わる広義の予算（組織委員会負担分以外を含んだもの）は総額で1兆6440億円まで膨らんでいた。そして，組織委で負担できない赤字分は東京都と国で協議して分担を決めることになっているが，そ

の合計額がこの時点で9230億円とされていた。そこに今回，無観客開催が決まったことでチケット収入の赤字（チケット代900億円プラス払い戻し経費）が加わるので，パラリンピックも含めすべてが終わってみれば税金補填分は1兆円を超えそうという。

　ネットでは，命かオリンピックかと騒いて，中止を求めた人たちからは，それ見たことかという反響が出ているが，しかし，オリンピック関連事業で東京のインフラ整備も進んだ。赤字になった主因は，招致する時は想定外の新型コロナ禍であるから，やむなきリスクとして受け入れるしかない。オリンピックを直前に中止していれば，もっと大きな損害だったのではないか。

## 15　パラリンピック

　パラリンピックは，重度障がい者の超人的な活躍で感激することばかり。このために，感染が拡大したとの証拠はない。障がい者への理解も高まり，よいことばかり。もし中止していたら，せっかく精進して準備した選手の無念を慰めようがない。

# 補論2　2021年年末から22年年初の動き，オミクロン株激増への対応

1　2021年補正予算は，21年12月20日成立した。

（1）　新型コロナ対策として，18兆6059億円

・病床確保のための医療機関交付金　2兆314億円

・売上げが減少した中企業への最大250万円の「事業復活支援金」　2兆8032億円

・住民税非課税世帯への現金10万円給付　1兆4323億円

（2）　経済再開と危機への備え　1兆7687億円

・GO TO　トラベル事業の再開　2685億円

・予約不要のPCR無料検査の拡大　3200億円（読売21年12月21日朝刊1面）。

（3）　いずれも，予算ばらまきにならないように，不正受給・過大支給を生じないように，至急要綱，提出資料などをきちんと定めることが大切である。

2　GO TO　トラベルの不正申請が旅行会社大手HISの子会社などで最大11億円にも上っている（読売21年12月29日朝刊29面）。返還すべき金額が6億円超と報じられている。宿泊数を水増ししたようである。

3　3回目接種

政府は3回目を医療従事者の他，高齢者から始める。筆者は，この順番は間違いだと指摘している（第2章6）。

4　政府は，オミクロン濃厚接触者に自宅ではなく，「施設待機14日間」を徹底することを要請するとしている（読売21年12月22日朝刊1面）。ただ，違反者を処罰することにしないと，上手の手から水が漏れる。現に，大阪府，東京都，沖縄県などでは，海外渡航歴のない3人の感染者が確認された（関西テレビ21年12月22日）。12月29日現在では，オミクロン株は19都府県に広がり計471人に上る。一日当たりアメリカ44万人，フランス18万人という（読売21年12月30日2面）。日本では，1月12日，国内で3か月半ぶり，1万人超え，第6波の危険という。

　飛行機の中に感染者がいれば，すべての乗客を濃厚接触者とする方針は，待機する施設が満員になるので，前後 2 列ずつと計 5 列にするように変更された。

　自宅待機でよいから，行動履歴をきちんと<u>把握する</u>ことが合理的なのに。

　入試で，濃厚接触者には受験させないという文科省の方針は，首相から，無症状なら別室で受験させよとの指示が出た（読売 21 年 12 月 28 日朝刊 1 面）。公共交通機関を使うなという方針は，近距離に住んで親に自家用車で送り迎えしてもらえる者以外に絶対的に不利になるので，タクシーの利用を認めるという。首相の判断は真っ当であるが，政府は相変わらず迷走している。

　ところが，感染拡大で病床が満員になる可能性があるので，宿泊・自宅待機も認める（読売 22 年 1 月 5 日朝刊 1 面）。そんなことよりも，他の地域に移送すればよいのに。

　5　感染拡大で，沖縄県，山口県，広島県は 22 年 1 月 9 日からまん延防止措置を適用することになった。しかし，それでは時短・酒提供禁止しかできないので，効果があるのか。これは規制の甘い米軍基地から広がったので，地位協定が穴だったという。米軍基地の封じ込め（米国人の外出制限，基地内での検査と感染対策の徹底，日本人はアメリカ人には接触しない）を求めるのが肝心だったのではないか。それも，沖縄県が要請してから 20 日もたって，22 年 1 月 10 日にアメリカ兵の外出制限が実現したのは遅すぎる。

　医療崩壊を防ぐ対策が肝心である。

　6　時短協力金が，認証店よりも非認証店の方が高い。非認証店の方が制限される時間が長いためらしいが，認証返上の動きがあるのは当然である（読売 22 年 1 月 9 日朝刊 2 面）。認証制度と矛盾する阿呆な施策である。

　7　経口薬「モルヌピラビル」は 21 年 12 月 28 日から投与された。

　8　中川 淳一郎「コロナ死亡の平均年齢は 82 歳」それでもコロナ対策をすべてに優先させたままでいいのか「自殺増，出生減」という重い事実」（PRESIDENT Online　2021 年 12 月 28 日 https://president.jp/articles/-/53323?page=1）は本書と多くの点で同意見である。

　9　オリンピック開催経費　21 年 12 月 22 日組織委員会報告

　当初の 2013 年の立候補時の経費は 7340 億円，2016 年の予算は 1 兆 6000〜8000 億円，最終的には，東京大会はほとんどの会場で無観客での開催となり，観客に対する新型コロナ対策費や警備や輸送にかかる費用などが少なくなったこと

や，大会の簡素化や契約の見直しなども進めた結果，現時点での開催経費の総額は 1 兆4530億円と，予算をおよそ2000億円下回る見通しになった。

　一方で，組織委員会はチケット収入のほとんどがなくなったことなどの影響で実質的な収入が717億円減り，この不足分などは支出の抑制と都が628億円を支出することで対応し，組織委員会の負担額は6343億円となる見通しである。

　また，都の負担額は予算より772億円少ない6248億円となり，国の負担額も予算より271億円少ない1939億円にとどまる見込みで，新たな経費負担は生じない見通しである。

　オリンピックの開催経費自体は，それほど負担が大きくなくて済んだという感想である。

# 事項索引

〈著者紹介〉

阿 部 泰 隆 （あべ　やすたか）

　1942年 3 月　福島市生まれ
　1960年 3 月　福島県立福島高校卒業
　1964年 3 月　東京大学法学部卒業
　1964年 4 月　東京大学助手（法学部）
　1967年 8 月　神戸大学助教授（法学部）
　1972年 6 月　東京大学法学部博士（論文博士）
　1977年 4 月　神戸大学教授（法学部）
　2005年 3 月　神戸大学名誉教授（定年退職）
　2005年 4 月〜12年 3 月　中央大学教授
　・弁護士（東京弁護士会，2005年より，兵庫県弁護士会，2012年 9 月より）
　・事務所：弁護士法人大龍

〈主要著作〉
『行政法の解釈』（信山社，1990年）
『行政の法システム　上・下〔新版〕』（有斐閣，1997年）
『行政法の解釈(2)』（信山社，2005年）
『行政法解釈学Ⅰ，Ⅱ』（有斐閣，2008〜2009年）
『市長「破産」』（信山社，2012年）（我妻大龍のペンネーム）
『行政法の解釈(3)』（信山社，2016年）
『行政法の解釈(4)』（信山社，2019年）
『行政法再入門　上・下〔第 2 版〕』（信山社，2016年）
『廃棄物法制の研究〔環境法研究Ⅱ〕』（信山社，2017年）
『未完の行政訴訟改革』（信山社，2020年）
『処分性・原告適格・訴えの利益の消滅』（信山社，2021年）
『大災害対策法制における発想の転換』（信山社，2021年）
このほか，はしがき（凡例）参照。

新型コロナ対策の法政策的処方せん

2022（令和 4 ）年 1 月25日　第 1 版第 1 刷発行
3677：P272　¥3200E 012-060-020

著　者　　阿　部　泰　隆
発行者　　今井　貴・稲葉文子
発行所　　株式会社信山社
〒113-0033 東京都文京区本郷6-2-9-102
Tel　03-3818-1019　Fax 03-3818-0344
info@shinzansha.co.jp
笠間才木支店　〒309-1611 茨城県笠間市笠間515-3
Tel　0296-71-9081　Fax 0296-71-9082
笠間来栖支店　〒309-1625 茨城県笠間市来栖2345-1
Tel　0296-71-0215　Fax 0296-71-5410
出版契約 No.2022-3677-4-01010 Printed in Japan

©阿部泰隆，2022　　印刷・製本／藤原印刷
ISBN978-4-7972-3677-4 C3332 分類50-323.903-a003

水底を掬う－大川小学校津波被災事件に学ぶ
河上正二・吉岡和弘・齋藤雅弘

## ◆ 信山社ブックレット ◆

信山社

阿部泰隆・泉佐野市 編著

# 泉佐野市ふるさと納税訴訟

### 法治国家と地方自治をまもった最高裁逆転勝訴判決

A5変・並製・580頁 定価：本体6,800円（税別） ISBN978-4-7972-5476-1 C3332

## 地方自治を守った最高裁逆転勝訴判決

### 地方公共団体が、国を被告に完全勝訴した初の行政訴訟

地方自治法主管省の総務省が地方分権改革を破壊しようとした暴挙に対して、泉佐野市が敢然と立ち上がり、「行政訴訟はやるだけ無駄」との社会通念を打破し、国の省庁を糾す。地方自治を愛する全国民・全国自治体に向けた貴重な裁判記録。

【目　次】

信山社

## 阿部泰隆 著

<2021年最新刊>

行政訴訟の理論的・実務的課題―行政訴訟の最前線
（2021.11刊）

司法改革の挫折（2021.6刊）

大災害対策法制における発想の転換
　― 地震・津波・原発事故等（2021.3刊）

処分性・原告適格・訴えの利益の消滅（2021.2刊）

未完の行政訴訟改革 ― 行政訴訟の抜本的改革に向けて（2020.9刊）

行政法の解釈(4)（2019.12刊）

国家補償法の研究Ⅱ ― 行政の危険防止責任（2019.5刊）

国家補償法の研究Ⅰ ― その実践的理論（2019.2刊）

地方自治法制の工夫 ― 一歩前進を！（2018.7刊）

まちづくりと法 ― 都市計画、自動車、自転車、土地、地下水、住宅、
　借地借家（2017.10刊）

環境法総論と自然・海浜環境 ― 環境法研究Ⅰ（2017.6刊）

廃棄物法制の研究 ― 環境法研究Ⅱ（2017.2刊）

行政法再入門(上)・(下)【第2版】（2016.11刊）

行政法の解釈(3)（2016.7刊）

ひと味違う法学入門 ― 法的思想への誘い（2016.4刊）

住民訴訟の理論と実務 ― 改革の提案（2015.10刊）

行政訴訟第2次改革の論点（2013.11刊）

市長「破産」― 法的リスクに対応する自治体法務顧問と司法の再生
　（吾妻大龍（ペンネーム）著）（2013.7刊）

行政書士の業務 ― その拡大と限界（2012.10刊）

最高裁上告不受理事件の諸相(2)（2011.10刊）

―― 信山社 ――